SOBRE AS TAREFAS EDUCATIVAS DA ESCOLA E A ATUALIDADE

Roseli Salete Caldart

SOBRE AS TAREFAS EDUCATIVAS DA ESCOLA E A ATUALIDADE

1ª edição
Expressão Popular
São Paulo – 2023

Copyright © 2023 Editora Expressão Popular Ltda.

Produção editorial: *Miguel Yoshida*
Preparação: *Lia Urbini*
Revisão: *Cecília Luedemann*
Projeto gráfico, diagramação e capa: *Mariana V. de Andrade*
Impressão e acabamento: *Paym*

Dados Internacionais de Catalogação-na-Publicação (CIP)

C145s   Caldart, Roseli Salete
         Sobre as tarefas educativas da escola e a atualidade / Roseli
         Salete Caldart. -- 1.ed. -- São Paulo : Expressão Popular, 2023.
         392 p.

         ISBN   978-65-5891-111-1

         1. Educação. 2. Educação e atualidade. I. Caldart, Roseli
         Salete. II. Título.

                                    CDU 37
                                    CDD 370

Elaborada pela bibliotecária: Eliane M. S. Jovanovich - CRB 9/1250

1ª edição: setembro de 2023
2ª reimpressão: dezembro de 2024

EDITORA EXPRESSÃO POPULAR
Alameda Nothmann, 806, Campos Elíseos
CEP 01216-001 – São Paulo – SP
livraria@expressaopopular.com.br
www.expressaopopular.com.br
 ed.expressaopopular
 editoraexpressaopopular

SUMÁRIO

O verdadeiro é o todo.
Georg W. F. Hegel, 1807.

As questões da educação mudam de
acordo com os objetivos da educação.
Nadejda K. Krupskaya, 1921.

PREFÁCIO

Era o ano de 1924. As primeiras sistematizações destinadas a desenvolver parâmetros para reconstruir a educação no âmbito da revolução soviética começavam a ser produzidas. O Comissariado Nacional da Educação havia patrocinado experiências com essa finalidade logo após 1918 e sistematizava os resultados em um "pequeno livro" que recebeu o nome de *Fundamentos da Educação Social*.[1] Escrito por V. N. Shulgin, ele começava assim:

> Este pequeno livro é um resumo expandido das teses de uma série de livros, os quais ainda terão que ser escritos, mas que o serão, porque sua escrita será uma exigência da marcha progressiva da grande Revolução de Outubro. Mas quando forem escritos por alguém em algum momento, suas ideias básicas já estarão mencionadas aqui, pois as linhas gerais do futuro edifício, seus pilares principais, já estão claros agora. (2022, p. 23)

---

[1] M. M. Pistrak, junto com V. N. Shulgin e outros professores, havia escrito um detalhado informe sobre esta experiência, disponível em *Escola-Comuna* (Expressão Popular, 2009), e voltaria a escrever ainda em 1924 sobre a implementação dela como política pública nacional em *Fundamentos da Escola do Trabalho* (Expressão Popular, 2018). Ambos integravam, ao lado de N. K. Krupskaya, órgãos do Narkompros (Comissariado Nacional de Educação).

O mesmo pode ser dito deste livro de Roseli Salete Caldart. Ele é fruto da experiência da autora no interior de longa prática educacional desenvolvida nos movimentos sociais populares, especialmente no Movimento dos Trabalhadores Rurais Sem Terra (MST), que se nutre de variadas experiências e visões de transformação social. Ele também se beneficia de vários escritos da autora sobre a Pedagogia do Movimento e de outras sistematizações anteriores nas quais tomou parte.[2]

Neste livro, estas fontes de experiências estão sistematizadas em sete *tarefas da Educação Básica* interconectadas, que partem de esforços concretos de desenvolver uma formação humana ampliada para a juventude.

Aqui o leitor encontrará a teoria e a prática em seu movimento dialético. E se a prática está incorporada neste livro, é porque nasceu ou passou pela experiência do magistério, a quem cabe a tarefa de reconstruir a escola em outras bases. Exatamente por isso, é um livro aberto à continuidade da experimentação e da sistematização. A autora não pretende ter dado a última palavra e suas fontes estão anotadas em inúmeras notas que alargam a leitura e fornecem indicações para outras experimentações continuarem a ser realizadas e incorporadas, combinando rigor estratégico com flexibilidade tática.

Por essa característica, as críticas fáceis eventualmente formuladas à literatura progressista, como, por exemplo, a de apenas reiterar "o caráter reprodutivista da escola atual", terão dificuldade para progredir aqui.

Como a autora afirma, embora a escola "não tenha a força material para criar novas relações sociais ou corrigir os pro-

---

[2] Caldart (2004) livro baseado em sua tese de doutoramento; Caldart *et al.* (2013) baseado na experiência do Instituto de Educação Josué de Castro; e ainda na organização da série de publicações da Expressão Popular denominada "Caminhos para Transformação da Escola".

blemas estruturais de um sistema social", seu sentido real, que "pode se converter em força material", é o de permitir às gerações em formação o exercício de "relações sociais portadoras de futuro". Relações estas que, mesmo construídas fora da escola, nos processos de luta pela superação das relações sociais capitalistas, "a escola aprende" (ainda que tais relações portadoras de futuro não sejam dominantes), fazendo com que na prática educativa dela essas relações "sejam experimentadas pelas novas gerações" em formação agora.

O livro, portanto, é importante ajuda nesse movimento para sistematizar ações e relações superadoras do modelo de sociedade baseada no capital e permite organizar uma estratégia para desenvolver uma ação educativa com base em outra teoria de formação humana que reconstrua a teoria educacional e pedagógica – especialmente suas finalidades educativas e a correspondente organização do trabalho da escola.

Ao mesmo tempo que oferece uma estratégia que abrange forma e conteúdo escolar, ele não obriga a implementação completa de toda a formulação. Sua constante advertência de que o plano de estudos da escola deve abrir-se criticamente para a própria realidade da vida permite tomar dessa estratégia abrangente aquilo que a comunidade escolar julgue possível realizar em um determinado momento. Com isso, evita-se uma atuação cega, sem visibilidade de onde se pode chegar estrategicamente. E mesmo diante da impossibilidade de uma escola pautar-se totalmente pelas tarefas aqui indicadas, compreendê-las permite pelo menos enxergar o caminho e a mobilização necessária para avançar nessa direção.

Neste sentido, o texto rejeita a proposta de que se deva limitar as análises superadoras da forma e do conteúdo da escola atual apenas "aquilo que é possível", ceifando as possibilidades críticas por antecipado. Ao contrário, procura dar uma perspectiva para que as pessoas que estão na escola lutando não desanimem com os eventuais pequenos avanços e às vezes até retrocessos.

Igualmente, o leitor não deve cair no equívoco de pensar que as tarefas aqui examinadas sejam apenas viáveis para as escolas do campo. É fato que no MST a vida no entorno da escola em muitos lugares é também alterada recebendo formulações organizativas mais avançadas que ensinam e ajudam a escola. Mas nem sempre. Além disso, as variadas categorias aqui sistematizadas e práticas apontadas são produto de exercício concreto em ambientes educacionais avançados – no campo e na cidade – e não simples deduções teóricas oferecidas como hipóteses para teste, ainda que estejam abertas à crítica e ao aprimoramento constantes.

O livro também é escrito em conexão com a nossa atualidade, em um momento em que se agrava a crise do capital colocando, com suas guerras e pandemias, o futuro da humanidade em risco. Nesses momentos, o capital – como já o fez na década de 30 do século passado – torna-se agressivo e apela para a violência fascista. A face neoliberal prepara a opção fascista. Como explicita a autora ao longo do livro, as escolas são um dos locais que esses movimentos procuram aprisionar e controlar por meio da formulação de finalidades educativas que colocam a organização, o conteúdo e até mesmo a própria formação do magistério a serviço de tarefas alinhadas com a perpetuação da lógica nefasta do capital.

Este é um livro que transita na contramão dessa lógica. É escrito em um momento de ampliação do enfrentamento, requerendo a formação de lutadores e construtores de outras relações sociais superadoras do capital. Dessa forma, o livro contribui para sugerir caminhos alternativos para os que fazem o dia a dia da escola. Ele é também uma preciosa ajuda para as instituições que preparam o magistério, cujas redefinições necessitam ter por base uma nova visão do trabalho educativo da escola.

O leitor tem em mãos, portanto, um livro precioso e que, com certeza, mudará a sua forma de pensar as tarefas educativas da escola. Boa leitura.

Luiz Carlos de Freitas
Professor Titular da Faculdade
de Educação da Unicamp
(aposentado)

APRESENTAÇÃO

A questão organizadora das ideias apresentadas nesta obra é a seguinte: *quais são as tarefas educativas básicas da escola frente aos desafios postos para a formação das crianças e jovens na atualidade?* Pensamos a educação desde o interesse humano social da classe que vive do seu trabalho e tem a missão histórica de conduzir o processo de superação da forma de vida social que vai entrando em colapso. Por isso, ao tratar das tarefas educativas da escola não pensamos o básico como "mínimo", nem nos propusemos a indicar tarefas educativas fáceis de realizar na conjuntura atual. Nosso objetivo é discutir o que é *essencial* no trabalho educativo, considerando as finalidades da formação humana e as exigências desta quadra da história em que nos coube viver.

Nossa época é de urgências, sociais e humanas, e de enormes dificuldades para dar conta delas. Tempo de crise estrutural da forma de sociedade regida pelas leis do capital, em que as contradições próprias dessa lógica vão se tornando mais explosivas e visíveis. Esse movimento das contradições que gera reações tão desesperadas quanto cruéis para evitar o ocaso do sistema é também o que nos põe à mostra brechas abertas para que mais gente se dê conta da urgência de *lutar para reconstruir a vida social em outras bases*. E para que especialmente as novas gerações compreendam o quanto lhes vale educar-se tomando parte desse desafio histórico, antes que as possibilidades de realização de sua humanidade lhes escapem de vez.

Estamos em um momento de investida ostensiva do capital sobre as escolas, justamente para que elas se vinculem mais organicamente à estratégia insana de contornar sua crise sistêmica. O "estilo" é o de sempre: defender o sistema e empurrar suas contradições sem resolvê-las, porque as personificações do capital não têm como se colocar a possibilidade de superá-las. No âmbito das políticas de educação, isso tem implicado rebaixar as finalidades educativas e a visão de formação humana, de modo que a crise geral não seja nem percebida, menos ainda trabalhada pelas novas gerações. E esse rebaixamento vai chegando ao ponto de esvaziar o próprio sentido do trabalho de educar. A gravidade da situação exige um contraponto radical e efetivo. Prático e teórico.

Precisamos discutir o que para nós é "inegociável" como concepção do nosso próprio trabalho educativo e fazer uma confrontação propositiva ao conteúdo e à forma escolar desenhada para eternizar as relações sociais capitalistas mesmo quando elas entram em crise. E essa construção, que já começamos faz tempo, fortalece a nossa luta para que não nos roubem nossas escolas e os rumos da formação de que precisamos como coletivos dispostos a realizar as tarefas educativas necessárias ao nosso projeto.

Nosso foco neste livro é *a escola de Educação Básica* entendida como o nível educacional formal que trabalha com as bases de uma educação geral e de uma formação multilateral que visa o desenvolvimento livre das capacidades humanas e a inserção crítica e criativa das novas gerações na vida social como um todo.

Entendemos, porém, que muitas das questões tratadas aqui e especialmente os fundamentos que orientam sua abordagem guardam relação com o todo da educação escolar e da formação humana para além dela. A forma tomada por este escrito pode ser chamada de *sistematização teórica*. Buscamos *dispor, em determinada ordem*, ideias que temos discutido sobre o trabalho educativo da escola a partir de práticas que conhecemos ou temos acompanhado, principalmente ao longo dos anos de trabalho com a formação de educadores, cotejadas com estudos teóricos motivados por questões ali levantadas. As finalidades sociais e formativas que orientam os coletivos de que tomamos parte orientaram essa elaboração.

Parece-nos necessário expor algo sobre o processo de produção deste livro porque talvez isso ajude a tornar mais compreensível nossa lógica de exposição. Apresentar esta sistematização na forma de livro não foi intenção primeira. A motivação inicial era desenvolver por escrito ideias organizadas para exposições orais recentes sobre a questão das tarefas educativas da escola, realizadas em diferentes atividades de formação de educadores, especialmente ao longo de 2020 e 2021. Era para ser um texto pequeno, de síntese.

O mote inspirador para abordar o trabalho educativo da escola pondo foco nas tarefas educativas nos foi dado pela releitura de um texto de Nadejda K. Krupskaya, intitulado "As tarefas da escola de primeiro grau" (Krupskaya, 2017, p. 105-116), escrito para educadoras e educadores russos em 1922, na efervescência de uma revolução socialista. Essa experiência histórica nos legou categorias sociopedagógicas com as quais dialogamos em nossas práticas atuais, especialmente no âmbito dos sujeitos sociais construtores da Educação do Campo.

O foco nas *tarefas* da escola nos permite pensar diretamente no *quefazer pedagógico cotidiano* do conjunto dos sujeitos que a fazem como pessoas e como coletivos organizados: educadores e educadoras, estudantes, famílias, comunidades. Entendemos que essa opção de foco nos ajuda a enxergar melhor a relação entre teoria e prática e os desafios concretos do trabalho educativo desses diferentes sujeitos. Mas com o cuidado necessário para que as tarefas não sejam tomadas mecanicamente ou fora das relações que as definem.

A preparação das exposições nos provocou a pensar qual tem sido nossa resposta à questão das tarefas educativas essenciais da escola, considerando os desafios postos pelas contradições da realidade atual e com base em uma concepção de educação firmada ao longo desses anos. Nosso primeiro passo foi então tentar identificar as tarefas educativas, em um esforço analítico de destrinchar em partes o todo do trabalho educativo tal como o defendemos. Fizemos e refizemos esse passo várias vezes até chegar ao aqui exposto.

Depois, quando começamos a desenvolver com mais detalhes o conteúdo específico de cada uma das tarefas, nos demos conta da necessidade de explicitar o caminho de compreensão para chegar a elas, exatamente para não serem tomadas como proposições abstratas, descoladas da materialidade que permite identificá-las. Assim elas podem ser discutidas, lapidadas e revisadas pelos coletivos pedagógicos dos cursos de formação de educadores e de cada escola. Não arbitrariamente, mas no refazer ou recriar o caminho que fizemos.

Partindo de nossas referências teóricas e práticas, entendemos que as tarefas da escola precisam ser tratadas de um modo que nos ajude a pensar sobre as *finalidades* sociais e formativas da escola. São as finalidades que nos orientam sobre como identificar as necessidades educativas de cada estudante e sobre como conduzir este quefazer cotidiano. E pensar nas finalidades nos remete à análise da realidade atual e nos abre à compreensão dos *fundamentos* da ação pedagógica, da concepção de educação e do nosso projeto histórico.

A escrita foi tomando outra dimensão conforme iniciamos o movimento de pensar a realização prática de cada tarefa educativa partindo de experiências pedagógicas que conhecemos em conexão com os fundamentos de compreensão teórica e a análise da atualidade relacionada ao seu objeto específico. Exigiu a retomada do estudo sobre questões que ainda não tínhamos nos debruçado com maior atenção ou com o rigor necessário.

Nesse processo, acabamos nos dando conta de que esse esforço específico de sistematização era parte, afinal, do novo giro da espiral de formulação teórica da Pedagogia do Movimento de cuja construção temos participado e que tomamos como referência para pensar as tarefas educativas da escola.

Na teorização feita no final da década de 1990 (Caldart, 2004), embora nosso motivo de partida tenha sido a escola, foi necessário descentrar o foco dela para apreender a dimensão alargada do trabalho educativo que nos permitia vê-la não em si mesma, mas em suas relações, apreender do que acontece fora dela e no movimento das lutas sociais que a garantem como parte da formação da classe trabalhadora, o material para pensar o que acontece dentro da escola ou fora dela com sua mediação pedagógica.

Passados quase 25 anos dessa sistematização primeira, e consideradas as contradições e determinações que têm acompanhado os processos particulares dessa construção, podemos voltar ao começo sem sair do movimento da espiral que nos lança para frente e vai alargando cada vez mais nossa visão do todo da formação humana. O acúmulo coletivo e a visão retrospectiva nos ajudam a abstrair dos processos particulares da construção prática da Pedagogia do Movimento, sem precisar que nos desliguemos deles, uma *chave metodológica* para pensar as intencionalidades educativas. Na escola e em outros tempos e espaços de formação (Caldart, 2021). E isso nos ajuda a focar a análise na especificidade do trabalho educativo da escola com base nessa visão de totalidade.

Escrever sobre as tarefas educativas da escola sob essa perspectiva exigiu um tempo mais alargado de maturação e uma escrita mais volumosa. Porém, isso não quer dizer que deixe de ser apenas um ensaio aberto de elaboração submetido agora à análise crítica de quem possa dispor de seu tempo para essa leitura.

Visamos principalmente o diálogo com educadoras e educadores "de ofício", ou seja, com aquelas pessoas que têm como trabalho social cotidiano a tarefa de educar, em diferentes processos e lugares de atuação e de sua formação para esse trabalho, por suposto com um olhar especial a quem atua na escola, tendo em vista sua importância nos processos de formação das novas gerações e o foco desta sistematização. E nos honraria sobremaneira que as discussões e proposições aqui feitas pudessem chegar diretamente à juventude que tem ousado lutar para tomar parte das decisões sobre as finalidades e o desenho de seus processos educativos.

Nossos pressupostos interconectam elementos de teoria social e de teoria pedagógica. Eles dizem respeito ao caminho que vai da concepção de educação às exigências de reorganização do trabalho pedagógico da escola, passando pelas finalidades sociais e educativas da escola, pela matriz formativa que delas deriva e as tarefas educativas que põem essa matriz em ação no cotidiano escolar; finalidades mediadas e moduladas todas pela atualidade, analisada em seus diferentes níveis, do geral ao entorno da escola e dos sujeitos concretos, suas necessidades educativas e como na vida social realizam seu *ser* humano.

A exposição de todo o raciocínio teórico presente na abordagem de cada tarefa educativa talvez traga alguma dificuldade à leitura, porém isso nos pareceu necessário às finalidades formativas desta obra. Temos o direito humano e o dever social de compreender os fundamentos do trabalho educativo que realizamos cotidianamente e que nos permitem analisar a realidade atual de modo a poder agir organizada e conscientemente sobre ela. Esperamos contribuir nessa direção.

Chegamos à sistematização de *sete tarefas educativas essenciais* ao trabalho da escola. Na estrutura do livro, cada capítulo corresponde a uma das tarefas educativas. Foi necessária uma introdução geral explicitando elementos de concepção pressupostos pelo conjunto das tarefas e uma síntese de compreensão do raciocínio que orienta a sua abordagem. Não consideramos necessário dar um tratamento analítico mais detalhado ao conteúdo de todas as tarefas, e disso decorrem alguns capítulos mais curtos do que outros.

Cabe um esclarecimento específico sobre as notas de rodapé, que ficaram abundantes. Algumas delas se referem a complementos de informações que avaliamos importantes. Porém, no geral, elas foram feitas pensando na socialização de nossas fontes e de nosso caminho de estudo, pensando que podem ajudar a compreender os raciocínios presentes no texto e talvez inspirar aprofundamentos de estudo, especialmente nos processos de formação de educadores ou conforme necessidades dos diferentes coletivos pedagógicos e interesses específicos de cada grupo.

Vale observar que, embora o livro seja um todo, demandando a leitura do conjunto dos capítulos para que se tenha a visão das tarefas educativas da escola e das relações entre elas, cada capítulo pode ser lido também como uma totalidade menor em si, conforme interesses específicos ou necessidades do processo de leitura.

Nunca será demais destacar que a sistematização aqui exposta, ainda que de alguma maneira posta pelos fundamentos que a

21

orientam, assume o caráter necessário de uma *síntese em aberto*, sendo o caminho metodológico que permitiu identificar e distinguir as tarefas educativas o mais importante a ser compreendido e discutido. Isso para que o caminho e o rol de tarefas possam ir sendo revisados, complementados ou afirmados a partir da análise de circunstâncias particulares e da própria dinâmica de sua realização possível e histórica.

Por fim, gostaríamos de agradecer a algumas pessoas com as quais dialogamos mais diretamente durante o processo de escrita desta obra, sobre o todo dela ou sobre o conteúdo de tarefas educativas específicas. São elas: Edgar Jorge Kolling, Luiz Carlos de Freitas, Kelli Mafort, Valter de Jesus Leite, Rafael Litvin Villas Bôas, Márcio Rolo, Gaudêncio Frigotto, Miguel Makoto Cavalcanti Yoshida e Diana Daros.

Temos uma gratidão especial e de fundo às educadoras e aos educadores com quem compartilhamos a firmeza diária de não abrir mão das duas grandes ações, talvez as mais expressivas de nossa humanidade: *lutar* e *criar*! Todo dia. A vida inteira. Muito obrigada pelos aprendizados em comum. Este livro é produto desse diálogo, que continua.

Porto Alegre, abril de 2023.

INTRODUÇÃO: CONCEPÇÃO DE EDUCAÇÃO E ATUALIDADE

Antes de começar a tratar de cada uma das tarefas educativas essenciais da escola de Educação Básica, objeto dos capítulos que seguem, entendemos necessário expor em breve síntese o caminho teórico-metodológico que nos permitiu identificá-las e escolher a forma de abordagem delas. Esse caminho inclui pressupostos de concepção e elementos de análise da realidade atual cuja explicitação é o objetivo dessa introdução.

Comecemos com a distinção conceitual entre *formação humana, educação* e *escola*. Entendemos ser necessário pensar a educação feita na escola como uma totalidade que se interconecta a uma totalidade formadora maior, tomando parte dela a partir de suas determinações históricas. Totalidades que se distinguem sem se desconectar.

A *formação humana* é o processo pelo qual cada pessoa vai se desenvolvendo, se transformando e pelo qual se realiza como ser humano. Ser natural e ser social. Ela acontece como vivência individual e coletiva de processos básicos de constituição da própria *essência humana*, ou seja, o *ser* humano que se realiza e se transforma nas suas relações, históricas e contraditórias, com o todo da natureza e da vida social de que é parte, em cada lugar, cada tempo. Relações que independem de intencionalidades especificamente educativas para serem formadoras (ou deformadoras) do *ser* humano de cada indivíduo social.

A totalidade da formação humana é, pois, maior do que a educação, sendo constituída pelos processos materiais e imateriais que integram a *vida* mesma, em suas dimensões naturais e sociais, nem todos eles planejáveis ou intencionalizados para a formação. Esses processos são sempre contraditórios e não se realizam apenas em uma mesma direção.

A *educação* é uma práxis que direciona a formação humana para determinadas finalidades e em determinado tempo histórico em que essa formação se realiza. É menor do que a totalidade da formação humana e é maior do que a escola. Pode se realizar em diferentes lugares e tempos formativos, sendo demarcada pela *intencionalidade* dada a processos formativos. Podemos pensar intencionalidades educativas para processos de trabalho, formas de luta e organização coletiva, ações de produção e apropriação cultural etc. Intencionalizar quer dizer dar uma direção consciente a esses processos desde *finalidades* formativas e sociais. Para nós, essas finalidades vão sendo moduladas pelas exigências da *atualidade* e pela compreensão de como o todo da formação humana se realiza entre os sujeitos visados em cada processo concreto.

Por sua vez, a *escola* é um dos lugares – com a materialidade específica de seus tempos, espaços, relações, conteúdos formativos – em que, no nosso tempo histórico, acontecem ou devem acontecer determinados processos de formação humana. A escola é uma forma institucional de relações educativas, construção social e histórica, em que se faz a educação, ou seja, se intencionaliza pedagogicamente a formação humana, em especial das novas gerações e com objetivos próprios à sua inserção no todo da vida social. A instrução cognitiva, que às vezes é apresentada como sendo a função única da escola, nunca se realiza fora das relações sociais formadoras que constituem seu dia a dia e em conexão, portanto, com totalidades mais amplas.

A educação não é, pois, o todo da formação humana, porém se realiza como parte dele, em movimentos que podem ser de continuidade e contraponto em relação a outros processos formativos com os quais as práticas educativas interagem. Por sua vez, a escola não é o todo da educação, mas toma parte dele inserindo-se em um determinado projeto de formação humana. Tornado consciente, esse projeto permite intencionalizar o trabalho pedagógico da escola como totalidade menor que integra a totalidade que é a educação, que, por sua vez, integra a totalidade maior que é a formação humana. E é importante ter presente que esta totalidade formadora somente se realiza como parte da totalidade ainda maior que é a vida social na sua relação necessária com o todo da natureza, e na sua historicidade concreta.

Nessa concepção, não se trata, portanto, de "dividir tarefas" entre as agências ou instituições educacionais e sim de realizar o todo em cada parte, a partir de suas especificidades e determinações históricas, mas sem pensar a parte como sendo o todo. É preciso tratar cada ação *em perspectiva*, aprendizado que também deve compor as intencionalidades formativas, especialmente de quem assume o trabalho de educar.

Pensar a escola como relações que intencionalizam a formação humana reafirma o papel ativo das educadoras e dos educadores na condução do trabalho educativo da escola: que escolhas pedagógicas ajudam os educandos e as educandas em seu processo de *humanização*, com os desafios da realidade de cada tempo.

Destaque-se que essa visão em perspectiva traz de volta um conceito alargado de *pedagogia*, que somente ardis ideológicos próprios da forma capitalista de pensar a educação foram capazes de restringir o pensar pedagógico à educação escolar e essa, à instrução, exatamente para que as conexões formativas que importam à escola, e que sempre existem na realidade concreta, não se mostrem.

Os *pioneiros da educação soviética* fizeram sua elaboração pedagógica sobre a escola sempre como parte de uma *Pedagogia da Revolução*. Dizia V. Shulgin, que se referia a uma "pedagogia do meio": "O partido ensina, os sovietes ensinam, os sindicatos ensinam. Quem não percebe isso? [...] Disso a pedagogia tem obrigação de ocupar-se, pois esta é a sua primeira tarefa básica. A pedagogia dos sovietes, dos sindicatos, do partido é o problema básico essencial", sendo a base para pensar uma escola ligada à vida (*apud* Freitas, 2009, p. 98).[1]

Paulo Freire, ao buscar sistematizar sua experiência de educador, chegando às formulações de uma *Pedagogia do Oprimido*, começou pela questão: *qual o papel da educação na humanização?* Ele não considerava que a educação era o todo do processo de humanização ou de desenvolvimento humano, nem confundia educação com escola, sem deixar, no entanto, de inseri-las no "desafio enorme" de "devolver a humanidade roubada do povo", ajudando-o a engajar-se nas lutas contra a exploração e a opressão.

Temos buscado hoje vivificar essa tradição de pensar a pedagogia nesse todo alargado, nos processos diversos de construção da *Pedagogia do Movimento*, materializada em diferentes práti-

---

[1]   Soviete era o nome dos conselhos voltados para organizar a participação popular, primeiro para levar adiante a luta revolucionária e depois também para organizar a construção coletiva da nova sociedade. As expressões "revolução soviética" e "pedagogia soviética" se referem a essa base sociopolítica de construção.

cas, especialmente dos sujeitos das lutas sociais que têm dado forma e conteúdo à *Educação do Campo*.[2] Luta-se para realizar o direito humano à educação como parte de um projeto de formação humana consciente e coletivamente construído na direção estratégica da realização *omnilateral* do *ser* humano. Entendemos, com Marx, que a omnilateralidade é a direção radical a ser dada à multilateralidade formativa ou à chamada "educação integral". Formar-se "omnilateralmente" se refere à capacidade de desenvolver "todas as forças humanas" (Marx *apud* Barata-Moura, 1997, p. 316), naturais e sociais, em relação. E de atender o todo das necessidades individuais e coletivas, o que depende das circunstâncias materiais determinantes do modo como a vida de cada indivíduo se realiza, sendo o trabalho a sua base central.

Os processos de formação são inseparáveis, pois, do modo de produção social da vida humana. Ao mesmo tempo, dele se distinguem, exigindo intencionalidades formativas em cada dimensão da vida social produzida pelo trabalho humano.

Note-se que essa é uma compreensão fundamental na concepção materialista e dialética da própria formação da consciência humana: a consciência não se forma apenas por se ouvir apelos discursivos, mesmo que ostensivos. Esses apelos se tornam ferramenta de formação (ou deformação) quando encontram eco na vivência de determinadas relações sociais de produção. Nos termos de Marx e Engels em *A ideologia alemã*:

> Se as circunstâncias em que este indivíduo evoluiu só lhe permitem um desenvolvimento unilateral de uma qualidade em detrimento de outras, se estas circunstâncias apenas lhe fornecem os elementos materiais e o tempo propícios ao desenvolvimento desta única qualidade, este indivíduo só conseguirá alcançar um desenvolvimento unilateral e mutilado. E não há

---

[2] Para uma compreensão da concepção de Educação do Campo, cf. Caldart (2018).

práticas morais que possam mudar este estado de coisas [...].
(*apud* Marx e Engels, 1983, p. 28)

Para colocar-se, pois, na direção de uma formação *omnilateral* é necessário *participar*, de alguma forma, da transformação das circunstâncias limitadoras ou mutiladoras da humanidade e, nesse processo, apropriar-se do *ser omnilateral*, compreendendo a totalidade que tem sido impedida de se realizar. Trata-se de tarefa formativa por excelência, que a escola não tem como dar conta, porém da qual não podemos abrir mão que tome parte.

Não sendo essa realização do ser humano omnilateral possível sob o domínio das relações sociais de produção capitalistas, que mais esgotam do que desenvolvem as forças humanas como totalidade, e não podendo a superação dessas relações ser obra senão das próprias forças humanas mutiladas e unilateralmente desenvolvidas, a construção de circunstâncias concretas de humanização precisa ser arrancada das próprias contradições presentes nas relações que a impedem.

Esse é um distintivo fundamental de concepção: há vertentes atuais da pedagogia burguesa que defendem uma educação multilateral ou integral das novas gerações. Mas sua identificação política com os interesses da classe burguesa não lhes permite ter entre suas finalidades formativas a superação da sociedade capitalista, ou seja, a eliminação do sistema de exploração do trabalho e da natureza pelo capital. Por isso, o "integral" que essas pedagogias defendem não vai além de pensar a multilateralidade que visa preparar a maioria para uma realização eficiente de um trabalho unilateral, cada vez mais precarizado e desumanizado; e ao mesmo tempo preparar uma pequena minoria para uma forma mais criativa de trabalho e os futuros donos do capital para a gestão e o controle mais eficaz dos processos de trabalho. Em nenhum dos casos a desalienação humana é objetivo e, portanto, não se posiciona a educação na direção de uma formação omnilateral.

Intencionalizar a educação multilateral na direção omnilateral implica inserir a educação nas lutas e na construção de uma forma social de trabalho superadora da alienação e das relações de exploração. Isso é muito importante de se entender porque as tarefas educativas de que trataremos adiante até podem ser assumidas ou ter concordância, ainda que parcial, por outra concepção de educação que não a que aqui elas pressupõem, mas serão então realizadas a partir de outras finalidades sociais e com diferentes conteúdos e formas.

Trabalho e formação humana

Na base central da constituição do *ser* humano está o *trabalho*, entendido em seu sentido geral de *atividade vital* do ser humano que garante sua produção e reprodução como *ser natural* e que o constitui como *ser social*. É atividade necessária e comum a qualquer forma histórica de sociedade.

Pelo trabalho o ser humano se relaciona com o todo da natureza de que é parte, distinguindo-se de outros seres naturais pelo modo de produzir suas condições materiais de sobrevivência. O trabalho é sempre social, criador de *valores de uso*, e se realiza ligando pensamento e ação, ser natural e social, realizando-se em formas históricas determinadas.

Karl Marx, no livro I de *O capital*, fez uma preciosa síntese sobre a essencialidade do trabalho, justamente o que nos permite pensá-lo como princípio da formação humana:

> Antes de tudo, o trabalho é um processo entre o homem [ser humano] e a natureza, um processo em que o homem, por sua própria ação, medeia, regula e controla seu metabolismo com a natureza. Ele mesmo se defronta com a matéria natural como

uma força natural. Ele põe em movimento as forças naturais pertencentes à sua corporalidade, braços e pernas, cabeça e mão, a fim de apropriar-se da matéria natural numa forma útil para sua própria vida. Ao atuar, por meio desse movimento, sobre a natureza externa a ele e ao modificá-la, ele modifica, ao mesmo tempo, sua própria natureza. Ele desenvolve as potências nela adormecidas e sujeita o jogo de suas forças a seu próprio domínio [...]. (*apud* Marx e Engels, 2020, p. 293-294)

O *ser* humano se autoconstitui ou se realiza pelo trabalho, criando um modo de interagir com as condições naturais de seu meio e uma matriz de relação entre os seres humanos que configuram uma determinada forma histórica de *vida social*. Essa forma de vida social passa então a determinar, sempre contraditoriamente, o modo de viver, de pensar, sentir e agir de cada indivíduo social concreto.

A vida social tem uma complexidade de dimensões e relações que vai bem além das relações sociais de produção material da existência, mas sempre as tem como base necessária para a sua reprodução ou transformação. Por sua vez, o trabalho social não se refere somente aos processos de produção material, porém o "modo de produção" material *determina*, ou seja, demarca os limites dos diferentes tipos de trabalho, ou das diferentes dimensões da práxis social, que interagem dialeticamente ao compor o cotidiano concreto dos indivíduos sociais.[3]

---

[3] Friedrich Engels, parceiro das elaborações teóricas de Karl Marx, fez algumas sínteses bem didáticas e expressivas sobre essa concepção dialética da vida social, especialmente em algumas cartas que escreveu depois da morte de Marx e já ao final de sua vida. Cf. para estudo, por exemplo, a carta de Engels a Conrad Schmidt de 27 de outubro de 1890 e a carta a Walther Borgius de 25 de janeiro de 1894, que podem ser encontradas em Marx e Engels (2020a) respectivamente às p. 411-419 e p. 457-460. Na apresentação dessa obra, José Paulo Netto destaca que, nessas cartas, Engels "mostra exemplarmente como operar uma análise dialética da vida social" (Marx e Engels, 2020a, p. 38).

As formas sociais de trabalho humano (relação com a natureza e relações sociais) são *históricas*, ou seja, se transformam ao longo do tempo a partir das *contradições* de que sempre estão prenhes: constroem e destroem ao mesmo tempo, avançam e retrocedem, criam melhores condições de vida para uns e muito piores condições para outros, libertam e aprisionam, parecem avançadas no imediato, mas podem ser ambiental, social e humanamente insustentáveis a longo prazo. Quando as contradições se tornam explosivas e, portanto, mais visíveis, desafiam os sujeitos humanos a encontrar formas de amenizá-las ou superá-las.

No momento atual, são as relações sociais de produção capitalistas que já mostram seu limite histórico. Por isso, uma das grandes finalidades da pedagogia que se coloca a serviço da reprodução do sistema capitalista é impedir que essas relações sejam vistas como históricas, transformáveis, para retardar ao máximo a busca consciente e organizada de sua superação. Busca como luta contra a classe social que as comanda e delas se beneficia, e luta pela liberdade de construção de novas relações sociais, paridas a partir das contradições das relações existentes.

Se o trabalho *dá forma* ao *ser* humano, humanizando-o ou desumanizando-o conforme o modo de relação com a natureza e as relações sociais em que ele se desenvolva, então quando pensamos a intencionalidade da formação humana pela educação não temos como "contorná-lo", deixá-lo de fora. Em qualquer tempo histórico o trabalho estará no *centro* da matriz formativa que vise à humanização, ainda que com finalidades e conteúdos diferentes. Desde nossas finalidades sociais e educativas, o desafio é fortalecer seu potencial formativo como atividade que atende às necessidades naturais e sociais da vida humana, para confrontar o que na sua forma atual tenha um caráter deformador ou impeditivo da autorrealização do *ser* humano.

Não se trata, pois, de reduzir a formação humana à preparação para um determinado trabalho. Ao contrário, significa pensar na totalidade formadora do ser humano, para que se possa fazer a crítica das formas ou situações deformadoras de trabalho e da vida social que lhes corresponde, tomando parte de sua superação. Não se definem nem se realizam finalidades educativas emancipatórias do ser humano fora desta totalidade e da complexidade de relações que ela envolve.

Este é o sentido da afirmação do *princípio educativo do trabalho*,[4] que se desdobra do ponto de vista pedagógico em pensar um *método geral de educação pelo trabalho*. Nada confronta mais radicalmente um processo de deformação do que a vivência prática real de um processo social que a contraponha. O trabalho, sendo o fundamento da vida, é, portanto, fundamento necessário do trabalho educativo, e a inserção concreta nele é a melhor maneira de conectar os/as estudantes com a atualidade (Shulgin, 2022, p. 125). Os processos de trabalho vivo precisam ser tomados, pois, como objeto de intencionalidade formativa multilateral de perspectiva omnilateral e como objeto específico de estudo. Essas intencionalidades serão abordadas especialmente quando tratarmos das tarefas educativas relacionadas ao trabalho socialmente necessário e à apropriação das bases da ciência (cf. capítulos 2 e 6).

Finalidades educativas e atualidade
No caminho entre a compreensão e a realização das tarefas concretas da escola há um passo fundamental, em nossa concepção, incontornável, que é o da definição coletiva das *finalidades educativas*, direção consciente a ser dada às intencionalidades da formação humana na escola, no seu todo e em cada processo ou ação que o compõe.

---

[4] Cf. Frigotto e Ciavatta, 2012, p. 748-755.

Entendemos que discutir coletivamente as finalidades de uma ação educativa é já próprio de uma determinada concepção de educação. E, em geral, daquela que assume objetivos de transformação. A pedagogia burguesa hoje rechaça essa discussão – não fazia isso quando surgiu confrontando a sociedade feudal –, tratando-a como perda de tempo, já que entende as finalidades como dadas. Por sua vez, diferentes vertentes da chamada pedagogia "pós-moderna" consideram que ter finalidades previamente definidas é totalitário, buscando um controle coletivo do que deve ser guiado pela subjetividade de cada um. Na vida real, porém, não se trabalha sem finalidades. Se não são discutidas coletivamente e tornadas explícitas, são na verdade impostas, mesmo que não apareçam para todos como tal. Quem busca transformar ou está construindo o novo mais facilmente se dá conta da necessidade de discutir as finalidades. Para que mudar o que vinha sendo feito? Isso vale para uma revolução social – os pioneiros da pedagogia soviética, lá nos idos de 1917, começaram sua reconstrução social da escola discutindo suas finalidades educativas. E vale para processos particulares de transformação da vida social, menos ou mais radicais, como quando comunidades recém-assentadas em terras conquistadas com luta passam a discutir as finalidades da escola, para que ela participe do desafio de construção da nova comunidade de produção da vida – "o que queremos com as escolas dos assentamentos?" foi a pergunta orientadora das primeiras formulações pedagógicas do MST, nos idos de 1990.[5]

Finalidades educativas não são, portanto, absolutas nem dadas de uma vez para sempre. São históricas, porém não podem ser relativas ou conjunturais, exatamente porque a educação é

---

[5] Cf. "O que queremos com as escolas dos assentamentos", texto do MST de 1991, em MST (2005) p. 31-37.

um processo de tempo longo. Discuti-las coletiva e sistematicamente é a forma de firmá-las deixando-as abertas ao movimento da vida real, que sim sempre nos surpreende com novos desafios, assim como alarga e pode transformar a própria leitura que se vai fazendo sobre ela.

Finalidades gerais da educação podem ser extraídas dos elementos de concepção de que antes tratamos, e isso é muito importante. No tempo em que vivemos, não é nada óbvio afirmar que *educar é humanizar*; que é finalidade da educação – e, portanto, da escola – garantir condições para o desenvolvimento multilateral dos sujeitos das ações educativas como seres humanos. Porém, pensando no quefazer pedagógico, essa é ainda uma indicação abstrata, porque precisamos dar sentido concreto ao humanizar, o que requer uma leitura histórica, capaz de apreender a dialética formação-deformação humana que acontece em cada tempo e lugar. E que sempre será interpretada a partir de um determinado ponto de vista social e de uma visão de como se realiza o *ser* humano.

A escola, como espaço de relações que visam à formação humana, precisa pensar em intencionalidades que atendam às necessidades formativas dos sujeitos que no dia a dia a compõem. Essas necessidades se definem pelos desafios gerais próprios de determinada época: o que o momento histórico põe como necessário à humanização. E se define, ao mesmo tempo, pelas necessidades dos sujeitos concretos com os quais estamos trabalhando a cada momento e em determinado meio: o que essas pessoas reais precisam para atender às próprias necessidades gerais do momento histórico.

Como então podemos construir coletivamente as finalidades educativas da escola, pensando nas escolas concretas, em seu meio e com os seus sujeitos reais?

Há uma conexão a estabelecer entre *finalidades educativas* e a leitura da realidade concreta em que a escola se insere, e que inclui apreender as necessidades formativas do conjunto de seus sujeitos. No legado da pedagogia soviética que temos como referência, a forma de construir essa conexão constituiu-se na categoria sociopedagógica *atualidade*, que na relação com outras duas, o *trabalho* e a *auto-organização* dos/das estudantes, estruturou a nova organização do trabalho pedagógico da escola que se estava construindo. Visava-se em primeiro lugar, como nós visamos hoje, encontrar a melhor forma de religar escola e vida, trabalho educativo e movimento da vida real em suas exigências formativas, pensadas com base em um determinado projeto histórico.[6] Outras categorias que se desdobram dessas três principais do legado soviético nos vão ajudar depois na abordagem de cada uma das tarefas educativas da escola.

Vale esclarecer que "categorias pedagógicas" ou "sociopedagógicas" são sínteses teóricas feitas com finalidades ferramentais, metodológicas; mediação entre uma concepção teórica geral de educação e práticas de sua realização concreta. Elas sistematizam teoricamente – abstraem o universal no particular – aspectos de práticas reais de modo a orientar ou analisar práticas em construção.

Enquanto categoria sociopedagógica, a *atualidade* aponta para a definição das finalidades educativas da escola na sua relação com o meio ou seu entorno vivo imediato, porém esse entorno analisado em perspectiva, na relação com o todo maior (natural e social) que integra. Trata-se da visão de totalidade constituída pela lente do projeto societário que se assume consciente e coletivamente.

---

[6] Cf. especialmente Pistrak (2018). Importa realçar que o coletivo pedagógico que coordenava o processo de construção na época não as tinha como categorias prévias e sim as foi constituindo a partir de pensar e organizar teoricamente o que estavam fazendo, para orientar novas práticas.

De partida, é necessário dar-se conta – dizia Shulgin (2022, p. 54), um dos pedagogos que participou dessa formulação pedagógica soviética – de que o trabalho educativo da escola acontece com "crianças *reais*, concretas, realmente existentes, crianças que não vivem em um espaço sem ar, mas na terra, nesta época, em um determinado ambiente", natural e social. Ele nos chama a atenção, logo depois, de que não se trata de "introduzir a atualidade na escola", porque "as próprias crianças fazem parte da atualidade, estão nela, vivem nela e, consequentemente, toda a questão está em como ajudá-las a conhecer melhor os *momentos fundamentais da atualidade*, compreendê-la, estudá-la, a partir de qual idade, em que quantidade e em que sequência fazer isso" (Shulgin, 2022, p. 65, grifo nosso).

Note-se que a atualidade que ancora a definição das finalidades educativas não se refere a qualquer fenômeno ou acontecimento que esteja chamando atenção ou possa "interessar" aos estudantes ou ser usado para ilustrar conteúdos de ensino. É algo mais complexo. Exige identificar os "momentos fundamentais da atualidade". E como identificá-los?

A definição de Pistrak, outro dos pioneiros da pedagogia socialista soviética, nos ajuda a compreender o método que articula diferentes níveis de análise da realidade. Para aquele momento, a atualidade foi compreendida como "tudo que na vida social de nosso tempo tem requisitos para crescer e se desenvolver", na direção da nova vida social e a partir das contradições fundamentais que emergem nesse movimento. Na análise compartilhada com Shulgin, ele afirma que a atualidade na qual lá estavam trabalhando

> se reúne em torno da revolução social vitoriosa e servirá para a construção da nova vida. Mas a atualidade também é aquela fortaleza capitalista contra a qual a revolução mundial conduz o cerco. Em resumo, a atualidade é o imperialismo [...] e o poder

soviético como ruptura no *front* do imperialismo, como brecha na fortaleza do capitalismo mundial. (Pistrak, 2018, p. 42)

E na base da atualidade está o trabalho, porque, afinal, na sua definição essencial, a atualidade é a *"luta por novas formas sociais de trabalho"* (p. 56).

Essa compreensão da atualidade firmou a síntese geral das finalidades educativas, próprias aos desafios daquele momento histórico, e que não diziam respeito somente às escolas, porém a cuja realização elas estavam convocadas a tomar parte: educar para formar seres humanos *lutadores* e *construtores*.[7] Porque a revolução necessita e porque, na visão que hoje reafirmamos, para *ser* humano é preciso aprender a exercer o direito de *lutar* e *criar*, apropriando-se de conhecimentos, habilidades, visão de mundo, cultura, que permitam realizá-lo. – Viver é *lutar*! E se luta pela liberdade de *criar* e por condições objetivas de realizá-la.

Os "momentos fundamentais da atualidade" se referem, pois, às *contradições* fortes do período histórico que, trabalhadas do ponto de vista pedagógico, têm potencialidade formadora do *ser* humano e precisam compor o ambiente educativo das escolas.

Há, portanto, diferentes níveis de análise da atualidade que se interconectam na definição das finalidades educativas. Há uma análise da "macroatualidade" (Freitas, 2009, p. 26) que permite fazer a leitura histórica e dialética do meio, natural e social, onde vivem os sujeitos reais das práticas educativas. E essa leitura permite, por sua vez, identificar necessidades formativas que devem ser convertidas em finalidades concretas do trabalho educativo ali.

---

7   "Cada estudante deve tornar-se um lutador e um construtor. A escola deve esclarecer a ele para quê, contra quem e por quais formas ele deve lutar, o que e como ele deve construir e criar" (Pistrak, 2018, p. 47).

A atualidade se refere então a um conjunto articulado de fenômenos que existem ou acontecem no entorno vivo da escola, em cuja centralidade está o trabalho humano que dá forma à vida social que ali se desenvolve. E que remete a fenômenos mais distantes ou não perceptíveis de imediato com os quais se conectam. A análise dessa vida social, na relação com uma totalidade mais ampla, leva a apreender as conexões e contradições constitutivas de seus "momentos fundamentais". Isso permite definir finalidades sociais e educativas da inserção dos/das estudantes nessa vida social, para estudo e ação organizada consciente.

As finalidades educativas serão então discutidas em diferentes "níveis" de sua concretude: como fazer a formação multilateral de lutadores e construtores na especificidade das contradições em que se inserem, por exemplo, como escolas do campo ou da cidade, e na particularidade de cada escola em seu meio.

Esse movimento de análise, cujos passos não têm uma ordem necessária, não se fará a cada ação cotidiana da escola. Porém, precisa ser retomado sistematicamente pelos coletivos que a compõem, para que se possa ir modulando as finalidades educativas, a partir das finalidades gerais, como antes indicamos, até aquelas próprias de cada escola, e que encarnarão a historicidade da vida real do entorno. E essas finalidades são a base para a definição coletiva da matriz formativa que vai orientar o trabalho educativo e nos permitem, por sua vez, identificar suas tarefas educativas essenciais da escola, também elas ao mesmo tempo gerais e históricas.

Nossa macroatualidade e os desafios formativos que ela nos põe

No caminho de análise dos momentos fundamentais da nossa atualidade há elementos da macroatualidade, ou seja, de análises gerais sobre o estágio histórico em que se encontra o sistema capitalista que é necessário considerar para pensar o trabalho educativo em nossa época. Uma breve síntese sobre isso pode nos ajudar a compreender melhor a atualidade como categoria sociopedagógica e, ao mesmo tempo, explicita os pressupostos de análise que ancoram a abordagem das tarefas educativas.

Vivemos hoje sob as determinações da *fase descendente do sistema do capital,* caracterizada por antagonismos produzidos pelas leis inerentes ao funcionamento econômico desse sistema. Antagonismos que passam a acionar o que Mészáros – um importante estudioso contemporâneo do modo capitalista de produção – identifica como "os limites absolutos do capital", que impedem que sua lógica se realize infinitamente: o capital para existir – como forma social de relações sociais de produção – precisa estar em permanente movimento, crescimento e expansão.[8]

Os limites são absolutos não porque não possam ser superados em outra ordem social e sim porque são produto das determinações mais profundas do "modo de controle sociometabólico" do sistema do capital. De qualquer modo as questões postas por esses limites tampouco podem ser desconsideradas pela construção de alternativas a ele (Mészáros, 2002, p. 220).

---

[8] Na análise feita pelo geógrafo David Harvey, outro estudioso do sistema capitalista na atualidade, dentre as contradições mais perigosas, tanto para o capital como para a humanidade, ele destaca como potencialmente fatal a contradição posta pela tendência do capital a buscar um "crescimento exponencial infinito", ou seja, uma acumulação capitalista que vá se multiplicando enormemente e sem limites – o que os docentes da área da Matemática podem ajudar a entender melhor quando ensinam sobre juros compostos – o que acabou deslocando a centralidade do capital industrial para o capital financeiro com as implicações insanas de uma lógica em que o lucro dos capitalistas passa a vir mais das operações financeiras do que das atividades produtivas, com todas as implicações que isso traz para a vida real das pessoas, cf. Harvey (2016, p. 207-227).

Esses limites são, portanto, do próprio sistema, ativados pelos antagonismos gerados por sua lógica econômica.[9] Mas na *fase ascendente* do capital, eles podiam ser contornados pela progressiva ampliação da escala de suas operações econômicas, entre outras estratégias, pela expansão geográfica dessas operações, pelo avanço da mercantilização e depois financeirização sobre domínios cada vez mais amplos da vida humana – tudo virando negócio –, pelo uso intensivo da tecnologia para aumentar a produtividade do trabalho e pela concentração do capital em grandes empresas, para que a escala e a centralização mantivessem sob controle a acumulação necessária de capital e as taxas de lucro dos capitalistas.

No momento atual do capitalismo, esses mecanismos vão chegando ao seu limite, o que demarca a decadência da lógica desde os próprios antagonismos que gera: o capital já não tem quase mais para onde ir e lida com a contradição entre a expansão da economia transnacional e os Estados nacionais, cujo fortalecimento é necessário para manter a ordem social sob controle; a economia de escala se torna a "deseconomia dos recursos desperdiçados" (Mészáros, 2002, p. 266); resta pouco ainda a mercantilizar, o aumento da produtividade reduz a necessidade

---

[9] Mészáros destaca especialmente quatro desses antagonismos: entre o capital transnacional globalmente expansionista e os Estados nacionais; o que existe "entre a sempre crescente socialização da produção (em direção à plena globalização) e seu controle hierárquico restritivo por diferentes personificações do capital" (Mészáros, 2002, p, 256-257) a ponto de eliminar condições de sua reprodução metabólica; entre a luta pela emancipação feminina que o capitalismo permitiu avançar pela inclusão das mulheres no trabalho social e a impossibilidade de uma igualdade substantiva porque ela impede sua lógica de funcionamento; e entre o desemprego crônico e a explosão populacional. Sobre esse último, Mészáros o destaca "como a tendência mais explosiva do sistema do capital" (Mészáros, 2002, p. 336), porque o desemprego vai convertendo o tradicional "exército de reserva de trabalho" em uma "explosiva força de trabalho supérflua" e isso gera mais instabilidade social e, ao mesmo tempo, desperdiça recursos necessários à reprodução do capital, desestabilizando seu núcleo central de sustentação (Mészáros, 2002, p. 343-344).

do trabalho vivo e com isso reduz a taxa da exploração do mais-
-valor reduzindo ainda mais as taxas de lucro, que tendem à
queda pela própria lógica do sistema, e tendo que lidar com os
problemas sociais do desemprego crônico; a exploração desen-
freada da natureza vai chegando ao limite da sustentabilidade
dos próprios negócios; as concessões para manter a aparência
de que a igualdade social é compatível com o sistema vão sendo
reduzidas ao ponto de exigir que seja tirada não só da agenda
política como do imaginário da sociedade.[10]

Mas o limite mais absoluto do capital é que ele *"em si é absolutamente incapaz de se impor limites,* não importando as consequências, nem mesmo a eliminação total da humanidade". Os
limites à sua lógica de funcionamento, quando são postos, o são
pela força de movimentos externos ao seu circuito de reprodução
ou que se colocam contra ele (lutas sociais).[11] As tentativas da-
queles que representam os interesses do capital, que nunca dei-

---

[10] Para aprofundamento dessa análise cf. Mészáros (2002), especialmente o capítulo 5, "A ativação dos limites absolutos do capital", p. 216-344; também as exposições sintéticas em Harvey (2016 e 2018); e para uma síntese da lógica e suas
implicações para o campo educacional cf. Freitas (2018; 2022).

[11] Ainda que essa realidade se mostre muito mais nitidamente em nossa época,
daí análises como essas de Mészáros, feitas ainda na década de 1990, ela já foi
antevista por Marx em sua análise projetiva das tendências da consumação da
lógica capitalista de produção, como se pode constatar, por exemplo, nesse trecho dos *Grundrisse*: "O capital é o impulso infinito e ilimitado de ultrapassar as
barreiras que o limitam. Qualquer limite [...] é e tem de ser uma barreira [...] para
ele. Caso contrário, ele deixaria de ser capital – dinheiro que se autorreproduz.
Se tivesse percebido algum limite não como uma barreira, mas se sentisse bem
dentro dessa limitação, ele teria renunciado do valor de troca pelo valor de uso,
passando da forma geral de riqueza para um modo tangível e específico desta. O
capital em si cria uma mais-valia [mais-valor] específica porque não tem como
criar uma infinita; ele é o movimento constante para criar mais da mesma coisa.
Para ele, a fronteira quantitativa da mais-valia é uma simples barreira natural,
uma carência que ele tenta constantemente violar, além da qual procura chegar.
A barreira se apresenta como um acidente a ser conquistado" (*apud* Mészáros,
2002, p. 251).

xam de apresentá-lo como o melhor sistema que a humanidade pode ter, é de convencer a todos, inclusive a si mesmos, que se há de fato limites é preciso, como afirmam seus intelectuais orgânicos, "conviver com eles" e não "lutar contra eles", mesmo que isso implique viver sob permanente e insana tensão econômica e política (Mészáros, 2002, p. 251).

Essa é a fase histórica em que se encontra o capitalismo pelo menos desde meados do século XX, a fase em que o desenvolvimento estrutural do sistema alcançou "o ponto em que o capital pode perpetuar o seu domínio apenas ao colocar diretamente em perigo a sobrevivência humana enquanto tal" (Mészáros, 2009, p. 246), seja pelas ameaças imperialistas de destruição militar entre países, pela depredação crescente da natureza, pela eliminação explosiva de postos de trabalho e pela impossibilidade do sistema de, afinal, atender às necessidades básicas de sustentação da vida humana. É a fase do "vale-tudo" para "salvar" o capital,[12] com estratégias que vão tornando a vida social insustentável pela degeneração da humanidade que produzem.

Destaque-se: essa "loucura da razão econômica" (Harvey, 2018), que passa a se mostrar mais nitidamente no nosso século, apressa o ocaso do capital, mas não traz por si uma alternativa de substituição ao sistema. Essa alternativa precisa ser construída, estruturalmente, trabalhando-se sobre suas contradições, mas terá contornos bem diferentes a depender da classe social que comande essa construção.

O caráter incontrolável da decadência do sistema no plano econômico aciona mais ostensivamente sua esfera política e ideológica para evitar que a premissa básica do sistema capita-

---

[12] "O 'vale-tudo' é adotado como princípio orientador da produção (e do julgamento de valor em geral), limitado pela única cláusula implícita de que tudo o que for praticado deve contribuir para a expansão do capital" (Mészáros, 2002, p. 260).

lista, que é a "subordinação permanente do trabalho ao capital" (Mészáros, 2002, p. 217), seja posta em questão. É preciso manter a crença de todos no sistema e evitar que o mal-estar humano que essas circunstâncias produzem gere reações desestabilizadoras da ordem econômica que os defensores do capital consideram, no estrutural, imutável. E, sobretudo, vale qualquer tipo de dispositivo ideológico para que a maioria trabalhadora não se dê conta de que "o capital *nada* é sem o trabalho, nem mesmo por um instante" (p. 245) e para que não se forme como uma "classe para si", assumindo a missão histórica da construção de um novo sistema, baseado em uma visão materialista e dialética das relações que o compõem.

Para que as contradições não detonem o sistema, ele se autoajusta em seu funcionamento de modo a "ampliar a margem de manobra do sistema do capital em seus próprios limites estruturais" (Mészáros, 2002, p. 220). Para as "personificações do capital", esse processo vai – tenham elas consciência ou não disso – até que elas mesmas encontrem o caminho da transformação estrutural que mantenha intacto seu poder de classe ou para que a forma social que suceda a capitalista continue sendo baseada na "desigualdade substantiva" (Mészáros, 2002, p. 305), ou seja, uma sociedade de classes. – Isso pode ser constatado em aspectos particulares da lógica: por exemplo, uma mudança de matriz energética entra na agenda política quando já se consegue transformar sol e vento em negócios privados e rentáveis; admitem-se explicitamente os efeitos maléficos do uso de insumos sintéticos na agricultura somente depois que as mesmas empresas que os produzem conseguem entrar na produção de insumos orgânicos etc.

Destaque-se para as finalidades de nossa discussão aqui: ao fazermos a análise da *exploração capitalista do trabalho* e da alienação da vida social em nosso tempo, cujo desenvolvimento contraditório e suas crises estruturais vão se exacerbando, estamos tratando de uma *forma histórica de trabalho humano* que, se trouxe avanços civilizatórios movidos pela dinâmica de criação de forças produtivas, contraditoriamente foi colocando travas, cada vez mais fortes, à autorrealização humana, tanto no que se refere à forma depredadora de se relacionar com a natureza quanto na forma alienada, desigual e injusta de relações sociais que a sustentam. Nessa fase descendente que o sistema do capital atravessa a "destruição produtiva", própria da concepção capitalista de "progresso", degenera, predominantemente, para uma *produção destrutiva* "cada vez maior e mais irremediável" (Mészáros, 2002, p. 267).

À medida que as crises do capital aumentam os problemas sociais e podem gerar reações populares organizadas diante deles, ressurgem ou se recriam políticas autoritárias e ideologias reacionárias, acionadas para resguardar o sistema quando ele fica em perigo. O arcabouço neoliberal tanto das medidas econômicas como dos dispositivos políticos e culturais surgiu nesse contexto.

O neoliberalismo, versão atual da visão liberal de sociedade própria do capitalismo, é ao mesmo tempo produto e arma ideológica dessa sua fase descendente, com formulação e atuação mais ostensiva no mundo a partir do aprofundamento das crises estruturais do sistema. E essa forma de pensar o funcionamento da vida social tem sido eficiente na conquista de sua hegemonia exatamente porque opera tendo por base a alienação social que sustenta o sistema do capital desde o seu nascedouro.

Há uma cultura política neoliberal que vem se fortalecendo e tomando de assalto a formação das novas gerações para impedir que tenham consciência do potencial das contradições em curso e que se construam alternativas ao sistema capitalista, tanto no que se refere ao modo de produção da vida como às relações sociais e políticas que constituem o dia a dia da sociedade. Vamos tratar de alguns traços fundamentais da cultura política neoliberal no capítulo sobre a tarefa educativa da escola relacionada à auto-organização de estudantes (cf. capítulo 3).

A grande questão geral da nossa macroatualidade, portanto, é como a forma social capitalista será superada e qual a substituirá na nova etapa da história da humanidade. E certamente avançaremos mais rapidamente aprendendo com experiências históricas que buscaram trilhar o caminho socialista dessa construção, ao mesmo tempo que fazemos a leitura do movimento vivo das contradições de nosso tempo e circunstâncias. Mas essa direção de construção não está dada. Ela será fruto do trabalho concreto dos sujeitos coletivos que as lutas sociais desse período vão constituindo e formando.

Nesse quadro histórico, pensar a escola como parte de uma intencionalidade educativa "humanizadora" significa preparar o ser humano *lutador* e *construtor* capaz de enfrentar as contradições próprias deste tempo histórico. Porque a superação das relações de exploração e alienação no trabalho, cada vez mais impeditivas da autorrealização do ser humano, somente poderá ser obra dos mesmos seres humanos que são vítimas de sua lógica, o que implica prepará-los, especialmente as novas gerações, para a crítica propositiva da forma social atual.

E essa preparação exige intencionalidades educativas que furem o bloqueio de consciência, operado pelos processos materiais que levam à alienação da vida social, para que a necessidade de transformações seja percebida. E para que cada ser humano concreto chegue a compreender a materialidade em que está inserido e conscientemente lute contra o que "rouba" sua humanidade, na forma de trabalho, nas relações entre os seres humanos e com os demais seres e componentes da natureza.

Há uma especificidade que emerge como muito importante para a compreensão dessa lógica de análise histórica da atualidade e merece ser desdobrada aqui. No âmbito das *escolas do campo*, essa macroatualidade tem sido analisada a partir da especificidade dos processos de trabalho que se desenvolvem no circuito produtivo da agricultura. No centro da atualidade do campo está hoje uma das fortes e perigosas contradições das relações sociais de produção capitalistas: a que conecta a lógica necessária para a reprodução do capital a uma crise ambiental sem precedentes, ao esgotamento de uma determinada forma de agricultura e sua relação com a saúde humana, afetada pelo modo de produzir e de distribuir os alimentos.[13]

O confronto entre a agricultura camponesa e o agronegócio – nome pelo qual tem sido tratada a forma capitalista de agricultura, seja a "atrasada" ou "moderna" – é o confronto entre lógicas de trabalho humano, isto é, entre finalidades da produção, matriz da relação ser humano e natureza e das relações sociais e, portanto, da vida social que se constitui em torno dessa lógica. Esse confronto vai ficando cada vez mais explícito pelo esgotamento da forma industrial da agricultura capitalista – até mesmo no plano do "negócio". E isso tem dado visibilidade às formas diversas da agricultura camponesa, que vem de longe e sobrevive ao longo da história, transformando-se desde as contradições de cada época.

Partindo dos debates e das práticas da Educação do Campo, temos firmado como finalidade social e educativa a ser assumida pelas escolas a inserção das novas gerações na *práxis agroecológica*, hoje, talvez, a expressão mais inteira da crítica prática, propositiva, da agricultura camponesa à matriz produtiva do agronegócio e, portanto, centro da atualidade que precisa ser

---

[13] Não esqueçamos que o agronegócio está na base do surgimento de pandemias como a que atravessamos nesse período recente. Cf. esta análise, por exemplo, em Wallace (2020).

objeto de compreensão e ação formativa.[14] A agroecologia, como totalidade que se conecta a outras totalidades, é uma forma real de resistência das comunidades camponesas diversas e, ao mesmo tempo, força material de contraponto à forma capitalista de trabalho humano e a vida social que lhe corresponde.

Porém, a essência, sempre dinâmica, do confronto em que o próprio desenvolvimento histórico da agroecologia se insere somente se compreende hoje, quando o situamos no quadro maior das contradições fundamentais das relações sociais de produção capitalistas e a totalidade das dimensões da vida social que essas relações determinam.

Entendamos isso no raciocínio sobre a compreensão da atualidade como categoria sociopedagógica. Não se trata de pensar – no geral ou mesmo na especificidade das escolas do campo – que a *práxis agroecológica* abarque o todo da realidade sobre a qual é necessário agir e estudar, ou que socialmente ela se trate em si da transformação geral das relações sociais de produção capitalistas no campo. Trata-se de entendê-la como a *brecha que se abre*, desde uma especificidade com imensa força material, para uma inserção hoje na luta e construção concreta no rumo da superação das relações sociais de produção capitalistas. Portanto, precisa ser tomada como objeto do trabalho pedagógico da escola: porque a realidade exige e porque ela tem uma valiosa potencialidade formadora. Nunca será demais relembrar que a produção de alimentos é necessidade de primeira ordem em qualquer forma de vida social e

---

14 Práxis agroecológica entendida como totalidade (prática, ciência, luta social) na relação com as diferentes dimensões da reforma agrária popular, nome dado ao momento atual da luta pela reapropriação social da terra (como conjunto dos bens naturais), neste contexto de domínio do capital sobre a agricultura e, ao mesmo tempo, de maior explicitação das contradições que isso provoca no todo da vida social. Sobre a agroecologia como práxis, cf. Guhur e Silva (2021).

que a alienação do ser humano em relação à natureza é a base das relações sociais de produção capitalista.[15]

Pensando na definição das finalidades educativas em cada escola, é preciso analisar como essas contradições, esse movimento do confronto de lógicas de vida social, se mostram no entorno da escola e como podem ser trabalhadas do ponto de vista social e formativo. Perceber quais as vivências formativas de que já participam estudantes, famílias, comunidade, e as brechas abertas ali para luta e construção imediata. E qual a intencionalidade pedagógica necessária para que cada estudante elucide sua visão de mundo e tome posição consciente perante as contradições que passa a perceber e compreender, pela inserção ativa na práxis que as encarna e já as analisa.

No caso das escolas do campo, elas têm hoje à disposição, além das práticas, dos processos vivos de trabalho, um acúmulo de análises desenvolvidas por movimentos populares do campo e organizações camponesas (indígenas, quilombolas, ribeirinhas, sem-terra e outras) e de material educativo que facilitam essas discussões e definições coletivas. Isso põe para essas escolas uma missão histórica, para além delas porque há ainda um longo caminho formativo para tornar massiva a compreensão deste confronto de lógicas de agricultura. E para que a percepção de suas implicações sobre diferentes dimensões da vida torne mais nítida a visão do lugar de cada um na reconstrução toda.[16]

Processar essa análise no planejamento do trabalho educativo da escola implica assumir coletivamente uma matriz formativa pensada a partir dos pressupostos dessa análise e desenhada para incluir seus componentes práticos.

---

[15] Cf. outros elementos dessa discussão específica em Caldart (2020a).
[16] Cf. elementos a mais desta reflexão em Caldart (2020b).

Matriz formativa

A palavra "matriz", de origem latina, se refere a algo que gera ou ao princípio com base no qual alguma coisa se forma e se conforma (toma uma forma). Temos usado a expressão *matriz formativa* para identificar o conjunto essencial de *dimensões* da formação humana que precisa ser considerado pelas ações educativas e de *processos* formadores vivos que podem ser intencionalizados para trabalhar essas dimensões, sempre partindo de determinadas finalidades. Na escola, a matriz formativa torna--se princípio organizador do seu *ambiente educativo*.

Finalidades sociais e educativas sistematicamente discutidas e coletivamente definidas remetem a que se pense na *matriz formativa* capaz de realizá-las. Quanto mais alargadas e radicais as finalidades sociais, mais alargadas as finalidades educativas. E quanto mais alargadas as finalidades educativas, mais multilateral a matriz formativa exigida. Para as finalidades que aqui estamos discutindo, a questão passa a ser então: que dimensões da formação humana precisam ser trabalhadas com as novas gerações para que saibam lutar e criar uma nova forma de vida social? E que processos formadores podem ser intencionalizados nessa direção e ajudam a garantir um desenvolvimento humano mais inteiro, mais pleno das educandas, dos educandos?

O conteúdo dessas perguntas exige da escola uma matriz formativa necessariamente *multilateral*, isto é, que busca trabalhar pedagogicamente as múltiplas *dimensões* do *ser* humano, da vida humana: dimensão física-corporal, emocional-afetiva, cognitivo-intelectual, estética, ética, espiritual, político-social. E que considera os diferentes *movimentos* que compõem a realização de uma *ação formativa*: apropriação e produção de conhecimento (em suas diferentes formas), aprendizado de habilidades, desenvolvimento da capacidade laboral, cultivo da sociabilidade, formação de uma visão de mundo. Sempre fundamentado na materialidade que permite que essas dimensões e esses movimentos se desenvolvam e se expressem no ambiente educativo da escola. Tudo de forma explícita, consciente, discutida.

Por sua vez, nossa concepção de educação e de formação humana nos permite identificar quais os *processos vivos* que têm força formativa potencial para intencionalizar a educação multilateral na perspectiva omnilateral necessária a nossas finalidades educativas.

Na Pedagogia do Movimento, esses processos foram sistematizados como "matrizes formadoras do ser humano", que desdobram o *princípio educativo do trabalho* como matriz formativa geral. Essas matrizes são: o *trabalho produtivo* socialmente necessário; as *lutas*; as formas de *organização social coletiva*; a *cultura*, em suas expressões e produções diversas; a *história*, presente na memória individual e coletiva das interações e do movimento permanente de transformação do ser natural e social. E no trabalho produtivo, destacamos a especificidade formadora do trabalho na *terra*, ela mesma matriz da constituição do humano como ser da natureza.[17]

Esses processos podem então ser intencionalizados como *matrizes pedagógicas*, isto é, como intencionalidades educativas específicas em diferentes ações e espaços educativos. Sua composição como totalidade pedagógica ou matriz formativa geral é uma chave para pensar diferentes processos educativos com finalidades humanizadoras, *desalienadoras*. Também na escola o trabalho educativo, quando entendido como formação humana, pode ser organizado com base nessas matrizes.[18]

---

[17] Cf. uma síntese sobre a constituição da Pedagogia do Movimento em Caldart (2021). Para uma análise mais detalhada do seu processo histórico de construção, cf. Caldart (2004).

[18] Cf. uma reflexão sobre como essas matrizes podem ser trabalhadas na escola em Caldart (2015a).

O pressuposto de concepção que se reafirma, pois, é que não há formação para um desenvolvimento humano mais pleno, com todas as transformações que ele envolve, sem que a totalidade do ser humano seja reconstituída, na vida real e na apropriação consciente de como ela se realiza. E são essas conexões que vão mostrando as *tarefas* necessárias para realizar as finalidades educativas e a matriz formativa que elas exigem. Assim como essas tarefas necessitam determinadas transformações processuais na forma de organização da escola e de seu trabalho pedagógico.

Questões da atualidade em nossa matriz formativa

Os desafios postos pela *atualidade*, entendida desde o ponto de vista sociopedagógico e na relação com as finalidades educativas que ela vai ajudando a modular, reafirmam a necessidade humana de continuar e fortalecer a luta social organizada pelo direito a uma educação multilateral cada vez mais alargada. E é a atualidade que nos vai mostrando questões fundamentais que precisam ser incluídas no trabalho educativo, realizado a partir do conjunto das matrizes pedagógicas, para posicioná-lo no caminho da formação *omnilateral* que realiza as forças essenciais humanas.

Duas dessas questões fundamentais se sobressaem hoje, pelo avanço explosivo das contradições perigosas que envolvem e porque não tem sido dado destaque suficiente à intencionalidade formativa sobre elas, proporcionalmente ao peso que terão na superação do sistema do capital e da vida social que ele engendra. É necessário torná-las referência na matriz formativa que orienta as tarefas educativas da escola, permeando dimensões e processos, compreensão e ação. Uma questão se refere à forma social da relação ser humano e natureza. E a outra à relação entre os seres humanos na vida social, objetivada na dialética entre indivíduo e coletivo.

Essas questões exigem um aprofundamento de análise teórica que não cabe nos limites deste texto. Porém, precisamos enunciar alguns de seus conteúdos básicos para deixar posta sua conexão com as tarefas educativas concretas da escola.

Relação ser humano e natureza

Há um desafio grandioso, social e formativo, posto à mostra pelas contradições da forma de vida social do nosso tempo, que é a busca da restauração da unidade do ser humano como ser natural e social. Essa unidade está rompida pela forma capitalista de relações sociais de produção e precisa ser recomposta na formação de seres humanos construtores da superação dessas relações que a quebraram. Relações que têm em sua base a expropriação dos meios de produção de quem trabalha e cujo ponto de partida é a separação entre o ser humano e a terra da qual sua vida natural se origina. Separação, por sua vez, fundante da alienação humana que passa a sustentar e impedir a consciência do motor e dos efeitos dessa ruptura.[19]

O ser humano é parte da natureza, e sua constituição como ser social pelo trabalho se dá sobre o ser natural que ele é como corpo material que interage com outros seres da natureza para sobreviver e se reproduzir, e sobre condições naturais do ambiente em que sua força humana produtiva atua. Alienar-se das condições naturais de qualquer tipo de trabalho social leva o ser humano a tornar-se alheio à sua própria condição de ser natural. Na lógica do sistema, isso é necessário para que trabalhadoras e trabalhadores sequer percebam sua degeneração física como efeito da forma de trabalho explorado que realizam, e menos ainda compreendam

---

[19] Para aprofundamento do estudo sobre a constituição histórica dos processos de alienação, cf. especialmente Mészáros (2006).

essa degeneração como parte da *ruptura metabólica* entre ser humano e natureza e dos seres humanos entre si, que é própria da lógica da produção do valor, finalidade do trabalho social sob relações capitalistas.

A "lei da troca de mercadorias" que rege a forma de relação do capital com a natureza tende à sua degradação, e por isso mesmo "o valor não pode ser o critério eficaz de uma produção sustentável" (Saito, 2021, p. 171-172).[20] Mas essa é a lei que comanda a agricultura capitalista típica, de molde industrial fabril: explora o solo, em diferentes formas de intensificação do trabalho humano e mecânico sobre ele, a ponto de romper com o metabolismo necessário à sua regeneração em qualquer forma de uso agrícola. Trata-se do mesmo tratamento dado ao trabalho humano assalariado pelos donos da terra.

Contraditoriamente, os efeitos ambientais e humanos dessa lógica de produção, mais evidentes agora porque cada vez mais trágicos, podem nos servir de fio condutor da intencionalidade de sua compreensão.

Na análise feita por Marx ainda no século XIX,

> a forma como o cultivo de determinadas safras depende das flutuações dos preços de mercado e das constantes mudanças no cultivo associadas a essas flutuações de preços, bem como de todo o espírito do modo de produção capitalista, que é voltado ao lucro monetário mais imediato, está em contradição com a agricultura, que deve se preocupar com toda a gama de condições permanentes de vida exigidas pelas gerações humanas interconectadas. (*apud* Saito, 2021, p. 208)[21]

---

[20] Para aprofundar o estudo dessa questão em Marx, além dessa obra referida de Kohei Saito, cf. também Foster (2005/2023).

[21] Essa citação é dos *Manuscritos Econômicos de 1864-1865*. Nessa época, Marx estava estudando os textos do químico Justus Von Liebig, da fase de pesquisa deste cientista natural sobre a fertilidade do solo em que ele passou a fazer a crítica da forma capitalista de agricultura – em fases anteriores ele acreditou que os fertilizantes sintéticos poderiam resolver todos os problemas de

Note-se que essa análise específica permite entender melhor a lógica como um todo, assim como a compreensão do todo permite entender melhor a especificidade das relações de produção na agricultura.[22] E permite entender o que é o contraponto a essa lógica, desenvolvida hoje pela práxis agroecológica, a partir da forma camponesa de agricultura que tem sobrevivido à expropriação do capital.

Um dos grandes desafios do trabalho educativo em nossa época é, pois, desvelar o caráter histórico e contraditório da for-

---

esgotamento do solo que estavam aparecendo nos países em que a chamada "agricultura moderna" já dominava. Na obra de Kohei Saito encontramos uma importante chave de análise sobre a dimensão ecológica da crítica à economia política burguesa feita por Marx e Engels a partir do desenvolvimento de estudos das ciências naturais de sua época – que implicaram superação autocrítica de algumas compreensões ao longo de sua elaboração. Depois de estudar Liebig e os debates em torno de suas teses sobre a fertilidade do solo, Marx buscou outros aportes da física agrícola, da geologia... fazendo e refazendo sínteses de compreensão que lia incluindo em sua teoria crítica da economia política burguesa e que, devido a sua morte prematura, não chegou a concluir. Alguns desses estudos foram fundamentais especialmente para a sua formulação final sobre a renda fundiária. Para Marx, destaque-se, o estudo da agricultura ocupou um lugar fundamental na composição de sua análise das relações sociais de produção capitalistas.

[22] "A grande propriedade fundiária reduz a população agrícola a um mínimo em diminuição constante e opõe-lhe uma população industrial cada vez maior, aglomerada em grandes cidades, gerando assim as condições para uma ruptura irremediável no metabolismo social, prescrito pelas leis naturais da vida; dessa ruptura decorre o desperdício da força da terra, a qual, em virtude do comércio, é levado muito além das fronteiras do próprio país (Liebig) [...]. A indústria e a agricultura em grande escala, exploradas de modo industrial, atuam de forma conjunta. Se num primeiro momento elas se distinguem pelo fato de que a primeira devasta e destrói mais a força de trabalho e, com isso, a força natural do homem [ser humano], ao passo que a segunda depreda mais diretamente a força natural da terra, posteriormente, no curso do desenvolvimento, ambas se dão as mãos, uma vez que o sistema industrial na zona rural também exaure os trabalhadores, enquanto a indústria e o comércio, por sua vez, fornecem à agricultura os meios para o esgotamento do solo" (Marx, 1894, *In:* Marx e Engels, 2020, p. 547-548).

ma capitalista de relação ser humano e natureza. Não foi sempre como é. Não precisa ser do jeito que é para sempre e já se tem elementos fundamentais de compreensão sobre como pode ser de outra forma. Esse desvelar, à medida que ocorre sob condições sociais de alienação humana, requer intencionalidades múltiplas, que vamos construindo ao avançarmos mais coletivamente na compreensão de seus fundamentos.

E nunca será demais reiterar que a vivência material de outra lógica de trabalho, mesmo que realizada nos limites da ordem que ainda não foi transformada pela raiz, faz muita diferença. Mas tenhamos presente que mesmo em comunidades camponesas que desenvolvem uma forma menos degenerada de relação com a natureza, essa compreensão não é dada, embora a sensibilidade e os conhecimentos produzidos nessa interação a favoreçam.

Há, pois, na direção de nossas finalidades educativas, um esforço específico a ser feito de estudo teórico da lógica das relações sociais de produção capitalista, o que é e como se dá a produção do valor[23] e o que ela provoca no metabolismo universal da natureza e do ser humano nele incluído e na especificidade da agricultura. Assim como de estudo sobre as leis gerais que regem a vida em todas as suas interações e transformações, sobre como se dá a relação metabólica do corpo humano com os demais seres da natureza, os efeitos da forma de trabalho sobre a saúde física, a relação entre a forma de produção de alimentos e o funcionamento do organismo humano.

Estudo que não poderá prescindir da relação com o trabalho vivo e de vivências múltiplas de religação sensorial dos indiví-

---

[23] Para uma síntese de compreensão da teoria do valor de Marx feita visando processos de formação de educadores, cf. Rolo, 2022, especialmente o capítulo "A teoria do valor-trabalho", p.83-128.

duos sociais com seu *ser natural*. Ser materializado em corpos físicos, cuja diversidade precisa ser respeitada, interpretada e pedagogicamente trabalhada na relação com a natureza toda, base do ser social que por sua vez configura esta própria expressão diversa.

Vemos com mais nitidez hoje que não há como construir uma forma de vida social distinta e qualitativamente superior à vida social capitalista sem que se supere a alienação humana da natureza, o que por sua vez não ocorrerá sem a criação de uma nova forma social de trabalho humano. E não se chega a essa nova forma sem que se compreenda a dimensão ao mesmo tempo universal e histórica da conexão entre ser humano e natureza. Processos formativos precisam ser compreendidos e intencionalizados como parte desse círculo dialético. Também na escola.

A inserção dessa questão em nossa matriz formativa, baseada nas finalidades sociais e educativas gerais pelas quais trabalhamos, nos coloca grandes desafios pedagógicos. Um desafio fundamental é de construir iniciativas práticas que se coloquem no caminho de superação da visão abstrata de natureza que o vínculo da ciência com as exigências da lógica da produção capitalista de mercadorias instituiu, e cujas contradições já geraram críticas substantivas, mas que ainda domina os estudos escolares das ciências da natureza.

Como analisa Rolo (2022, p. 133), essa visão de ciência que reduz o estudo da natureza à sua "descrição abstrata" resulta de uma concepção de conhecimento afinada com a lógica econômica "que reduz as trocas às relações quantitativas da produção". Essa concepção "reduz a interpretação dos fenômenos naturais às relações quantitativas de tempo e espaço". É a mesma visão que, ao distinguir "a fronteira entre o *natural* e o *social*", estabeleceu uma cisão histórica entre as ciências naturais e sociais, a ponto de desligar o estudo de ambas da realidade viva que é afinal seu objeto.[24]

Na escola, essa visão abstrata e matematizada de natureza leva ao desinteresse dos/das estudantes pelo estudo das ciências da natureza, na contramão da prioridade que é dada a essa área nas pesquisas científicas, exatamente pela relação estreita que foi sendo estabelecida com a dimensão tecnológica e econômica da reprodução do capital. Vale observar que as próprias pedagogias orientadas pelo princípio educativo do trabalho não têm dado o tratamento necessário a essa relação fundante da universalidade do trabalho que é a relação ser humano e natureza. Foi necessário que as contradições da realidade que a determinam eclodissem com mais força para que essa questão passasse a ter a relevância, na teoria social como na teoria pedagógica, que sempre mereceu.

Por isso mesmo a forma de abordá-la na escola é um desafio e uma construção pedagógica de nosso tempo. O que a concepção materialista e dialética de conhecimento – consolidada como síntese teórica ainda no século XIX – já nos permitiu compreender é que somente o retorno ao estudo direto da realidade viva, que é sempre e interativamente natural e social, pode ajudar a restabelecer as relações necessárias para apreender as contradições que essa questão envolve e como explodem no próprio meio em que vivem os sujeitos concretos de cada escola. Vamos tratar um pouco mais detidamente desses desafios pedagógicos ao discutir as tarefas educativas relacionadas

---

[24] Cf. em Rolo, 2022, uma análise da construção histórica dessa visão de natureza que é produto do método experimental-matemático na ciência e suas implicações para o ensino das ciências na escola, especialmente no capítulo "Produção da vida e produção do conhecimento: a história de uma unidade perdida", p. 129-145. Cf. também sobre essa questão Rolo, 2015.

ao trabalho socialmente necessário e à apropriação das bases da ciência (cf. cap. 2 e 6).

Relação indivíduo e coletivo

A segunda questãoé a que se refere à forma social da relação entre os seres humanos, posto o foco na dialética *individualidade e coletividade*, como parte da mesma busca da unidade perdida do ser humano, aqui no plano das relações sociais.

A alienação humana que se funda, e passa a ser componente das relações sociais de produção capitalistas, inclui o tornar-se alheio às relações sociais constitutivas das individualidades. Isto para que o individualismo possa ser instituído como forma de desenvolvimento da individualidade, alimentado por uma falsa oposição entre indivíduo e coletivo, oposição criada pelo liberalismo, exacerbada pelo neoliberalismo, expressões ideológicas do capital. O ardil é levar a pensar que os "direitos" da subjetividade individual são necessariamente cerceados por formas coletivas de vida social. E que a sociedade nada mais é que a soma de indivíduos autossuficientes – que se bastam a si mesmos –, concorrentes entre si, sendo essa concorrência uma atitude "natural" para o bom desenvolvimento de todos.

Mas por que o sistema capitalista precisa que o individualismo, sua característica inerente, seja agora exacerbado e que as pessoas abominem o coletivo?

Quanto mais as contradições da forma capitalista de produção da vida social se aprofundam, provocando suas crises cíclicas ou crises estruturais como a que atravessamos agora, mais necessário se torna – para o capital – que a autoconsciência humana da individualidade, sem dúvida um dos avanços civilizatórios da história mais recente da humanidade, degenere para o "individualismo": visão do indivíduo como senhor absoluto de si mesmo, desligado das relações que, na vida real, lhe formam e sustentam, mas também deformam e tornam a vida insustentável.

Essa visão é necessária para que a concorrência – cada vez mais insana, seja para a entrada no "mercado de trabalho", seja entre os empresários capitalistas para disputa da propriedade de bens naturais ou o acesso a bens de consumo necessários ou supérfluos – não seja percebida como um atentado contra a humanidade e, menos ainda, como expressão da contradição antagônica entre classes sociais em uma sociedade estruturada sobre a desigualdade entre seres humanamente iguais.

Além disso, como as relações interpessoais são inevitáveis, no trabalho e na vida social como um todo, é necessário ao funcionamento do sistema capitalista que essas relações não sejam pensadas ou não avancem para uma visão de *organização coletiva*, menos ainda que a constituição de coletividades seja colocada como finalidade formativa e de desenvolvimento humano. Porque é no coletivo que as críticas à forma de vida social costumam vir à tona e suas contradições, analisadas. E é no coletivo que se organizam as lutas por direitos, contra as injustiças; se pensa e se faz a luta de classes; e são criadas alternativas reais à forma capitalista de relações sociais.

Mas para que o individualismo se fortaleça é preciso que a maioria dos indivíduos acredite que coletivo é igual ou sempre degenera em "coletivismo", repressor da livre expressão e do desenvolvimento das individualidades. Por isso, desde nosso projeto histórico, trata-se de outro grande desafio formativo da atualidade garantir que muito mais indivíduos da classe trabalhadora entendam que o individualismo não é característica humana "natural" e que indivíduo e coletivo nem se diluem um no outro, nem se opõem à medida que integram a mesma totalidade.

A superação das relações sociais capitalistas exige a superação do individualismo e a construção de coletivos fortes. E isso por sua vez exige, ao mesmo tempo, uma compreensão mais profunda da natureza social da individualidade e do coletivo como uma construção processual e autoconsciente. Compreensão que vá bem além de certa banalização da ideia de coletivo, presente às vezes mesmo entre nós, como se qualquer associação entre pessoas ou grupos, qualquer forma de organização social ou interpessoal, possa "naturalmente" tornar-se ou ser considerada um coletivo.

O processo de constituição de coletivos – nos quais se formam determinados parâmetros de sociabilidade humana, de relações sociais entre seres humanos diversos, porém com finalidades comuns – é condição para a construção do ambiente educativo que garante a realização do conjunto das tarefas educativas da escola. A compreensão das intencionalidades formativas que esse processo envolve será desenvolvida com mais detalhes quando tratarmos da tarefa educativa da auto-organização (cf. capítulo 3).

Por enquanto, firme-se a ideia de que não há formação de lutadores e construtores, especialmente na fase atual do capitalismo, sem que se desencadeie o processo de ruptura da visão individualista de mundo, pela compreensão dos fundamentos da individualidade social e pelo cultivo paciente, desde a infância, do hábito de viver e trabalhar coletivamente. Por isso a organização coletiva precisa ser assumida como finalidade educativa e matriz pedagógica e ocupa lugar necessário entre as tarefas educativas essenciais na formação das novas gerações.

Ao pensar nas tarefas da escola hoje é necessário considerar, portanto, que a exacerbação do padrão capitalista de relações entre os seres humanos, no "vale-tudo" em que essa forma de sociedade vai se tornando, tem levado à perda de parâmetros básicos de sociabilidade humana, instaurando a barbárie como possibilidade sempre presente que coloca em risco o próprio capital, mas que ele alimenta. Essa contradição, interligada às contradições igualmente perigosas da forma depredatória das relações de produção sobre a natureza e o trabalho vivo, é um material incontornável para o nosso trabalho educativo. A forma que essas contradições assumem nos permite compreender, com mais nitidez do que antes, a metáfora utilizada por Marx e Engels em seu *Manifesto* de 1848, no qual afirmam que a sociedade capitalista mais parece "o feiticeiro que não consegue controlar os poderes subterrâneos que ele mesmo invocou" (Marx e Engels, 2020, p. 138). E todos que se coloquem em defesa da humanidade não têm outra escolha senão ajudar a "desmanchar o feitiço", o que nesse caso quer dizer trabalhar sobre as contradições de modo a abrir o portal para novas possibilidades de construção da vida social.

Tarefas educativas da escola

Voltemos então à questão que foi nosso ponto de partida, já podendo tratá-la em outro plano de concretude: quais as tarefas educativas essenciais da escola de Educação Básica para que tome parte da formação multilateral de lutadores e construtores, na direção *omnilateral* que nosso projeto histórico requer? Que tarefas são necessárias para que a nossa juventude compreenda as contradições que movem a vida social em que se insere e cujos efeitos ela no dia a dia sofre? E para que a escola ajude na criação de uma nova forma de vida social, convertendo em força formativa da juventude as contradições da atualidade?

Expor o caminho que nos permitiu identificar as tarefas educativas, até o ponto da análise que é possível fazer em uma sistematização como esta, foi necessário para deixar explícito que não se trata de uma fixação abstrata de tarefas como um "dever ser" ou "dever fazer" da escola. Trata-se do resultado processual de *um método de pensar o trabalho educativo*, de como chegar às finalidades educativas e a uma matriz formativa concreta, para que possam converter-se em quefazer pedagógico cotidiano e sistemático. São tarefas abertas ao devir histórico, da realidade e da compreensão que vamos tendo sobre ela. E pensando a escola em um todo de relações formativas que vão além dela.

Estamos chamando de *tarefas educativas* às tarefas de formação humana que precisam ser pedagogicamente intencionalizadas na especificidade do ambiente educativo da escola, visando concretizar nas ações a matriz formativa necessária à realização de nossas finalidades educativas, em suas diferentes dimensões e processos. Nosso ponto de vista é a atuação direta da escola com as/os estudantes, ou seja, o que não pode deixar de ser garantido em sua formação ao longo da Educação Básica. Tarefas que incluem a dimensão organizativa do trabalho pedagógico voltado aos direitos formativos dos seres humanos que adentram a escola.

Nossa sistematização atual chegou a *sete tarefas educativas* que serão trabalhadas na sequência deste livro. Elas foram distinguidas pelo foco de suas intencionalidades pedagógicas. Não obedecem a uma ordem temporal ou hierárquica e sim relacional. Algumas supõem tempos e atividades específicas e outras compõem dimensões de mesmas atividades ou processos do dia a dia da escola. Cada tarefa foi pensada em sua realização prática geral sem deixar de trazer junto os fundamentos e a análise da atualidade que correspondem à sua especificidade. Depois, ao se converterem em objeto de planejamento dos coletivos escolares, terão que ser pensadas no nível próprio para a sua realização em cada etapa da Educação Básica e com os sujeitos concretos do trabalho educativo em cada local.

Vale destacar, por fim, considerando nosso projeto histórico, que a dimensão da formação política da juventude, ou seja, a formação para a capacidade de tomar posição na luta de classes de que participa como ser social, e que é essencial na educação multilateral que defendemos, na Educação Básica é uma dimensão a ser trabalhada pelo conjunto das tarefas educativas, e por isso não foi tratada aqui como uma tarefa específica, dada a sua relação necessária com a construção de uma visão de mundo que inclui conhecimentos, vivências de valores, exercício de relações sociais. Porém, essa dimensão tem uma conexão especial com a tarefa da auto-organização e será fortalecida pelo vínculo com o trabalho formativo e organizativo de outros coletivos e organismos políticos para além da escola – como organizações e coletivos da juventude dos movimentos populares, por exemplo.

ACOLHER O *SER* HUMANO EM FORMAÇÃO

Acolher o *ser* humano que adentra a escola, considerando cada pessoa como um ser em formação, como humanidade que se constitui e se restitui, é tarefa educativa essencial. Acolhimento humano do humano de cada um, no que tem e no que lhe falta e no movimento contraditório em que se realiza como ser da natureza e, ao mesmo tempo, produto e sujeito de relações sociais históricas. Por isso um ser *imenso*[1] e nunca igual, porque vai se transformando nas relações em que se faz humano. E isso vale tanto para quem é acolhido como para quem acolhe. Ambos são seres humanos que precisam se educar para poder acolher e deixar-se acolher.

Nossa época é de *desumanização* crescente. Isso atinge a todos, mas o processo é muito mais violento sobre alguns do que sobre outros. A desumanização tem a marca essencial de classe; avança com o aprofundamento da desigualdade social e se ali-

---

[1] "Bem, sim, eu me contradigo... Sou imenso, contenho multidões." Walt Whitman, poeta estadunidense considerado o "pai dos versos livres". Verso do seu poema "Canção de mim mesmo", 1855.

menta da miséria e suas causas. Talvez por isso a palavra "acolhimento" seja usada com cada vez mais frequência, em âmbitos
diversos do cuidado da vida. Efeito contraditório de uma forma social que "desacolhe", desumaniza, inclusive nos processos
criados para humanizar, como é o caso da educação.

O momento é, portanto, propício para que a importância
de prestar mais atenção ao *ser* humano de quem vai chegando à
escola seja vista com mais nitidez. Vidas florescendo, diversas,
exuberantes e belas, mas também vidas destroçadas, deforma-
das, discriminadas, roubadas. Vidas que precisam ser recebidas,
aceitas, respeitadas, protegidas, cuidadas, compreendidas, edu-
cadas. Vidas que portam experiências sobre as quais a educação pode se realizar como continuidade ou superação. E que se
abrem ou se fecham às intencionalidades educativas a partir do
que a vida já lhes tenha feito sofrer, experimentar.

A concepção de formação humana e de educação que nos
orienta exige pensar o *acolhimento humano* como parte do trabalho educativo, e não apenas como uma sensibilidade fortuita
para momentos trágicos, humanamente difíceis ou fortes, quando a vida explode escancaradamente diante de nós. É uma ação
permanente e com intencionalidades específicas.

Não é tarefa que se resolva com "dinâmicas de grupo" feitas
nos primeiros dias de um ano letivo ou quando aparecem "problemas de comportamento". O acolher, como o entendemos, é
de natureza mais profunda, mais complexa, envolvendo posturas, relações, materialidades construídas. Por isso a necessidade
de firmá-lo como tarefa educativa cotidiana.

Na origem latina do termo, acolher (de *acolligere*) significa
receber bem, considerar; que se liga com o sentido do verbo de
que é derivado (*colligere*), que quer dizer *reunir, colher, recolher*.
Do ponto de vista educativo, podemos pensar o acolhimen-
to em dupla e articulada dimensão: a de *receber* e *considerar*,

respeitar, o *ser* humano que nos chega, e a de *colher* e *reunir* deste ser que se realiza diante de nós, o material sobre o qual pensar nossas intencionalidades formativas. Sempre com base nas finalidades sociais e educativas postas pela nossa análise coletiva da atualidade. É preciso formar sujeitos sociais capazes de lutar e criar formas de restituir nossa *humanidade roubada* (Freire, 1987).

Na escola, a tarefa de acolher é então de *receber bem* crianças, jovens, adultos, idosos, de modo que *sintam, percebam* a escola como um ambiente em que podem *ser o que são*, possam mostrar de onde vêm. O acolhimento é emocional, físico, cultural, intelectual, político, ideológico... Visa que cada pessoa se compreenda e possa ser compreendida pelo que vivencia, pelo que faz, sente, pensa; pelo *ser* humano que realiza.

A língua indígena guarani tem uma palavra forte que nos ajuda a pensar o sentido humano prático desta tarefa: *tekohá*, nome dado ao lugar material do *modo de ser guarani*, um lugar "onde se é, verdadeiramente", porque feito para pertencimento de todos que produzem a vida ali. E com a compreensão de que cada *tekohá* é único e ao mesmo tempo se faz na relação com outros *tekohá*. Assim como cada indivíduo é único e "tem sua subjetividade construída na coletividade" que constrói esse lugar a que sente pertencer e no qual se sente livre para ser o que é.[2]

---

[2] "*Tekohá* é um termo que passou a ser mais conhecido desde meados de 1976, quando da publicação da pesquisa de Meliá e Grunberg sobre os Pãi Tavyterã, do Paraguai. A partir da década de 1980, a palavra passou a ser utilizada pelos movimentos de luta dos Kaiowá e Guarani, para destacar o grau de importância de seus territórios ancestrais" (Procópio, 2022, p. 129). Partindo das suas fontes de pesquisa, Sandra Procópio analisa nessa sua tese de doutorado a importância da noção de *tekohá* para que se entenda o sentido atual das lutas indígenas pela retomada de suas terras que vai além de ocupar novos territórios, sendo um projeto coletivo de retomada do seu próprio lugar, seu *tekohá*, que precisa ser reconstruído como seu modo de ser (Procópio, 2022, p. 131). "Quando a gente recupera a terra, recupera nosso modo de ser", disse a Sandra uma de suas en-

Para os guaranis a escola é – ou precisa ser construída como – parte dos seus *tekohá*.

Essa ideia, que integra uma visão de mundo própria a esse povo ancestral, nos ajuda a pensar que a tarefa educativa de acolher é, ao mesmo tempo, buscar *conhecer* os educandos, as educandas, no *meio* em que vivem, e, portanto, em que têm se formado como humanos. E nos reafirma que o *ser* humano que cada criança e cada jovem precisam ter liberdade de trazer para dentro da escola não é apenas o que são individualmente, em seu breve percurso de vida e sim todo o *meio* que encarnam e expressam porque dele tomam parte. Meio natural e social que é a base material do vínculo entre escola e vida, portal de acesso à *atualidade* com a qual a escola precisa interagir e de que também participa.

Nossas escolas todas precisam ser este *lugar de pertencimento* de quem ali entra; lugar de *ser* humano, em suas diferentes dimensões e na historicidade sua e da realidade em que vive. Isso é humanamente valioso. E é necessário para que cada pessoa se abra aos processos educativos e conscientemente, processualmente, reafirme ou transforme o que *está sendo*, seus valores, suas ideias, visão de mundo, como humano inconcluso, em formação (cf. Freire, 1987, p. 72-73). Esse sentimento de pertencer e ir se transformando nas relações que constroem esse pertencimento é uma conquista de cada um e de todos ao mesmo tempo.

---

trevistadas do *Tekohá*guasu, área de abrangência de vários *tekohá* no estado do Mato Grosso do Sul (Procópio, 2022, p. 273). Esse modo de ser é seu modo de produzir a vida, que na visão de mundo guarani-kaiowá não põe "o ser humano como centro da vida" e sim "a vida toda como centro dela mesma, e dentro dela, o ser humano é apenas uma parte..." (Procópio, 2022, p. 215). E a roça é vista como uma escola para adultos, jovens e crianças que por meio dela reaprendem "o sentido de ter um lugar, de pertencer a um *tekohá*, de ter liberdade para plantar, para colher alimentos, para ser feliz" (Procópio, 2022, p. 212).

A livre expressão de cada estudante permite, além disso, pensar formas adequadas de relação da escola com suas famílias, comunidades; ajuda a identificar as vivências formadoras (ou deformadoras) de que tomam parte e as necessidades educativas a considerar nas intencionalidades educativas da escola.

Pelas experiências de muitos e muitas de nós, essa tarefa educativa pode parecer óbvia. Como realizar a educação sem o *acolhimento humano entre seres humanos* que se encontram em diferentes momentos de sua formação?

Como tarefa da escola, entretanto, esse acolhimento não é nada óbvio. Porque vai se tornando incomum pensar que a escola tem o compromisso com a formação de um ser humano mais pleno. Conforme se realize, o acolher ajuda a romper com uma concepção de escola que visa antes de tudo o controle social, e para isso reprime as manifestações humanas que de alguma forma põem em questão a lógica do sistema social vigente.

Para melhor exercer esse controle, a escola encontra formas de negar a existência ou a validade das experiências de vida dos/das estudantes. De modo que considerem que sua vida começa com a educação "recebida" na escola, e é isso que vai lhes permitir "melhorar de vida". Mas a vida real é mais complexa e vai explodindo em contradições que mostram o tempo todo e, às vezes de modo explosivo, que ela é mais forte e exigente do que isso.

A tarefa educativa de acolher é pensada aqui a partir de determinados pressupostos de compreensão ancorados em uma visão de mundo, de história, e em compromissos éticos, políticos e existenciais em relação à vida humana e às finalidades da escola.

Pensar o acolhimento como tarefa da *escola* pressupõe entendê-la como tempo, espaço e relações sociais que visam à *formação humana*. E isto, como se sabe, não é próprio de todas as concepções de educação e de escola. Menos ainda quando se pensa em uma formação integral, emancipatória e não em uma preparação unilateral para formas restritas de inserção ou adaptação social, e se a finalidade é ajudar na formação humana de lutadores e construtores de uma nova lógica de vida social.

Conceber a educação como formação humana supõe, por sua vez, entender que o ser humano não nasce pronto. Ele *se forma como humano*. E como ser inconcluso, nunca "terminado", está em permanente formação que se realiza como transformação do que é, está sendo, às vezes em movimentos bruscos, mesmo dolorosos, mas sempre como processo mediado por uma forma histórica de relações entre diferentes seres humanos e no ambiente em que vivem.

As pessoas se formam e se transformam, em sua humanidade, o tempo todo e ao longo de toda vida.[3] E se formam em relação, nunca sozinhas ou por sua própria conta, trabalhando sobre as contradições e tensões que as relações concretas implicam. Se não fosse assim, não teria porque pensar a educação como formação humana. Sem compreender que o ser humano pode ser educado, transformado, e que se pode tornar mais plena a formação humana, o acolhimento pode se tornar atitude passiva, aceitação conformista do que já é.

A educação, pensada como intencionalização da formação humana, é um *processo*. Isso significa "que ela acontece em um movimento dialético que envolve tempos, transformações, contradições, que é historicidade a ser compreendida e trabalhada". E sendo um processo intencional é trabalho pedagógico planejado para a constituição de determinados traços de humanidade (Caldart *et al.*, 2013, p. 372). Para educar é preciso reconhecer que a formação humana se realiza ao longo de um processo educativo.

---

[3] "Mire, veja: o mais importante e bonito, do mundo, é isto: que as pessoas não estão sempre iguais, ainda não foram terminadas, mas que elas vão sempre mudando...". João Guimarães Rosa em *Grande Sertão Veredas*.

E porque "a formação do ser humano se torna possível ao longo do tempo" (Arroyo, 2004, p. 226), a educação é um *processo de tempo longo*. Ela se dá pela interação de múltiplas dimensões. E não se realiza do mesmo jeito nem no mesmo tempo com todas as pessoas. Implica entender o educar como acompanhamento ativo da formação humana, visando-a plena, mas respeitando os tempos de cada um e a diversidade dos modos concretos de processar as intencionalidades educativas (p. 223).

Acolhe-se então para acompanhar os processos de formação, e ter esse acompanhamento é direito humano de todos. Mas esse processo costuma ser tenso, conflituoso, entre o que as pessoas estão sendo e o que podem ser. E, mais ainda, as pessoas são contraditórias, não são uma coisa só, exatamente porque são "imensas" e carregam em si as relações naturais e sociais que constituem o seu *ser*. Aqui também vale o dito "tudo está prenhe do seu oposto" e nas contradições costuma estar a chave de uma atuação formativa que vise mudanças. Sem compreender essa dinâmica, educadores e educadoras podem se frustrar e desistir da tarefa nos primeiros obstáculos da relação concreta entre humanização e desumanização que sempre aparecem.

Acolher, reconhecendo e valorizando a vida real de quem adentra a escola, e acompanhar sua formação, não é, portanto, renunciar à tarefa de educar, negando que esta vida se transforma. Talvez esta dialética, de valorizar a vida que se tem e buscar transformá-la, seja o maior desafio de quem assume a tarefa de educar com base em finalidades educativas emancipatórias. Por isso mesmo jamais poderá ser tarefa de um educador indivíduo sobre outros indivíduos, e agindo com a ilusão ou a arrogância de pretender ser o senhor do destino formativo de outros.

A formação do *ser* humano de cada um não acontece no vácuo e em si mesma. As pessoas se formam e se transformam nas relações que estabelecem no ambiente social em que vivem. Em outros termos, a existência social determina a forma de realização do *ser* humano. E essa existência tem seu motor nos processos de produção e reprodução material da vida humana, desde condições naturais e relações sociais históricas.[4]

São esses processos que conformam o meio cultural que acolhe cada ser humano particular, desde seu nascimento. Mesmo antes de uma inserção direta em trabalhos produtivos, as crianças já vão construindo seu modo de ser a partir das condições materiais e das relações naturais e sociais estabelecidas pelo trabalho que lhes sustenta. Por isso acolher as pessoas é conhecer o meio em que vivem e expressam na sua forma de *ser*. E também por isso os processos de formação humana precisam ser tratados ao mesmo tempo como processos individuais (personalizados) e sociais (coletivos).

É na materialidade da vida que o *ser* humano se forma e é nas relações que compõem as atividades sociais concretas que este humano *se realiza* e, portanto, se exterioriza e se mostra. Disso decorre que a incidência mais forte no acompanhar a formação humana acontece pela intencionalização de atividades que realizam e permitem tornar conscientes e autocríticas as relações sociais formadoras. E quanto mais humanamente essenciais e socialmente necessárias essas atividades, mais reveladoras do *ser* humano que as realiza e mais potencialmente educativas.

Realizar o acolhimento humano partindo desses pressupostos é então a primeira das sete tarefas educativas de que tratamos neste livro. E a consideramos condição para que as demais se realizem, sem entender, no entanto, que seja uma tarefa prévia ou de preparação exterior às outras. É a materialidade das de-

---

[4] "A vida dos seres humanos desde sempre esteve baseada na produção, de uma ou outra maneira, na produção social, cujas relações chamamos justamente de relações econômicas" (Marx, *Grundrisse, in:* Marx e Engels, 2020, p. 506).

mais tarefas, abordadas em cada um dos próximos capítulos, que irá conformando as relações sociais sobre as quais o acolhimento pode se realizar como formação humana.

Uma das finalidades pedagógicas principais desse acolher é tornar conscientes (sentidas, pensadas) as reais necessidades humanas, individuais e sociais, e compreendidas no contexto histórico em que se mostram. Para as educadoras, essas necessidades terão que ser pensadas do ponto de vista formativo, de modo que orientem as intencionalidades educativas. Para os educandos, o desafio é que aprendam a distinguir entre suas necessidades reais e as que vão sendo "inventadas" para que fiquem aprisionados a determinadas relações sociais. Esse aprendizado vai lhes permitindo ter uma participação cada vez mais ativa na condução do seu próprio processo formativo.

A tarefa de acolher toma parte da construção do ambiente para a realização das demais tarefas educativas e se realiza na materialidade das ações que as constitui: no trabalho, na organização coletiva, nas vivências culturais, no estudo. Sem a intencionalidade e a vigilância permanente sobre essa tarefa específica, porém, ela não se realiza junto às demais. Porque requer reeducar posturas, afirmar ou revisar concepções e, sobretudo, requer uma incidência planejada na forma material da escola e nas relações que constituem seu ambiente educativo.

Construir o ambiente educativo que acolhe

A *quem* cabe, então, a tarefa educativa de acolher? Para a realização prática dessa tarefa educativa é preciso, pois, responder a essa pergunta e também a outra: *como* se acolhe educandas e educandos com a finalidade de acompanhar sua formação humana em uma direção humanizadora, emancipatória?

A tarefa de *receber bem* e de *conhecer* os/as estudantes é sem dúvida uma tarefa do sujeito *educador*. Porém, este sujeito não é uma pessoa, nem mesmo um conjunto de pessoas. Ele precisa ser constituído como um *coletivo*, formado sim por pessoas, porém em suas relações, entre si e com a materialidade em que atuam. Pessoas que estão na escola com a tarefa de educar, *as educadoras e os educadores reais também são seres humanos em formação* e precisam ser acolhidos assim como acolhem. E da mesma forma as famílias, a comunidade.

As pessoas se humanizam e se desumanizam não como indivíduos isolados, mas na vivência de determinadas relações sociais. Relações que realizam e se realizam em atividades concretas. Um processo educativo que vise à humanização precisa incidir, portanto, nas relações que se criam sobre a materialidade das atividades das pessoas em seu cotidiano. Nessa compreensão, não basta dizer que se acolhe, se recebe bem os educandos, as educandas, se esta palavra não toma parte de uma vivência real de relações materializadas e intencionalizadas para esse acolhimento.

A noção de *ambiente educativo* é uma formulação da Pedagogia do Movimento, construída para pensar a intencionalidade educativa sobre as possibilidades formadoras presentes na materialidade das lutas organizadas por movimentos populares e com objetivos de transformação social. Nesse tipo de vivência formativa fica mais fácil de perceber que "não há um 'senhor da pedagogia' e sim um 'ambiente', com as contradições e tensões da vida real, que educa a todos, sem deixar de ter condutores: coletivos organizados em diferentes níveis e com pessoas realizando diferentes tarefas de construção". O ambiente se converte em educativo à medida que se criam condições para que as atividades sejam feitas em determinada direção formativa; intencionalizadas como relações das pessoas entre si, com os objetos de sua ação e em determinados tempos e espaços construídos desde a estrutura material e a forma organizativa do movimento (Caldart, 2021, p. 7).

Na base dessa formulação há mais um pressuposto: o processo educativo precisa ser conduzido, intencionalizado. Mas não como uma ação de uma pessoa ou de um grupo de pessoas que tenta decidir o destino formativo de outras e sim como intencionalidades na ação coletiva sobre circunstâncias objetivas postas. Direção que permite escolhas reais da formação e transformação do *ser* humano de cada um. O ambiente educativo é então a dinâmica de organização coletiva de relações e processos que realizam o ato de educar sobre uma materialidade posta ou construída.

Essa compreensão pedagógica pode orientar diferentes espaços e tempos educativos. Ela tem orientado a organização do trabalho educativo em escolas que têm a Pedagogia do Movimento e seus fundamentos como referência, permitindo pensar o ambiente da escola como totalidade formadora e como movimento vivo dos diferentes componentes da matriz formativa do ser humano.

Pensada na especificidade da escola, a noção de ambiente educativo ajuda a planejar sua dinâmica cotidiana como "relações sociais em movimento, garantindo os conteúdos formativos fundamentais às finalidades da escola" (Caldart *et al.*, 2013, p. 126).[5] A construção do ambiente educativo se realiza sobre a materialidade de uma forma escolar, sua estrutura e seus tempos, forma que vai sendo transformada à medida que se alteram as finalidades e os conteúdos das tarefas educativas assumidas pela escola.

---

[5] Nessa obra há uma compreensão mais detalhada de ambiente educativo e a forma de organização do trabalho pedagógico nessa perspectiva de totalidade, a partir de uma prática concreta e específica de escola. Cf. sobre a noção de "ambiente educativo" especialmente a introdução da parte 2, "Forma escolar e construção do ambiente educativo" (Caldart *et al.*, 2013, p. 123-130).

Essa construção "implica saber fazer escolhas e tomar decisões a cada situação que ocorre na escola", e também criar novas situações e configurar práticas que permitam vivenciar e refletir sobre o nosso projeto formativo. Sempre a partir de análises do processo feita com a participação dos diferentes sujeitos da escola (p. 127).

Entendemos que a noção de ambiente educativo nos ajuda a pensar o conjunto das tarefas educativas da escola. E nos ajuda especificamente a pensar essa tarefa do acolhimento humano em sua dimensão formadora. A escola precisa ser organizada como um *ambiente educativo* que acolhe a todos os sujeitos que dela participam e os acolhe *o tempo todo*, pondo as pessoas em múltiplas formas de interação e em diferentes relações.

Algumas *intencionalidades específicas* podem ser destacadas ao focar a construção do ambiente educativo pensando na *realização prática da tarefa do acolher*, com base nos pressupostos colocados e as práticas de escolas que nos servem de referência.

1ª) Despertar o interesse ativo pelo que se passa ao redor

Interesse ativo quer dizer uma forma de interação com o entorno, natural e social, que implica capacidade de sentir e perceber o que existe, acontece, se passa; com as pessoas e com todos os demais seres com os quais a vida humana se relaciona. Essa capacidade pode ser desenvolvida como ação consciente sobre problemas, situações e ir avançando para a insatisfação diante da realidade que precisa ser transformada pelo bem de todos.

Despertar o interesse ativo precisa ser tarefa educativa porque vivemos em tempos de alienação generalizada, e nossas crianças e jovens são bombardeadas de várias formas pela ideologia do individualismo, do consumismo, do alheamento às injustiças, das relações superficiais e voláteis. Mesmo quem vive no campo pode tornar-se alheio à depredação da natureza ao seu redor.

Mesmo filhos e filhas de militantes sociais podem tornar-se insensíveis aos motivos das lutas de seus pais e apáticos diante da miséria e degradação da humanidade que acontece do seu lado. E despertar o interesse é cultivar uma forma de sensibilidade que abre o caminho para o sentimento de pertença ao meio.

Quem desenvolve a sensibilidade em relação aos problemas dos outros e do ambiente em que vive mais facilmente poderá formar-se como um lutador social. E a curiosidade, que leva à busca imaginativa do novo ou de soluções para problemas do entorno, são condições subjetivas para a formação do militante social construtor, do ser humano criador. Não tem como estudar o que nem se repara que existe; não tem como agir sobre uma realidade que não se percebe; não tem como ajudar alguém sem se dar conta de que precisa de ajuda e que isso, sim, tem a ver conosco.

Despertar o interesse ativo é uma das intencionalidades que dão forma ao acolhimento humano e que educa para a tarefa de acolher, que é de todos. O "inventário da realidade" é uma atividade coletiva que tem sido usada como uma ferramenta pedagógica importante para ativar a sensibilidade e aguçar a capacidade de percepção da realidade do entorno. Visa despertar nas educadoras-educandas e nos educandos-educadores o interesse pelo conhecimento e para a ação organizada. Levanta material para essa tarefa do acolher, bem como para as demais tarefas educativas da escola.[6]

---

[6] Sobre como fazer um inventário da realidade com finalidades educativas cf. Caldart (2017, p. 163-182). O roteiro de inventário ali apresentado "é uma forma de organizar o trabalho de levantamento das informações sobre o entorno da escola (e também sobre seu interior)". Entendido como "um processo dinâmico", torna-se ferramenta de trabalho que visa à ligação da escola com a vida e as relações sociais de que é parte (p. 164). Cf. algo mais sobre o uso formativo do inventário no capítulo 7.

2ª) Cultivar o diálogo como postura fundamental
na relação educador e educando

Este é um legado forte da *Pedagogia do Oprimido* que nos é precioso para pensar a tarefa de acolher no processo de construção do ambiente educativo: o *diálogo* e a compreensão que precisamos ter dele. Sem diálogo não há ambiente educativo porque a interação humana que visa à formação não prescinde da *comunicação* verdadeira entre as pessoas, que por sua vez não se realiza sem uma relação dialógica.

Este diálogo implica considerar e respeitar o outro; implica a humildade e o silêncio da escuta efetiva; e o sentimento amoroso e a confiança mútua entre quem ouve e quem fala. Supõe de quem assume o trabalho de educar uma crença efetiva na possibilidade da formação/transformação humana e o pensar crítico sobre a realidade "pronunciada" para que possa ser humanamente modificada (Freire, 1987, p. 78-82).

A postura de diálogo que visa incidir na formação humana ajuda a emergir no cotidiano a diversidade entre as pessoas, as gerações, as culturas, sem que se deixe de buscar a unidade entre os diferentes, necessária a projetos comuns, à vida em comum. A construção da unidade somente é possível entre pessoas com objetivos comuns. Sem eles não se justifica o esforço de buscar o que une porque para isso é necessário abertura a mudanças de sentir, pensar, agir, com suas tensões, seus conflitos. O diálogo é ferramenta pedagógica para que se possa evitar a absolutização das diferenças, que geralmente descamba para o culto ao indivíduo. E, ao mesmo tempo, para evitar padronizações que reprimem a realização do *ser* humano e empobrecem a construção de uma coletividade educadora.

A Pedagogia do Oprimido não entende, portanto, o diálogo como um mero conversar com os educandos, as educandas e tampouco entende a palavra como prática discursiva em si mesma ou como artifício didático para manipular interesses ou atenção. O diálogo é componente da práxis,[7] encontro entre seres humanos "mediatizados pelo mundo, para *pronunciá-lo*, não se esgotando, portanto, na relação eu-tu". Ninguém "pode dizer a palavra verdadeira sozinho, ou dizê-la *para* os outros, num ato de prescrição, com o qual rouba a palavra aos demais" (Freire, 1987, p. 78).

A *dialogicidade* é a marca da relação educativa verdadeira entre educandos e educadores. Mas é preciso considerar que embora algumas pessoas tenham na escola a tarefa de educar, todos assumem e precisam ter a humildade e a responsabilidade suficientes para assumir alternadamente o papel de educador e educando, conforme o momento, a situação, as circunstâncias, as intencionalidades.

O diálogo é a materialização em forma de linguagem do encontro entre seres humanos com finalidades de humanização, de formação humana; ouvir e dizer a palavra como atos de exposição e acolhimento do *ser* humano. Ele exige comunhão de projeto porque não há diálogo entre antagônicos. Não há educação em seu sentido inteiro sem diálogo. E não há acolhimento humano que seja educativo sem a relação dialógica.

O exercício da "pronúncia do mundo", que compõe a comunicação dialógica entre as pessoas, é uma forma de ajudar cada uma a construir e tornar conscientes imagens mentais ou representações simbólicas do que foi e do que imagina que seja; da realidade passada e futura. O ser humano precisa dessa construção consciente para apreender as possibilidades reais de transformação do mundo e dele próprio no presente.

---

[7] "Não há palavra verdadeira que não seja práxis..." (Freire, 1987, p. 77).

3ª) Acompanhar ativamente as relações de convivência na escola e fora dela

Conviver é *viver em comum*. A convivência "se refere às diferentes *relações humanas* (interpessoais) e aos *comportamentos individuais e coletivos* que compõem o dia a dia da escola" (Caldart *et al.*, 2013, p. 335). O desafio educativo é perceber e analisar as relações de convivência e conhecer experiências e marcas anteriores dessas relações nas pessoas concretas.

Dissemos antes que acolher é conhecer os seres humanos que adentram a escola, em suas necessidades, seus problemas, suas aspirações, suas memórias de vida. No entanto, as pessoas não se mostram, não revelam o que são, aos outros e a si, de uma vez só nem só de uma forma; e se revelam menos pelo que dizem e mais pelo que fazem junto com os outros e para eles; se revelam na convivência.

Essa convivência não se realiza em abstrato ou somente em momentos pensados com a finalidade específica de conviver. As pessoas se revelam na convivência que estabelecem nas diferentes atividades que acontecem ou podem acontecer na escola: convive-se no trabalho, no estudo em sala de aula, nos processos de gestão coletiva, na realização do inventário da realidade, nas pesquisas de campo, nos momentos de lazer, na participação em atividades da comunidade.

E é nas diferentes formas de convivência que o diálogo pode se realizar como escuta real e palavra verdadeira que permite às pessoas se expor, mostrar-se tocadas pelas experiências várias, deixando-se acolher e aprendendo a acolher o outro de maneira não conformista e sim ativa, viva.

O acolher, entendido como processo e com finalidades educativas, é fundamentalmente fazer o *acompanhamento ativo* das relações de convivência. E isso implica estabelecer coletivamente parâmetros de "sociabilidade humana" que permitem o cotejar cotidiano do que cada pessoa está sendo e o projeto formativo da escola que vai sendo construído e compartilhado como projeto de todos.[8]

Partindo de nossas finalidades sociais e formativas, esses parâmetros têm como pressuposto "que o bem-estar de alguns indivíduos não tenha que ser conseguido à custa da injustiça sobre outros" e de relações de exploração, de dominação, de repressão (Caldart *et al.*, 2013, p. 338). E têm a *solidariedade* como princípio básico e a indignação contra as injustiças e a impaciência em relação a mudar o mundo como traços fundamentais do perfil humano a ser formado.

Acolher implica, então, ir construindo junto um método de análise coletiva dessas relações e ferramentas pedagógicas para garantir que a intencionalidade educativa não leve ao fechar-se do ser humano real que cada educando é e sim leve a tornar conscientes as determinações do que se está sendo, permitindo escolhas e ações sobre as circunstâncias que podem estar impedindo seu desenvolvimento humano mais pleno. Sem nunca deixar de cultivar a solidariedade entre os diferentes seres humanos em formação, respeitando-se a diversidade de seus tempos e a forma de se deixarem tocar pelos processos de que participam.[9]

---

[8] No depoimento de uma estudante do curso de Pedagogia realizado no Instituto de Educação Josué de Castro: "Acompanhar seres humanos é entendê-los e colocá-los em contato com o novo, possibilitar que vivam experiências concretas, colocá-los em choque com suas concepções e seus limites, possibilitar que estando no seu limite consigam avançar qualitativamente na sua formação. E nesse sentido aprendi que colocar alguém no seu limite é também colocá-lo entre seus interesses individuais e os interesses coletivos. Neste momento se explicitam os vícios e é hora de refletir coletivamente sobre eles" (*apud* Caldart *et al.*, 2013, p. 371, epígrafe, extraída do memorial de aprendizados de Alexandra da Silva).

[9] "A questão não é seguir todo mundo junto, têm uns que vão um pouco mais à frente, outros mais atrás, outros no meio..." (Caldart *et al.*, 2013, p. 335, epígrafe do capítulo "Convivência e coletividade"). Segundo a nota, essa foi a fala de um estudante do IEJC sobre como entendia a importância da solidariedade e do respeito entre as pessoas que convivem na escola.

Nunca será demais insistir, entretanto, que educadoras e educadores como pessoas também precisam ser permanentemente acolhidos e educados, e que o ambiente da escola precisa ajudar no cultivo do *ser* humano que assume a tarefa de educar. É necessário que o aprendizado do acolhimento humano integre seu próprio processo de formação, pensado, cada vez mais, como autoformação coletiva.

E que o pertencimento a esse ambiente em que o *ser* humano pode se realizar de modo mais pleno é uma criação processual coletiva. A escola nunca está pronta para que a diversidade de seres humanos que ali chega a sinta, perceba, entenda e construa como sua. É preciso que cada um ao ser acolhido ajude a fazê-la assim.

ORGANIZAR VIVÊNCIAS DE *TRABALHO SOCIALMENTE NECESSÁRIO*

A inserção do conjunto de estudantes em processos de trabalho reais, concretos, feita com mediação pedagógica da escola, compõe o todo do trabalho educativo necessário para compreender a *atualidade* e agir consciente e organizadamente sobre ela. A escola precisa interagir com o seu meio e para além dele, educando educadores e estudantes para uma relação ativa e planejada sobre as questões que a vida concreta apresenta. E o trabalho humano está no centro dessas questões, dessa interação.

A relação entre escola e trabalho é, entretanto, "fio de navalha", prático e teórico, porque não é o afirmá-la e sim a forma de concebê-la que demarca visões contrapostas de educação. Socialistas e liberais – incluídos entre estes últimos os arautos da ideologia neoliberal – defendem essa relação. Mas com finalidades antagônicas e, portanto, com conteúdo e forma essencialmente distintos, mesmo que nem sempre essa distinção nos apareça imediatamente com toda nitidez.

Precisamos entender esta tarefa educativa, portanto, sem desligá-la nem por um instante das nossas finalidades de formação de lutadores e construtores de uma nova forma social de relações de produção. Não queremos preparar trabalhadores e trabalhadoras para alimentar a engrenagem destrutiva do sistema do capital e sim para que construam sua superação histórica. E isso no quadro atual das contradições fundamentais do seu motor econômico e dos combates ideológicos, políticos e culturais que compõem o todo da vida social cuja lógica vai chegando ao seu limite.

Não se trata, então, de garantir via escola a participação em qualquer trabalho e nem de qualquer jeito. Não se visa, como na pedagogia burguesa, a preparação para a entrada no "mercado de trabalho capitalista", trabalho explorado e alienado. Tampouco se visa à especialização técnica precoce (unilateral e precária) de nossa juventude.[1] Assim como não nos basta usar atividades de trabalho para "ilustrar" conteúdos de ensino.

Para nós, o vínculo real da escola de Educação Básica com o trabalho materializa uma concepção de formação humana e tem por objetivo principal preparar a juventude para a construção de *novas formas sociais de trabalho*. Formas que fundamentem a reconstrução da vida social em bases que superem a etapa capitalista da história da humanidade. Isso quer dizer, estar preparado para luta e criação ainda no interior dela.

Nossa finalidade principal é que as crianças e jovens possam experimentar o trabalho como "fonte de desenvolvimento humano" (Marx, 2013, p. 560) e não meramente como um meio de conseguir dinheiro para comprar mercadorias. Essa não é uma finalidade que diz respeito somente ao trabalho educativo da escola, ou que ela possa dar conta sozinha, mas precisa ser

---

[1] No "maximalismo imprudente" da precocidade da especialização técnica, "ocorre a mesma aceleração absurda do processo de crescimento do novo, como se fosse possível puxar mecanicamente a flor para que cresça mais rápido" (Lunatchárski, 2018, p. 66).

dela também, quando pretende tomar parte de processos de formação humana emancipatória.

É preciso intencionalizar vivências de trabalho socialmente necessário capazes de realçar as características ou os componentes essenciais do trabalho, levando à compreensão das contradições presentes na matriz de produção capitalista, em sua realização concreta. Isso requer a ligação (prática e teórica) com atividades de trabalho *socialmente necessário* à produção real das condições objetivas para que a vida humana se realize. Requer ainda que os fenômenos da vida social sejam abordados de modo ativo. E que as atividades sejam tais que despertem a necessidade de pensar sobre o que se está fazendo ou planejando fazer e estudar sobre a realidade com a qual se mexe.

Começamos a tratar dessa concepção na primeira parte desse livro e há diferentes textos que podemos ir referindo para esse aprofundamento, sempre pensando em nossos processos continuados de formação de educadores. Porém, entendemos necessário retomar aqui ideias-síntese que fundamentam nossa proposição de considerar o *vínculo prático com o trabalho socialmente necessário* uma tarefa educativa específica e essencial para que a escola cumpra suas finalidades em nosso tempo histórico. E tratada em interconexão com o todo das tarefas educativas que vai sendo constituído ao longo deste livro.

Há duas questões principais de apropriação necessária para pensar a realização prática desta tarefa: (1) *Por que* defendemos o vínculo *prático* de nossas crianças e jovens com processos vivos de trabalho? Por que não nos basta o estudo teórico do trabalho, sendo esse estudo tão fundamental? (2) Que *intencionalidades formativas* precisamos garantir nesse vínculo a partir das finalidades sociais e educativas que temos?

Em nossa visão de mundo e concepção de história, o trabalho é o fundamento da vida humana, na sua interação essencial entre as condições naturais e a construção da vida social e, portanto, na conformação concreta da realização do *ser* humano.[2] A vivência cotidiana das pessoas em determinadas formas históricas de trabalho, ou de relações sociais de produção da vida, cria uma correspondente imagem mental, uma forma de compreensão de trabalho e da própria vida. Essa compreensão vai formando uma visão de mundo que passa a orientar a tomada de posição e o agir cotidiano diante de questões postas em diferentes âmbitos da realidade.

Em sua forma capitalista, o trabalho social se realiza tirando do trabalho vivo, de seus sujeitos reais, a propriedade dos meios de produção e o poder de decisão sobre as finalidades da produção e a destinação do que é produzido pelo trabalho. Ao vender sua força de trabalho ao capitalista, dono dos meios de produção, o trabalhador se torna alheio ou alienado da sua própria força de trabalho e ao todo da produção que ela compõe.

A vivência continuada de processos de trabalho regidos pela lógica de produção capitalista gera uma visão de trabalho que o converte de "*atividade vital,* a própria *vida produtiva*" do ser humano, em apenas um "*meio de vida*", a vida estando, pois, fora dele (Marx e Engels, 2020, p. 325). Leva, por sua vez, a uma visão de natureza como meio de produção que pode ser usado (e abusado) sem limites. E, aliás, nem sempre os componentes naturais do trabalho são percebidos, à medida que quem o realiza se torna sensorialmente alheio à vida natural, a seu redor e em si mesmo. E é essa mesma lógica que leva a conceber a vida social como um complexo de relações mercantis e só.

Essa visão de mundo impede a percepção da insanidade e perversidade dessa lógica, a ponto de se chegar a um estágio

---

[2] Cf. nossa síntese sobre isso no tópico da Introdução "Trabalho e formação humana".

social de "alienação universal" (Harvey, 2016), que obscurece as possibilidades de transformação da lógica que produz a alienação primeira. Quando as pessoas sequer imaginam a vida humana fora dos padrões sociais do sistema do capital, isso põe obstáculos quase intransponíveis a iniciativas massivas de lutas anticapitalistas e ao pensar estratégico de mudanças estruturais no sistema.

Quase intransponíveis, porque as contradições da lógica estão sempre presentes na vida concreta. E se tornam mais "palpáveis" nos momentos de crises do sistema, ou seja, aquelas crises que põem sua própria lógica em perigo: quando a miséria cresce ao ponto de impedir o consumo dos produtos de escala e a capacidade de compra diminui para todos, impedindo a realização do valor;[3] quando o solo esgotado para ser "recuperado" mexe com o lucro dos capitalistas da agricultura; quando o avanço do "trabalho morto" (das máquinas, por exemplo) reduz drasticamente a necessidade do "trabalho vivo"[4] e isso repercute nas taxas de extração do mais-valor (ou mais-valia) que é sempre extraído do trabalho vivo e é a base do lucro; quando a destruição da natureza passa a impactar negócios diversos – hoje já se faz cálculos econômicos sobre o impacto da destruição da biodiversidade sobre diferentes setores da produção; quando a desigualdade social aumenta a ponto de ativar em mais gente a percepção de estar sendo explorado,

---

[3] "A continuidade do fluxo é condição primária da existência do capital. Este deve circular continuamente, do contrário morre..." (Harvey, 2016, p. 75).

[4] Marx chama de trabalho vivo o trabalho realizado pela força humana, de trabalho morto o trabalho realizado por máquinas, ferramentas, bactérias etc., ou seja, trabalho incorporado no passado à matéria que está sendo transformada no presente pelo trabalho vivo. E chama de trabalho natural o trabalho realizado por forças naturais, como o vento, o vapor, a eletricidade, ou organismos vivos como os animais de tração e os microrganismos (Cf. Rolo, 2022, capítulo "A teoria do valor-trabalho", p. 87).

Nesses momentos, as medidas para contornar as contradições, garantindo a sobrevivência do motor econômico que as gera, são de tão violenta e explícita devastação do trabalho pelos donos do capital que mesmo se não compreendidas, são mais "sentidas na pele" porque a vida cotidiana vai ficando insuportável ou sem sentido e o *ser* humano de alguma forma se revolta.

Todo trabalho "educativo" do capital – operado por suas personificações e instituições diversas, entre as quais a escola – visa impedir que essa revolta se torne compreensão consciente de que a sobrevivência do capital às suas próprias contradições tem um custo que pode corresponder à eliminação da vida humana. Tenta-se convencer a todos que as crises são falhas da implementação da lógica e não problemas insuperáveis da lógica mesma. Afirma-se que, sendo as falhas corrigidas, as crises se resolvem.

Esse mecanismo de alienação diante dos problemas reais da lógica econômica do sistema do capital é tão antigo como o capitalismo, já que as contradições nasceram com ele porque são dele. Mas a cada nova crise vai ficando mais difícil encontrar/apresentar medidas paliativas para salvar o sistema, para contornar as contradições sem resolvê-las. É por isso que hoje já são muitos os estudiosos do capitalismo que afirmam que *o ciclo histórico do capital está se fechando.*[5] E não está dado o que virá depois dele. Por isso é não só necessário como urgente construir alternativas reais ao sistema capitalista, pensadas desde o polo com base no polo do trabalho. As novas gerações têm o direito e a missão histórica de participar dessa construção.

A formação de lutadores e construtores implica intencionalidades de desalienação humana, agindo conscientemente sobre as contradições produzidas pela lógica que produz a alienação. É na materialidade que a alienação se funda que é necessário abrir

---

[5]   Cf. essa análise, por exemplo, em Mészáros, 2021.

brechas para confrontá-la na raiz. Na mesma materialidade que criou uma visão alienada de trabalho, já herdada culturalmente pelas novas gerações ainda antes de diretamente inseridas no trabalho produtivo, essa visão terá que ser desmanchada e substituída por outra visão que abra o sentir e o pensar das pessoas para a força universal do trabalho e para outras possibilidades de sua concretização social.

Não se chegará à construção de alternativas reais ao motor econômico do sistema do capital sem ter pelo menos alguns traços da imagem mental do que poderia ser a vida social regida por outros parâmetros que não os da economia capitalista: o lucro de poucos à custa da miséria de muitos, da depredação da natureza e da alienação de todos. Determinadas vivências práticas de trabalho pelas novas gerações, intencionalizadas nessa direção, podem fazer expressiva diferença na formação dessa outra imagem de como organizar socialmente a vida humana. Essas vivências são possíveis a qualquer tempo porque mesmo em uma sociedade capitalista nem todas as relações de trabalho são regidas completamente pelo motor econômico do capital, ou a humanidade já teria sucumbido, embora essa ameaça passe a estar no cenário.

Organizar vivências, pedagogicamente orientadas, de relações sociais de trabalho que levem a desnaturalizar a forma capitalista de produção e a visão de trabalho que dela decorre é tarefa educativa da escola. Vivências capazes de realçar as características essenciais do trabalho como atividade vital e ajudem os/as estudantes a compreender porque e como as finalidades da produção próprias ao sistema do capital, que é gerar lucro para alguns poucos – e cada vez mais lucro máximo para poucos entre os poucos – vão desligando essa produção do objetivo de atender as reais necessidades da vida humana. E é por isso que *as finalidades da produção devem ser socialmente redefinidas.*

O capital não existe sem o trabalho, mas o trabalho pode se realizar sem o capital. É essa contradição entre a força universal do trabalho e a força histórica do capital que precisa ser tratada de diferentes formas pedagógicas para que seja compreendida, pelos sentidos, pelo pensamento, pelas mãos. E para que essa compreensão se materialize em postura e ações concretas de luta e construção.

Nessas vivências, a dimensão do estudo teórico tem um peso fundamental. Mas esse estudo, para ter consequência, precisa de uma prática real como âncora que sustente um esforço sério de busca de uma compreensão científica da realidade que seja força impulsionadora de ações.[6] Não se estuda seriamente o que não se sente como tendo a ver conosco e a experimentação da realidade pelos diferentes sentidos humanos é passo incontornável do conhecimento. A força da compreensão a que se chega pelo estudo rigoroso da realidade será tanto mais efetiva para nossas finalidades quando se consiga experimentar e tornar consciente o contraponto intencionalizado.

Nos termos incisivos de Pistrak (2018, p. 147), a "participação socialmente consciente" em processos de trabalho "desperta uma série de impulsos internos, uma série de emoções de tal ordem que transformam o ensino desapaixonado na escola em algo distinto, bonito, cheio de energia, entusiasmo e ímpeto revolucionário", que forma uma visão de mundo e cria um método de abordar as questões da vida. Somente o estudo teórico do trabalho não dá conta disso e, portanto, não nos basta.

---

[6] Vamos abordar a especificidade dessa dimensão na tarefa educativa que trata da apropriação das bases da ciência e o lugar do trabalho no modo de estudar que leve a ela (cf. o capítulo 6).

Intencionalidades formativas do vínculo prático com o trabalho

Marx, que estudou apaixonada e militantemente a realidade da sociedade capitalista, conseguiu desvelar o fundamento, a lógica, que não nos aparece imediatamente, das relações sociais de produção capitalista, das suas finalidades às formas de operação cotidiana dela. Ele conseguiu nos explicar, afinal, porque a *exploração* da natureza e de uns seres humanos sobre outros, até o limite da vida, é inerente à lógica do capital – como forma de relação social de produção – e não uma escolha pessoal de cada patrão capitalista.

O método que Marx usou para fazer essa análise nos trouxe junto uma chave de compreensão do princípio formativo do trabalho e de como pensar *o trabalho como método geral de educação*, inclusive na escola. Retomaremos aqui pontos dessa chave que nos permitem pensar nas intencionalidades formativas centrais do vínculo prático das crianças e jovens em trabalhos socialmente necessários.

Ao lado de Engels, seu parceiro de pesquisa e militância política, Marx estudou as relações de trabalho na sociedade capitalista para entender o porquê da miséria crescente dos trabalhadores e das trabalhadoras de sua época, e para definir qual a luta essencial para superar as condições precárias de vida da classe trabalhadora. A partir dos seus estudos ele concluiu que a forma assalariada de trabalho é o fundamento da constituição das relações sociais capitalistas.[7] Essa forma de trabalho supõe o trabalho vivo já apartado da propriedade dos meios de produção e a força humana de trabalho comprada e tratada como qualquer outra mercadoria.

---

[7] "O sistema inteiro da produção capitalista baseia-se no fato de que o trabalhador vende sua força de trabalho como mercadoria" (Marx, 2013, p. 503).

Ao analisar a produção capitalista de mercadorias, Marx acabou pondo à mostra ao mesmo tempo: os componentes essenciais do trabalho humano como produtor de valores de uso, o desenvolvimento histórico das relações de troca que constituíram o valor de uso social e transformaram os produtos do trabalho em mercadorias, e a especificidade da produção de mercadorias no modo de produção capitalista, que é baseada na geração do que chamou de "mais-valor" – ou "mais-valia" em outra forma de tradução dos termos usados por Marx.

Para as nossas finalidades neste texto, alguns aspectos desse longo, rigoroso e frutífero esforço de estudos e elaboração teórica *de vida inteira* de Marx, que constituíram o que ficou conhecido como sua "teoria do valor-trabalho", precisam ser especialmente destacados aqui, ainda que sem dar conta de toda a sua abordagem.[8]

Para apreender as características essenciais do *trabalho assalariado*,[9] forma histórica, portanto transformável, de relações sociais de trabalho, foi preciso entender o que é, *em essência*, o trabalho humano, ou seja, identificar os traços comuns a todas as suas formas históricas, em qualquer tipo de sociedade humana. Essência que é dinâmica, porque o trabalho real, concreto, sempre se realiza em uma determinada forma histórica, que pode revelar e criar novos traços.[10]

---

[8] Cf. sínteses da teoria do valor-trabalho, elaboração central da economia política de Marx, que dialogam com questões da atualidade, em Rolo (2022) e Harvey (2018). E vale ler e reler o cap. 1 do livro I de *O capital*, "A mercadoria" (Cf. Marx, 2013, p. 113-158), além da síntese didática que Marx fez para exposição ao Conselho Geral da Primeira Internacional em 1865, com o título *Salário, preço e lucro* (cf. Marx, 2010, p. 71-141).

[9] Expressão que Marx converteu em uma categoria de análise.

[10] À medida que o processo social é um processo entre ser humano e natureza, "seus elementos simples continuam sendo comuns a todas as formas sociais de desenvolvimento do mesmo. Mas cada forma histórica determinada desse processo desenvolve ulteriormente os fundamentos materiais e as formas sociais do

Ressalte-se: distinguir o que é próprio da forma histórica que o trabalho assume no sistema capitalista e o que é da sua essência universal é *necessário* para dar conteúdo objetivo à luta social da classe trabalhadora: no que mesmo a forma capitalista de trabalho precisa ser transformada, superada? E isso nos permite entender melhor as *exigências formativas* para que os trabalhadores, as trabalhadoras sejam capazes de fazer, coletiva e organizadamente, essa transformação e na direção de sua emancipação.

A conclusão a que Marx chegou sobre o sentido essencial do trabalho humano pode ser lida em seus próprios termos: "O processo de trabalho, como o apresentamos em seus elementos simples e abstratos, é atividade orientada a um fim para produzir valores de uso, apropriação natural para satisfazer a necessidades humanas, condição universal do metabolismo entre o homem [ser humano] e a Natureza, condição natural eterna da vida humana e, portanto, independente de qualquer forma dessa vida, sendo antes igualmente comum a todas as suas formas sociais..." (Marx e Engels, 2020, p. 300).[11]

Ao apreender a *produção de valores de uso* como *finalidade* essencial do trabalho humano presente, pois, nas suas diferentes formas históricas, e destrinchar como se produz um valor de uso, Marx entendeu como as condições naturais são a base necessária de qualquer forma de produção. É a realização social do metabolismo entre o ser humano e a natureza externa a ele que constitui, *no essencial*, qualquer tipo de atividade de trabalho

---

mesmo. Tendo uma vez chegado a certo grau de maturidade, a forma histórica determinada é removida e dá lugar a uma mais elevada..." (Marx e Engels, 2020, p. 280 – Marx, *O capital*, livro III).

[11] Esta é uma citação de *O capital*, livro I, capítulo "Processo de trabalho e processo de valorização", nesta coletânea, p. 293-316.

humano.[12] Ao produzir, cada ser humano "pode apenas proceder como a própria natureza, isto é, pode apenas alterar a forma das matérias" (Marx, 2013, p. 120).

Essa mesma análise mostrou que o trabalho humano tem sempre um caráter *social*, mesmo quando individualizado e mesmo quando se produz para o próprio consumo – porque os meios que se usa para produzir sempre contêm trabalho feito por outros. Caráter social que avança e se complexifica na produção de *valores de uso social*, quando se produz *uns para os outros*, e cuja realização se dá no interior de determinadas relações sociais, de produção e distribuição. Essas relações são configuradas a partir das finalidades da produção e passam a determinar o conjunto da vida social.

O caráter social do trabalho, que vai se fortalecendo na proporção em que se desenvolvem humanamente, socialmente, as próprias necessidades da vida humana, leva à criação de formas de divisão social do trabalho: ninguém trabalha sozinho – mesmo quando realiza uma atividade produtiva solitário em sua casa – e não há como cada pessoa (família, comunidade) produzir e realizar todos os serviços de que precisa para melhor realizar as possibilidades do seu *ser* humano, natural e social.

Entretanto, as relações sociais terão características diferentes se a finalidade principal do trabalho humano for produzir valores de uso individuais, valores de uso sociais ou mercadorias que visem o lucro necessário à reprodução do capital.

Ao buscar entender a especificidade das relações sociais próprias à produção capitalista de mercadorias, Marx precisou, por sua vez, analisar o que é essencialmente uma mercadoria, refa-

---

[12] "Como criador de valores de uso, como trabalho útil, o trabalho é, assim, uma condição de existência do homem [ser humano], independente de todas as formas sociais, eterna necessidade natural de mediação do metabolismo entre homem e natureza e, portanto, da vida humana" (Marx, 2013, p. 120).

zendo criticamente a compreensão presente nas teorias econômicas de sua época sobre a relação entre valor de uso e valor de troca. Em seus estudos, ele concluiu que os definidores da forma mercadoria de um determinado produto são, ao mesmo tempo, seu valor de uso, que é sua "forma natural", e sua "forma valor".[13]

O valor de uso se refere à utilidade real da "coisa" produzida visando atender necessidades humanas de diferentes ordens. Porém, uma coisa "pode ser útil e produto do trabalho humano sem ser mercadoria". Produzir mercadoria é não apenas produzir valor de uso, "mas valor de uso para outrem, valor de uso social" (Marx, 2013, p. 118-119). De qualquer modo, o valor de uso é o suporte material do valor de troca – se uma coisa não tem utilidade para alguém, não tem porque ser trocada, comprada. Mas o valor de troca não se define pela forma natural do produto em si, seu valor de uso. O valor de troca se refere a medidas de equivalência que garantem o intercâmbio social dos produtos e a questão que precisava ser destrinchada é como se define essa equivalência.

Estudando o desenvolvimento histórico das relações de troca e analisando a forma geral primeira da produção de mercadorias

---

[13] "Todo trabalho é, por um lado, dispêndio de força humana de trabalho em sentido fisiológico, e graças a essa sua propriedade de trabalho humano igual ou abstrato ele gera o valor das mercadorias. Por outro lado, todo trabalho é dispêndio de força humana de trabalho numa forma específica, determinada à realização de um fim, e, nessa qualidade de trabalho concreto e útil, ele produz valores de uso". / "As mercadorias vêm ao mundo na forma de valores de uso ou corpos-mercadorias, como ferro, linho, trigo etc. Essa é sua forma natural originária. Porém, elas só são mercadorias porque são algo duplo: objetos úteis e, ao mesmo tempo, suportes de valor. Por isso, elas só aparecem como mercadorias ou só possuem a forma de mercadorias na medida em que possuem esta dupla forma: a forma natural e a forma de valor" (Marx, 2013, p. 124). Para aprofundar essa compreensão sugerimos a leitura de todo o tópico, "O duplo caráter do trabalho contido nas mercadorias", que também pode ser encontrado em Marx e Engels (2020, p. 181-188).

em sociedades capitalistas, Marx concluiu que o valor de troca, como "função social" da mercadoria, é a manifestação do "valor". E para entender o que é o valor e como se determina o valor de uma mercadoria é preciso apreender qual "a *substância social* comum a todas as mercadorias". E essa substância é o *trabalho*. Mais precisamente, é uma determinada quantidade de trabalho humano medida em *tempo de trabalho* (horas, dias etc.).

Mas não se trata do tempo individual empregado em cada produto e sim de um *trabalho social*, sendo esse "social" entendido aqui como o trabalho de cada pessoa tomando parte "da soma total de trabalho gasta pela sociedade"; trabalho subordinado à "*divisão de trabalho dentro da sociedade*" (Marx, 2010, p. 99-100). É, portanto, a quantidade média de trabalho necessária à produção de determinado valor de uso que determina o seu "valor". O aumento da quantidade de trabalho exigida para produzir uma mercadoria aumenta, portanto, o seu valor (Marx, 2010, p. 104), que será então expresso pelo "valor de troca".[14] E nessa quantidade de trabalho é preciso considerar também o tempo de trabalho cristalizado nas matérias-primas ou nos meios de produção utilizados em cada atividade.

A partir dessa formulação, chamada depois de "lei do valor" – e que foi a contribuição central de sua economia política crítica para compreensão do funcionamento do sistema do capital –, Marx conseguiu desvendar o "mistério" dessa lógica de produção que leva à acumulação capitalista ou ao enriquecimento dos capitalistas e ao empobrecimento crescente de quem efetiva-

---

[14] "Tempo de trabalho socialmente necessário é aquele requerido para produzir um valor de uso qualquer sob as condições normais para uma dada sociedade e com o grau social médio de destreza e intensidade do trabalho" (Marx, 2013, p. 117). E citando um trecho de uma obra anterior sua, Marx conclui: "Como valores, todas as mercadorias são apenas medidas determinadas de tempo de trabalho cristalizado" (Marx, 2013, p. 117).

mente produz: a classe trabalhadora. Em sua síntese explicativa, chegou à formulação da categoria "mais-valor".

Marx entendeu que a "produção capitalista não é apenas a produção de mercadorias, mas essencialmente produção de mais-valor. O trabalhador produz não para si, mas para o capital". Só é produtivo para o capitalista o trabalhador que produz mais-valor ou "serve à autovalorização do capital" (Marx, 2013, p. 578). A produção do mais-valor é, afinal, a "finalidade direta e motivo determinante" da produção capitalista de mercadorias (Marx e Engels, 2020, p. 277), base do lucro dos capitalistas e da produção e reprodução do capital como capital, ou seja, como uma forma de relação social de produção.[15] Dito de outro modo, o capital é "o movimento contínuo de criar mais-valor" (Marx, 2011, p. 264).

O "mais-valor" é o "sobretrabalho" – ou "mais-trabalho" – expropriado de quem trabalha. Essa expropriação é possível porque o trabalhador vende não o seu trabalho, mas sua "força de trabalho", cedendo ao capitalista "o direito de dispor dela" (Marx, 2010, p. 110). O "valor" da força de trabalho como mercadoria "é determinado pela quantidade de trabalho necessária

---

[15] No texto de Marx, "Relações de distribuição e relações de produção", de *O capital*, livro III, editado por Engels em 1894, ele destaca que dois traços característicos básicos distinguem o modo de produção capitalista dos que lhe antecederam na história: (1) "Ele produz seus produtos como mercadorias. Produzir mercadorias não o diferencia de outros modos de produção; mas sim que ser mercadoria é o caráter dominante e determinante de seu produto. Isso implica inicialmente que o próprio trabalhador só aparece como vendedor de mercadoria [sua força de trabalho é a mercadoria que vende]..." Esse caráter "já inclui todas as relações de circulação, isto é, determinado processo social que os produtos precisam percorrer e no qual assumem determinados caracteres sociais; ele implica, igualmente, determinadas relações dos agentes da produção, pelos quais é determinada a valorização de seu produto e sua retransformação, seja em meios de subsistência, seja em meios de produção..." (p. 276). (2) "a produção da mais-valia [mais-valor] como finalidade direta e motivo determinante da produção" (p. 277). Sugerimos a leitura de todo o tópico; nessa coletânea referida, ver as p. 273-281.

para sua conservação e reprodução", mas o *uso* dela só é limitado pela força física ou pela destreza do trabalhador, da trabalhadora.

O valor produzido pelo "mais-trabalho" não será pago pelo salário que o trabalhador recebe porque ele não é calculado pelo valor das mercadorias produzidas, mas sim pela "jornada de trabalho necessária para reproduzir o valor da força de trabalho". É esse "mais-trabalho" ou "excedente de tempo" realizado pelo trabalhador para o capitalista (Marx, 2010, p. 115) que permite a autovalorização do capital, e é nele que está o cerne da exploração capitalista do trabalho vivo. E esse excedente aumenta quando se estende a jornada de trabalho ou quando se incluem no processo de produção fatores que vão aumentando a produtividade do trabalho.[16]

A análise feita por Marx mostrou, então, como o modo de produção capitalista converteu o caráter social do trabalho em uma forma de "trabalho excedente", um "mais-trabalho", que é expropriado de quem trabalha. E foi constituindo uma determinada forma de divisão social e técnica do trabalho, que se realiza sob o comando e controle dos donos do capital e vai sendo alterada de acordo com as necessidades mutáveis dos processos de produção.

Essa forma de *cooperação* visa aumentar a extração de mais--valor que se origina do aumento da produtividade do trabalho e aliena ainda mais o trabalhador do todo do trabalho que realiza, porque todas as funções de direção, de tomada de decisões, de definição das finalidades da produção, de definições sobre

---

[16] Para compreensão sobre a diferença entre as formas de mais-valor, o mais-valor absoluto e o mais-valor relativo cf. Marx (2013), seções III e IV e também uma síntese em Rolo (2022) capítulo "A teoria do valor-trabalho", p. 83-128. Para entender a relação entre valor, preço, lucro e salários, cf. o texto síntese *Salário, preço e lucro* em Marx (2010).

quanto "mais-trabalho" será realizado, ficam com o capital – em suas diferentes personificações.[17]

A alienação daí decorrente firma como característica específica do modo de produção capitalista a separação entre trabalho manual e intelectual, entre quem faz e quem pensa, planeja e controla o trabalho, o que impede que cada trabalhador, trabalhadora, se aproprie do próprio conhecimento que gera ou emprega no trabalho. Uma característica aprofundada pelo traço inaugurado por esse modo de produção de tornar a ciência, enquanto "ciência aplicada", uma força produtiva direta do capital (para aumento do mais-valor) e apropriada por uma parcela ínfima de trabalhadores especialistas, apenas no necessário para a sua aplicação.[18] Lógica que assume formas diversificadas na fase atual de exploração do trabalho vivo, em que há uma diminuição crescente do trabalho assalariado típico.

---

[17] "Todo trabalho imediatamente social ou coletivo em grande escala requer, em maior ou menor medida, uma direção que estabeleça a harmonia entre as atividades individuais e cumpra as funções gerais que resultam do movimento do corpo produtivo total em contraste com o movimento de seus órgãos autônomos. Um violinista isolado dirige a si mesmo, mas uma orquestra requer um regente. Essa função de direção, supervisão e mediação torna-se função do capital assim que o trabalho a ele submetido se torna cooperativo. Como função específica do capital, a direção assume características específicas" (Marx, 2013, p. 406). Cf. para aprofundamento todo o capítulo "Cooperação" (Marx, 2013, p. 397-410).

[18] "O capital não cria a ciência e sim a explora apropriando-se dela no processo produtivo. Com isso se produz, simultaneamente, a separação entre a ciência, como ciência aplicada à produção e o trabalho direto, enquanto nas fases anteriores da produção a experiência e o intercâmbio limitado de conhecimentos estavam ligados diretamente ao próprio trabalho; não se desenvolviam tais conhecimentos como força separada e independente da produção e, portanto, não haviam chegado nunca em conjunto além dos limites da tradicional coleção de receitas que existiam desde há muito tempo e que só se desenvolviam muito lenta e gradualmente (estudo empírico de cada um dos artesanatos). O braço e a mente não estavam separados" (Marx e Engels, 2020, p. 355). Cf. todo o texto "Forças naturais, ciência e humanidade" – dos *Manuscritos de 1861-1863* de Marx – nessa obra, p. 353-356. Cf. essa análise na atualidade em Rolo (2022).

É a mesma alienação que impede que a maioria das pessoas perceba como a lógica de produção capitalista toma os bens naturais apenas como meios de produção, em uma visão instrumental que não coloca limites à exploração da natureza para garantir a acumulação de capital – incluída a dimensão natural da própria força de trabalho: o corpo humano.

Sob relações sociais de produção capitalistas consolidadas, o valor de troca (como manifestação necessária do valor) passa a prevalecer sobre o valor de uso. Os produtos, ainda que precisem continuar tendo valor de uso social, perdem esse traço como central porque a finalidade da produção passa a ser não a produção de valores de uso social e sim a geração de mais-valor.

Na atualidade, essa contradição se acirra ao ponto do valor de troca perder seu suporte material no valor de uso porque a tendência de acumulação de capital chega a desligar a produção de mercadorias das necessidades humanas reais, precisando então de mecanismos que criem necessidades artificiais de consumo[19] para que o valor da mercadoria se realize. É essa prevalência do valor de troca que acaba levando a uma "paixão fetichista pelo poder monetário" (Harvey, 2016, p. 246): ter dinheiro para ter mais dinheiro. Uma lógica tão insana que coloca em crise a própria lógica, mas que não mudará sem lutas sociais cujos coletivos compreendam que *são as finalidades da produção que precisam ser transformadas, redefinidas, socialmente.* Produzir o que, para que, para quem?

---

[19] "Se as necessidades reais dos indivíduos couberem nos limites [...] [do] valor de troca de maneira vantajosa para o sistema (com sua necessidade de bens produzidos em massa para serem distribuídos com a eficácia máxima no mercado global), elas podem ser correspondidas ou pelo menos consideradas legítimas; se assim não for, deverão ser frustradas e substituídas por qualquer coisa produzida em conformidade com o imperativo da expansão do capital" (Mészáros, 2002, p. 260).

Ressalte-se para as nossas finalidades sociais e formativas: entender que o *valor* – isto é, a quantidade de trabalho social necessário para produzir uma mercadoria – é elemento comum em diferentes relações de troca[20] nos permite pensar em uma forma de produção de mercadorias em que o "mais-trabalho" não seja expropriado de cada trabalhador, trabalhadora, e sim potencialize a produção de valores de uso sociais, decidida e apropriada coletivamente por todos.[21]

Na época em que vivemos, de aprofundamento da crise estrutural do sistema do capital[22] que implica na crise do tra-

---

[20] Engels, no artigo que escreveu em 1895 a partir de polêmicas surgidas sobre a edição do livro III de *O capital* (cf. apêndice de Marx, 2017), nos chama a entender essa questão em perspectiva histórica: "O camponês da Idade Média tinha plena ciência [...] do tempo de trabalho requerido para produzir os objetos que recebia na troca. O ferreiro e o segeiro [fabricante de carruagens] da aldeia trabalhavam diante de seus olhos; do mesmo modo o alfaiate e o sapateiro, que em minha juventude circulavam entre nossos camponeses renanos, indo de casa em casa, e dos materiais produzidos por estes confeccionava roupas e calçados. Tanto o camponês como as pessoas de quem ele comprava eram trabalhadores, e os artigos que trocavam entre si eram os produtos do trabalho de cada um. Que despenderam eles na produção desses produtos? Trabalho, apenas trabalho: para repor as ferramentas, produzir a matéria-prima e elaborá-la, não despenderam mais que sua força de trabalho; como lhes seria possível, então, trocar seus produtos pelos de outros produtores diretos, a não ser na proporção do trabalho neles empregado?" (Engels, 2017, p. 958).

[21] "A ordem socialista só pode ser vislumbrada sobre a base material da apropriação racionalmente planejada e determinada do trabalho excedente produzido por todos e cada um dos indivíduos livremente associados da sociedade..." (Mészáros, 2021, p. 246).

[22] Para entender as crises do sistema capitalista e em especial a crise estrutural que se atravessa hoje é preciso compreender a distinção entre mais-valor e lucro que integra a teoria de Marx, e sua análise da queda tendencial das taxas médias de lucro como sendo inerentes à lógica de reprodução do capital. Marx conseguiu fazer uma análise projetiva do ponto a que chegaria o capital se sua lógica fosse plenamente realizada, o que somente séculos depois a realidade capitalista mundial tornaria evidente. Por isso mesmo hoje desperta especial interesse essa sua elaboração específica não concluída. Para estudo da "lei da queda tendencial da taxa de lucro", cf. a seção III do livro III de *O capital* (Marx, 2017, p. 249-306),

balho assalariado, é desafio entender como vão sendo transformados os mecanismos de geração do mais-valor e com que novas relações de trabalho a lógica da exploração capitalista se conecta.

Mas é desafio histórico de quem analisa essas crises desde o ponto de vista do polo do trabalho e visando ajudar na construção de alternativas ao motor econômico que sustenta o capital, continuar raciocínios que a morte prematura de Marx não lhe permitiu concluir, por exemplo, o seguinte:

> posteriormente à abolição do modo de produção capitalista, porém mantendo-se a produção social, continuará a predominar a determinação do valor no sentido de que a regulação do tempo de serviço e a distribuição do trabalho social entre os diferentes grupos de produção – e, por último, a contabilidade relativa a isso – se tornarão mais essenciais do que nunca. (Marx, 2017, p. 914)

Essa hipótese investigativa de Marx nos reafirma o pensar as transformações históricas como *superação*: o que se preserva e o que se elimina ou substitui de cada forma histórica de relações sociais de produção, questão que assume um caráter de urgência hoje, pensando na totalidade do sistema social e na recriação de cada uma de suas partes orgânicas. E nos chama atenção para a importância da categoria *tempo* tanto para análise das formas de exploração do trabalho da fase atual do capitalismo como para esse debate de sua superação: tempo de trabalho e de produção; tempo dos fenômenos naturais e dos fenômenos sociais; tempo disponível para diferentes dimensões da vida humana, tempo livre.

---

especialmente as definições da lei como tal às p. 249-252. E vale conferir o apêndice posto nessa edição do livro III de *O capital*, texto escrito por F. Engels, tópico I, "Lei do valor e taxa de lucro", p. 952-968. Cf. também Mészáros (2002), especialmente a parte III.

Retomemos agora o raciocínio sobre a especificidade da tarefa educativa da escola relacionada ao trabalho socialmente necessário.

A leitura que fazemos, desde o ponto de vista pedagógico, dessa elaboração de teoria social é que a apreensão feita por Marx das *características essenciais do trabalho humano*, e sua análise da marca histórica – portanto transformável – que cada uma delas assume no modo de produção capitalista, nos fornece uma chave preciosa para pensar as *intencionalidades formativas* a garantir no vínculo prático dos/das estudantes com processos reais de trabalho, desde nossas finalidades sociais e educativas.

Intencionalidades pensadas para "desnaturalizar" a lógica capitalista de produção e fazer o contraponto vivo à imagem mental sobre o trabalho que essa lógica inculca no cérebro de todos. E que precisam ser moduladas pelas possibilidades que o acirramento das contradições fundamentais dessa lógica nos põe na atualidade.

Essas intencionalidades formativas se referem, então, aos próprios componentes básicos da matriz de produção da vida humana pelo trabalho: as *finalidades da produção*, a *relação ser humano e natureza* e as *relações sociais*, relações entre seres humanos engendradas pela forma de trabalho e que passam a incidir no todo da vida social. Nessa direção, e considerando o tempo histórico em que vivemos, nosso desafio é buscar garantir principalmente:

– A vivência de trabalhos em que prevaleça a finalidade de produzir valores de uso: é preciso ajudar a recuperar, pela experiência viva, sensorial, emocional, pensada, consciente, o sentido do trabalho humano como produtor de valores de uso – e uso social – em relações de troca que não pressupõem o lucro como finalidade central da produção. Para ajudar as novas gerações a imaginar/projetar outra lógica de apropriação do "trabalho excedente", em que o trabalho a mais que for necessário realizar para produzir valores de uso social para todos seja definido coletivamente por quem trabalha. E a compreensão do sentido de um trabalho "produtivo" se alargue não pelas possibilidades de gerar mais-valor e sim pelo desenvolvimento social das necessidades humanas e sempre na relação com o "tempo socialmente disponível" (Mészáros, 2021, p. 133) para atender diferentes dimensões do ser humano.

Como intencionalidade formativa, isso implica, além da seleção adequada de trabalhos sociais, o planejamento da inserção em processos nos quais se possa mais facilmente sentir a dimensão criativa do trabalho e reparar como se dá a relação entre os processos de produção, distribuição e consumo dos produtos do trabalho. E implica exercitar a análise do valor de uso real das mercadorias que se é insuflado a considerar essenciais (vale tudo para obtê-las!). Além disso, será necessário planejar um caminho específico para que se chegue à compreensão teórica da relação cada vez mais contraditória entre valor de uso e valor de troca na sociedade capitalista[23] e seus efeitos na nossa vida cotidiana: a produção agrícola, por exemplo, pode dar lucro aos donos da terra sem precisar garantir alimentos para quem deles necessita.[24]

---

[23] Para uma síntese didática sobre a contradição entre valor de uso e valor de troca em um exemplo atual de como a sociedade capitalista transforma a necessidade real de moradia das pessoas em especulação imobiliária que impede grande parte da população de ter onde morar, cf. Harvey (2016, p. 27-34). – É a primeira contradição tratada por Harvey nessa obra, dentre as 17 contradições que, segundo ele analisa, podem levar ao fim do capitalismo.

[24] Essa é a lógica que prevalece hoje, por exemplo, na agricultura convertida em trabalho para a reprodução do capital, em que o aumento do lucro financeiro dos donos da terra tem absoluta prevalência em relação a garantir o acesso das pessoas aos alimentos de que necessitam. É a chamada conversão dos alimentos em commodities (mercadorias) agrícolas, que têm a venda dos produtos como condição apenas para garantir o lucro. Para compreensão dessa lógica nesse produto específico cf. o verbete "commodities agrícolas" escrito por Nelson Giordano Delgado (Caldart; Pereira; Alentejano; Frigotto, 2012, p. 133-141).

– A vivência de trabalhos em que os meios de produção sejam de quem trabalha. Lembremos que um dos pilares ideológicos básicos do sistema capitalista é "naturalizar" – ou seja, fazer com que todos acreditem que não pode ser diferente – sua "premissa prática" fundamental que é o divórcio radical, mesmo a oposição, entre meios e materiais de produção e os sujeitos concretos do trabalho vivo. E é preciso o movimento da vivência à compreensão teórica do sentido da propriedade privada dos meios de produção para as finalidades do capital e como sua reapropriação social passa longe do que hoje se coloca como o trabalhador ser "patrão de si mesmo", nas iniciativas estimuladas do chamado "empreendedorismo", forma disfarçada de continuar a exploração do trabalho pelo capital e cultivar o individualismo que mina a formação da consciência de classe entre os trabalhadores, as trabalhadoras.

Experiências múltiplas de religação sensorial com a natureza. É urgente abrir brechas na alienação que cada vez mais separa o ser humano da natureza toda e da natureza em si próprio, e vai empobrecendo o modo mesmo de ser humano. A inserção em processos de trabalho que tenham base na interação e não na oposição destrutiva entre ser humano e natureza pode ajudar a "desnaturalizar" a forma histórica dessa relação no sistema de produção do capital. A agricultura produtora de alimentos tem especial potencial para ser intencionalizada nessa direção. Trata-se de uma inserção que pode ajudar a compreender que a depredação da vida natural não é própria somente da forma capitalista de trabalho, mas é a sua lógica que exige ir ao limite da exploração dos bens da natureza (incluindo o corpo humano), rompendo o metabolismo necessário à sustentação da vida. E é isso que gera contradições explosivas, – que hoje aparecem na forma de crises ambientais e de saúde pública – mostrando a urgência de reconstituir a relação entre trabalho e natureza em bases qualitativamente superiores ao que já se fez.

Destaque-se: o capital vai inventando formas de lidar com a "contradição perigosa" (Harvey, 2016) que criou em sua relação cada vez mais insana com a natureza. Mas suas iniciativas serão sempre para enfrentar o perigo dela à sobrevivência do capital e não à humanidade. Somente as forças sociais não comprometidas com o capital são capazes de construir uma lógica de produção da vida que restabeleça a unidade perdida entre ser humano e natureza, ser humano natural e social.

– Experiências de cooperação organizadas e dirigidas por coletivos de trabalhadores. A intencionalidade é a de reapropriação do sentido da cooperação como força produtiva do trabalho e não do capital. O capitalismo desenvolveu a cooperação para aprofundar a exploração e alienação de quem trabalha.[25] Mas nós precisamos da divisão de trabalho para outras finalidades econômicas, que visam melhorar o bem-estar de todos pela eficiência maior do trabalho de cada um e para fortalecer a consciência coletiva dos trabalhadores, das trabalhadoras. É, portanto, um desafio "articular a cooperação com uma estratégica educativa para superação das relações de produção alienadas e a construção, pelo trabalho, de uma base de valores e convicções que exijam o engajamento nas lutas pelo fim da exploração do trabalho" (Caldart et al., 2013, p. 217). E isso feito pelo exercício orientado e consciente da organização coletiva do trabalho em diferentes processos cujo controle seja do coletivo

---

[25] "O capital se apoderou da divisão de trabalho, reconfigurando-a radicalmente para seus propósitos ao longo da história..." (Harvey, 2016, p. 111). Essa é a 9ª contradição de que Harvey trata nessa obra e, segundo ele mesmo explica, a classificou como uma contradição "mutável" porque "está sempre em revolução no mundo comandado pelo capital" (Harvey, 2016, p. 111). A contradição principal (não a única) é que o aumento da complexidade tanto da divisão técnica como social do trabalho (que chega a uma divisão internacional do trabalho), e passa também por questões étnicas, raciais, de gênero, acaba gerando vulnerabilidades para a própria qualidade da produção, à medida que a alienação chega a patamares em que "a atividade de trabalhar para o capital se torna vazia e sem sentido" e "os seres humanos não podem viver num mundo desprovido de sentido" (Harvey, 2016, p. 121-122).

de trabalhadores envolvidos e nos quais a divisão de trabalho não implique alienação da tomada de decisões sobre as finalidades da produção e do todo que vai sendo produzido.[26] As experiências de cooperativas de trabalho nos mostram, entretanto, quão árduo costuma ser este aprendizado de construção.

– Religação prática entre trabalho manual e intelectual. A intencionalidade é de tornar consciente a relação entre trabalho e conhecimento, pelo exercício de juntar cérebro, nervos e mãos, na realização de atividades concretas. Implica desenvolver habilidades gerais de trabalho e buscar apreender os conhecimentos entranhados/acumulados no trabalho que se vai fazendo, aprender com trabalhadores mais antigos o que sabem sobre o que fazem e porque fazem. Implica também pensar e discutir coletivamente sobre o trabalho: no planejamento e na avaliação de cada atividade, das finalidades à qualidade do produto ou do serviço realizado. E implica ainda tomar processos concretos de trabalho como objeto sistemático de estudo científico,[27] quebrando o controle sobre conhecimentos que o capital busca, a todo custo, apartar do trabalho vivo.

– Vivências de trabalho social que fortaleçam a pertença ideológica e a formação política enquanto classe trabalhadora: a superação das contradições fundamentais da lógica de produção capitalista somente se realizará na direção do polo do trabalho com luta orga-

---

[26] "Nossa compreensão é de que a desalienação deve ser produto da superação, e não do retrocesso a formas simples de divisão do trabalho. Essa superação passa pelo controle coletivo do processo produtivo que, por sua vez, exige uma visão de totalidade que precisa ser formada em cada trabalhador. E, ainda que essa formação já seja própria de um projeto societário, ela precisa ser experimentada hoje, nos limites das situações ou circunstâncias objetivas em que nos encontramos em cada lugar, com cada grupo" (Caldart *et al.*, 2013, p. 217). Sugerimos a leitura desse capítulo 3, parte 2, "Trabalho organizado para todos", p. 211-213 para conhecer uma experiência de como intencionalizar o trabalho feito pelos/pelas estudantes dentro da escola como aprendizado da organização coletiva do trabalho nessa direção.

[27] Cf. sobre isso no capítulo 6, pensando na articulação necessária entre as diferentes tarefas educativas.

nizada da classe que vive do seu trabalho. Faz parte das intencionalidades formativas do vínculo prático com o trabalho desenvolver essa pertença de classe, que pode ser progressivamente formada como consciência internacionalista de classe trabalhadora mundial, nos seus desafios de luta e construção.[28]

Em nossa compreensão, essas intencionalidades são essenciais na atualidade. Podem ajudar a desenvolver, ao mesmo tempo, a consciência do "perigo" que corremos, como humanidade, sob o sistema do capital e a capacidade de reparar que existem possibilidades reais de enfrentar o perigo e transformar/superar esse sistema. Trata-se de uma tarefa educativa que tem a urgência imposta pelo movimento das contradições de nossa época.

Um exemplo prático nos ajuda a entender como isso pode não ser tão complicado de garantir, embora necessite de uma arquitetura bem planejada. Pensemos nas crianças de assentamentos e acampamentos de reforma agrária que têm participado de iniciativas de organização comunitária visando produzir alimentos saudáveis para doação às famílias em situação de miséria – situações multiplicadas nesse período recente de pandemia. São iniciativas realizadas no contexto da produção orgânica ou já agroecológica de alimentos que se faz para vender em feiras de relação direta entre produtores e consumidores. Além do aprendizado do valor humano e social da *solidariedade*, sem o qual não há disponibilidade para luta e construção socialista, essas crianças estão cultivando junto uma determinada visão de tra-

---

[28] "Para nós, o trabalho é a melhor forma de introduzir as crianças na vida laboral, ligar-se com a classe construtora, e não apenas entendê-la, mas viver sua ideologia, aprender a lutar, aprender a construir. Mas isso é pouco para nós; o trabalho é uma forma de introduzir os estudantes na família trabalhadora mundial para participar da sua luta, compreendê-la, seguir a história do desenvolvimento da sociedade humana, obter a experiência de trabalho, de organização coletiva, aprender a disciplina do trabalho..." (Shulgin, 2013, p. 41).

balho humano, justamente do trabalho centrado no valor de uso social – em que se pode ter como objetivo a venda de produtos sem ter o lucro como finalidade da produção. E essas crianças e jovens vivenciam, pelo tipo de trabalho, uma determinada relação com a terra, com os diferentes seres e fenômenos naturais em interação e, em alguns casos, conseguem tomar parte ativa da organização coletiva necessária a essa produção.

Ressalte-se: essa produção tem custos, implica a compra de mercadorias para a sua realização, integra um processo que supõe relação de compra e venda de produtos. A distinção é a *finalidade central dessa produção* que não é o lucro dos donos dos meios de produção, que nesse caso são os próprios produtores dos alimentos e gestores de sua própria força de trabalho. Em uma situação como essa fica mais fácil de compreender que nem todas as relações de mercado precisam assumir ou compor uma lógica estritamente capitalista, mesmo no interior de uma sociedade em que o sistema do capital prevalece.

No entanto, pelo "mar" de alienação em que estamos todos mergulhados hoje, vivências como essa e, sobretudo, se forem apenas esporádicas, terão impactos formativos menores do que poderiam ter sobre as crianças e jovens se não forem trabalhadas pedagogicamente na direção das intencionalidades antes apontadas. É preciso que essas relações vividas sejam sentidas, pensadas e conscientemente compreendidas na relação com o todo da vida social. Tarefa que a escola pode/deve ajudar a realizar.

O trabalho socialmente necessário como categoria sociopedagógica

É tarefa educativa da escola, então, criar formas de participação consciente das crianças e jovens em diferentes tipos de trabalho social vivo que atendam às necessidades humanas reais, sendo útil para melhorar a vida de todos. E que seja organizado de modo a considerar as características de cada idade e a ligação com as tarefas educativas específicas da escola.

Mas como materializar o vínculo da escola com o trabalho vivo, socialmente necessário, que expresse a relação da escola com seu entorno, com a atualidade, e de forma a não perder a especificidade do trabalho pedagógico na Educação Básica das novas gerações?

Na construção histórica da *escola única do trabalho*,[29] a pedagogia socialista soviética converteu a noção de *trabalho socialmente necessário*, ou seja, o trabalho que é necessário para garantir a vida humana socialmente produzida, em uma *categoria sociopedagógica* de organização do trabalho educativo da escola. Foi pensada como uma forma de inserir a escola no desafio revolucionário de superar as relações capitalistas de trabalho, mantendo e fazendo avançar a produção social, ou de valores de uso sociais, de modo que seus resultados possam ser apropriados por todos.

Essa categoria nos ajuda a pensar como romper com a escola apenas de ensino entre quatro paredes e como ir além das iniciativas de envolvimento das crianças e jovens em atividades de autosserviço dentro da escola, que a depender das relações sociais em que se realizem podem se tornar uma forma mascarada de exploração do trabalho infantil ou ter pouco sentido formativo.

Na formulação de Shulgin (2013, p. 90), um dos formuladores principais desse conceito, é elemento essencial da proposição do *trabalho socialmente necessário* (TSN) a abertura da escola à vida mais ampla e suas contradições, as relações da escola com outras organizações sociais, com questões que não se resolvam pela escola, no seu interior, porém com as quais a escola é cha-

---

[29] Cf. uma síntese da concepção de "escola única do trabalho" na revolução soviética em Freitas, 2012.

mada a se envolver. O TSN é então um trabalho de *cunho social* e com *valor pedagógico* e efetivamente necessário para a vida, indispensável, imprescindível, organizado com a mediação da escola, porém realizado a partir das relações com a vida social do entorno e, de preferência, fora dela.

Atividades ou processos planejados entre escola e comunidade, que permitam resultados sociais concretos, mas sempre em necessária conformidade do trabalho com as forças físicas e mentais das crianças e jovens e com as particularidades da sua idade, condição para que seu valor pedagógico não seja dissolvido.[30]

Partindo das experiências que deram origem a essa formulação pedagógica, e as que agora a continuam, podemos sistematizar alguns *traços característicos básicos* de um TSN, pensado na direção de nossas finalidades sociais e formativas. *Primeiro*, é preciso que as atividades materializem o vínculo orgânico da escola com seu entorno social; *segundo*, precisam ter valor formativo real pensando nos sujeitos concretos de sua realização; e

---

[30] Por trabalho socialmente necessário Shulgin entende "o trabalho de organização da escola ou do destacamento de pioneiros, orientado para a melhoria da economia e da vida, para elevar o nível cultural do meio, trabalho que dá determinados resultados positivos (se quiserem resultados produtivos), isso em primeiro lugar; em segundo, é o trabalho pedagogicamente valioso; em terceiro, o que está incluído no segundo ponto, mas no qual insistem os camaradas que é preciso enfatizar: é aquele trabalho que está em conformidade com as forças dos adolescentes e com as particularidades da sua idade, porque, se o trabalho socialmente necessário não esta em conformidade com as potencialidades das crianças, se as forçamos a fazer tal trabalho, o qual não podem realizar sem prejuízo para seu organismo, ele será um trabalho inútil, que mina suas forças e desvaloriza aquele efeito que receberiam como resultado do trabalho. É por isso que é preciso ter atenção no terceiro ponto: o trabalho deve estar em conformidade com as forças das crianças..." (Shulgin, 2013, p. 90). E vale prestar atenção à sua insistência sobre o necessário valor pedagógico: "não é segredo nenhum que o trabalho pode ser muito necessário, muito útil para a sociedade, mas pedagogicamente pode não ter nenhum valor ou até mesmo ser pedagogicamente prejudicial. E, neste caso, este tipo de trabalho não deve entrar nesta categoria" (Shulgin, 2013, p. 89).

terceiro, ter potencial pedagógico para serem integradas ao plano de estudos da escola, ajudando a desenvolver uma compreensão geral da realidade atual, na complexidade de suas relações naturais e sociais vivas.

Na *relação orgânica da escola com seu entorno social,* o movimento real costuma ser duplo: a escola buscando identificar na realidade local as tarefas em que os/as estudantes podem contribuir; e a comunidade passando a reconhecer na escola uma referência para a realização de determinadas atividades que lhe são socialmente necessárias. No primeiro movimento, a participação ativa de estudantes e docentes no *inventário da realidade,* que já integra a organização do trabalho pedagógico de várias escolas, tem sido uma forma metodológica importante para essa aproximação.[31] E caminha para a identificação de processos com força potencial de desenvolvimento mais avançado. No segundo movimento, é preciso chegar a uma forma de relação em que a comunidade – famílias, organizações, lideranças – "naturalmente" lembre da escola quando planeja processos importantes para o todo da vida social que ali acontece. Em ambos os movimentos, no entanto, é preciso o cuidado para não cair na falsa ideia que a escola pode ser o centro do trabalho social e pode resolver problemas da comunidade sozinha, colocando no ombro dos/das estudantes responsabilidades que não podem assumir.[32]

---

[31] Inventariar a realidade do entorno implica planejar e realizar sistematicamente saídas a campo, observações orientadas, registradas; diálogo livre sobre o que se vai percebendo, registrando. Reparar o todo da vida, natural e social, para depois poder tomar porções dele para estudo e para inserção social ativa. Isso ajuda a que se chegue a entender para que se estuda, qual a relação entre conhecimento e a melhoria das condições da vida concreta. Cf. referências sobre o inventário no capítulo 7.

[32] "A escola deve examinar qual parte deste trabalho pode realizar, como ela pode ajudar o agrônomo, o médico etc., e ela deve pesar se as crianças têm forças

Em experiências de TSN que conhecemos, há casos concretos de atividades em que a escola "puxa" a comunidade – os/as estudantes começam uma campanha contra o uso de agrotóxicos, por exemplo – e outros em que se dá o movimento contrário – a escola é chamada a ajudar em uma campanha de saúde na comunidade ou na região. É a análise das circunstâncias locais que permite determinar o impulso primeiro.

Mas, de todo jeito, qualquer coisa que a escola faça sozinha, porque outros não percebem a necessidade ou porque se entrega a responsabilidade toda a ela, terá impacto social e pedagógico limitado, já que o grande objetivo formativo é que os/as estudantes, bem como seus educadores, suas educadoras, tomem parte ativa na vida social e isso ajude na compreensão da atualidade e na percepção das relações mais amplas nas quais os próprios estudos escolares estão inseridos.

Quanto ao *valor formativo real* do trabalho, ele implica, ao mesmo tempo, as condições do processo de sua realização e, principalmente, a vivência dos resultados ou dos produtos do trabalho: o enxergar-se, coletivamente, em uma obra produzida, em um processo social importante desencadeado. E isso quer dizer que o TSN não é o trabalho que as crianças podem fazer sozinhas, mas do qual podem tomar parte, ativa, com protagonismo real na parte que lhe cabe e que sua auto-organização pode garantir. E de tal modo que configure uma relação viva entre os/as estudantes e o todo da vida social de que cada indivíduo passa a participar agora na condição de um coletivo organizado e do qual pode ir retirando a "seiva" que alimenta seu processo educativo mais amplo.

---

para esse trabalho, se há dados para a realização do trabalho, quanto tempo seria necessário para realizá-lo, em que prazo deve ser feito etc. [...] Se nós não pensarmos nisso, teremos como resultado uma grande decepção. A escola é uma ajudante" (Shulgin, 2013, p. 101-102).

Sobretudo, pensando em nossas finalidades sociais mais amplas, terão um valor formativo maior as vivências que permitam perceber o caráter social do trabalho, no sentido de que põem à mostra as relações entre os diferentes trabalhos, como um trabalho depende do outro e a divisão de trabalho não precisa ser alienada nem empobrecedora da dimensão criadora do trabalho.

Para que o TSN tenha *relação com o todo do plano de estudos da escola* é preciso incluir a realização dessas atividades no planejamento pedagógico da escola, em um *tempo educativo* específico – o que geralmente exige ampliação de turnos ou horários do que se considere um "dia letivo". E definir qual TSN será realizado, dentre as possibilidades postas pela análise da realidade de cada período, deve levar em conta as relações que poderão ser estabelecidas com o programa de estudos ou o planejamento de ensino. Que TSN pode ser base para determinados estudos e que estudos serão base para o desenvolvimento satisfatório de determinados TSN. E sempre na relação com as intencionalidades formativas gerais indicadas antes.

Mas nessa relação já precisamos considerar as lições extraídas de diferentes experiências que buscaram realizá-la. O desafio de chegar à *unidade orgânica* entre o TSN e o programa de estudos da escola não pode ser entendido como uma relação linear ou de tempo contínuo: estudar somente os conteúdos postos a cada momento ou a cada trabalho realizado. Porque subordinar os conteúdos ao trabalho, assim como o trabalho aos conteúdos de ensino previstos em um determinado período, empobrece o trabalho ou o ensino, ou ambos.

Em um processo real, vivo, os *tempos* são diferentes: o tempo de realização de um trabalho raramente coincide com o tempo de estudo teórico das questões que ele mesmo coloca. Além disso, nem tudo que precisa ser estudado na escola pode ser vinculado ao TSN. É desafio de construção pedagógica do coletivo de educadores essa ligação, sempre que ela seja possível,[33] mas lembrando que o plano de estudos se compõe a partir das diferentes tarefas educativas da escola e garantir o TSN é *uma* delas.

Há diferentes tipos de TSN que podem ser desenvolvidos a partir da análise do entorno, mas considerando as características e capacidades próprias de cada idade e também os objetivos formativos e de ensino de cada etapa da Educação Básica. Pode-se começar com atividades mais simples envolvendo, por exemplo, serviços comunitários como entregar correspondências nas moradias aonde o correio não chega, ajudar em campanhas de saúde, fazer círculos de leitura junto às famílias, ajudar a secretariar reuniões de grupos coletivos, fazer apresentações artísticas em eventos da comunidade, organizar festas, montar uma rádio comunitária, realizar mobilizações e ações de solidariedade entre as famílias ou com outras comunidades etc.[34]

---

[33] "Não podemos construir todo o trabalho do programa [referindo-se ao programa de estudos estabelecido pela Comissão Científica Estatal de sua época] baseado no trabalho socialmente necessário. Mas, certamente, isso não significa que não devemos tentar ligar aquilo que pode ser ligado, que não devemos tentar construir esta atividade na base do trabalho, onde possa ser construído. Ao contrário, significa que precisamos concentrar todas as forças nesta direção" (Shulgin, 2013, p. 107). E seu principal argumento para não centrar todo o programa de estudos no TSN é político: "porque precisamos educar não apenas crianças russas, não apenas crianças do Estado russo, mas cidadãos do mundo, internacionalistas, uma criança que entenda os interesses da classe operária em geral e seja capaz de lutar pela revolução mundial" (Shulgin, 2013, p. 106-107).

[34] Em Shulgin (2013), há inúmeros exemplos de atividades que estavam se realizando na direção do TSN nessa época (década de 1920), em um contexto de construção revolucionária, e que ainda nos ajudam hoje a pensar possibilidades para nossas escolas, especialmente aquelas que têm uma comunidade, rural ou urbana, como referência. Cf. especialmente o capítulo "O trabalho socialmente necessário na escola", p. 87-124. E cf. algumas experiências atuais em escolas de áreas de reforma agrária em Sapelli, Leite e Bahniuk (2019).

Porém, para as intencionalidades que indicamos antes, precisamos progressivamente garantir atividades e processos de *trabalho produtivo socialmente necessário*. E isso não quer dizer atividades somente de caráter estritamente econômico. Por trabalho produtivo estamos entendendo o tipo de atividade humana que se desenvolve como processo e que gera produtos ou que produz obras materiais, visando atender necessidades humanas de todas as ordens, incluindo as intelectuais ou "espirituais" – o produto pode ser um alimento, como pode ser um jardim, um jornal, uma pintura artística. O fundamental, para nossas finalidades, é que detenha valor de uso social, se realize como trabalho manual e intelectual interconectados e os meios de produção envolvidos sejam de apropriação dos seus produtores diretos.

Esse conceito alargado permite pensar o TSN em várias esferas da vida humana e se contrapõe ao conceito restrito da economia política burguesa que, como vimos antes, considera "produtivo" o trabalho assalariado que gera "mais-valor".

Uma questão que costuma aparecer nas discussões sobre a realização prática do trabalho na escola é se as tarefas que são realizadas pelos/pelas estudantes no próprio espaço da escola, atividades de autosserviço ou outras, podem ser consideradas TSN.

Nossa visão sobre isso é a seguinte: não temos dúvida que há trabalho social a ser desenvolvido no interior da escola, especialmente quando pensamos na progressiva participação dos/das estudantes na construção do seu ambiente educativo. E essas experiências têm especial potencial formativo para o exercício da auto-organização, o aprendizado do trabalho coletivo e de parâmetros de sociabilidade que buscamos cultivar. Mas atividades restritas à dimensão do autosserviço do grupo interno à escola geralmente não detêm força necessária para ser suporte material das intencionalidades indicadas, além de ser mais difícil o vínculo com os estudos escolares.

A análise a ser feita em cada local é sobre quais tarefas do dia a dia da escola podem ser realizadas pelos/pelas estudantes e se o forem ajudarão em sua educação multilateral, sobretudo se forem tarefas *necessárias* e não realizadas porque "se precisa trabalhar", permitindo-lhes vivenciar o sentido mesmo de um trabalho *social*, aquele que é feito *para os* outros e *com os* outros. E avaliar que atividades podem ser aproximadas dos traços básicos antes identificados para o TSN e têm potencial para o conjunto de nossas intencionalidades formativas. Além disso, que atividades ajudam a desenvolver *habilidades*, técnicas e organizativas, e a despertar *interesses de estudo*, sem o que não há como efetivamente realizar o TSN – nem as demais tarefas educativas da escola.

Entendemos, entretanto, que o definidor principal de um TSN, posto como categoria sociopedagógica, está bem mais nas *relações* que o constituem do que no espaço físico em que acontece. Há experiências de atividades que a escola realiza em seu interior, mas atendendo a uma necessidade social externa e a definição de realizá-las é construída pela comunidade em que os/as estudantes se inserem. Por exemplo, quando a escola é convocada a organizar no seu espaço físico viveiros de mudas e garantir a distribuição junto às famílias, dentro de um planejamento feito pelas instâncias organizativas da comunidade, e quando se define a área da escola para realizar determinados experimentos produtivos.[35] Ou quando organizações populares a que a escola se vincula discutem que se intencionalize ali a formação para uma organização coletiva de trabalho visando à inserção da juventude em tarefas de cooperação mais complexas. Nesse caso, o próprio desenho organizativo interno da escola passa a ter um

---

[35] Este é o caso de tarefas que o MST tem posto a escolas de assentamentos como parte de seu "Plano Nacional: plantar árvores, produzir alimentos saudáveis". Cf. MST (2022).

impacto percebido pela atuação simultânea de estudantes em outros espaços sociais.[36]

A questão essencial para um TSN é que a necessidade de realizá-lo seja real, com todas as implicações disso em relação aos resultados obtidos e ao modo de realizar o trabalho: o nível de exposição dos/das estudantes em caso de falhas, a necessidade de preparo para realização efetiva – um viveiro de mudas, por exemplo, não se faz sem conhecimentos técnicos adequados. Não sendo de faz de conta, precisa então estar de acordo com as possibilidades reais das crianças e jovens, para que não resulte em frustração ou em um "faz de conta que deu certo".

Em qualquer tipo de trabalho é preciso considerar que, especialmente com crianças menores, o melhor é garantir atividades em que os resultados possam ser mais imediatamente percebidos; ao mesmo tempo, ter presente que atividades processuais costumam ter força formativa maior, tanto para consolidar jeitos de trabalhar como relações; e entre essas relações, as que são necessárias para desenvolver a auto-organização dos/das estudantes, finalidade que sempre é preciso ligar ao TSN.

Além disso, já entendemos que trabalhos mais complexos, ou seja, aqueles que põem à mostra um maior número de relações necessárias à sua realização e exigem conhecimentos múltiplos sobre aspectos naturais e sociais da realidade mais ampla são os que detêm maior potencial de vínculo com o estudo, o ensino.

Por isso mesmo, pensando em uma escola de Educação Básica, portanto, com estudantes de diferentes idades e etapas de formação, sempre que as circunstâncias da escola e do entorno permitirem, o melhor é que a escola busque se vincular a processos de tempo longo, mas que possam ser decompostos em atividades di-

---

[36] Uma experiência de escola organizada nessa direção está sistematizada em Caldart *et al.* (2013).

versas. Essas diferentes atividades podem então ser desenvolvidas simultaneamente, porém, diferenciando-as para cada idade, cada etapa da Educação Básica e período letivo, sem que tenham um caráter apenas pontual, esporádico, exatamente por não perderem a ligação com o todo do processo e suas finalidades mais amplas. Ligação que, sem dúvida, vai requerer do coletivo de educadores intencionalidades pedagógicas para ser percebida e entendida.

Na realidade de algumas escolas do campo que tomamos aqui como referência, uma discussão que vem tomando corpo é pensar o TSN da escola como forma de mediar uma inserção mais prolongada dos/das estudantes em unidades de produção campo-nesa que decidem pela transição de processos convencionais para processos de produção agroecológica.[37] Nesse tipo de processo, a escola pode ajudar em tarefas de diferentes tipos, e daí a riqueza e as possibilidades para as várias idades, etapas, períodos: pode envolver secretariar discussões coletivas, dialogar com as famílias (de diferentes formas) sobre os efeitos do uso de agrotóxicos e ou-tros insumos sintéticos na produção de alimentos, com todos os conhecimentos que isso exigirá de preparação; fazer recuperação de fontes de água, coleta e armazenamento adequado de sementes crioulas, fazer reprodução de sementes, organizar viveiros de mu-das e realizar plantio de árvores; e pode chegar à participação de estudantes maiores em processos produtivos mais complexos em uma agrofloresta e em outras indústrias que existam na unidade de produção ou em agroecossistemas do entorno.

Esse tipo de inserção pode ser uma forma de abrir caminho para tornar o trabalho concreto um objeto de estudo abran-gente e multilateral, ampliando os objetivos formativos na

---

[37] Cf. o verbete "Transição Agroecológica" do *Dicionário de Agroecologia e Educa-ção*, escrito por Marília C. M. Gaia e Marcelos J. Alves (Gaia e Alves, 2021, p. 771-777).

direção da educação politécnica. É preciso destacar que processos assim são mais exigentes de acompanhamento pedagógico sistemático, necessariamente organizado e feito por um coletivo de educadores. E o próprio desenvolvimento do trabalho vai mostrando a necessidade de incluir, na formação de educadoras e educadores, conteúdos e método que lhes permitam compreender com rigor e em perspectiva o meio em que atuam.[38] Seus resultados formativos costumam compensar esse esforço coletivo. E podem surpreender em qualidade e ânimo das crianças e jovens para a própria continuidade de seus estudos e, o principal, para o engajamento de todos nas lutas pela transformação mais radical da lógica de vida social que vai se esfacelando diante de e entre nós.

Cabe reforçar, finalmente, que desde o primeiro passo do planejamento pedagógico da escola para a realização dessa tarefa educativa é necessário pensar a participação em diferentes tipos de TSN na relação com a auto-organização dos/das estudantes e sua preparação para a vida coletiva, tarefa educativa específica necessariamente interligada a essa e sobre a qual trataremos na sequência.

---

[38] "O professor começa a entender com maior clareza e maior precisão para que ele precisa da etnografia do local da escola, o que é a etnografia e por que ele deve empurrar os meninos nessa direção. Ele vê que, sem conhecer a economia da região, sem conhecer as tarefas imediatas que estão diante dele no sistema econômico geral, sem conhecer as tendências do desenvolvimento desta economia em uma determinada área, não pode resolver nem um único pequeno problema do programa de estudo" (Shulgin, 2013, p. 105-106).

EXERCITAR A *AUTO-ORGANIZAÇÃO* COMO PARTE DE UMA CULTURA POLÍTICA EMANCIPATÓRIA

A *organização coletiva* é uma das matrizes de formação humana destacada pela Pedagogia do Movimento. Pode ser entendida como o "processo de organizar-se em vista de realizar coletivamente uma determinada ação" e, ao mesmo tempo, como a coletividade produzida pelas ações organizadas (Caldart *et al.*, 2013, p. 110).[1]

Ela é matriz de formação que precisamos tornar matriz pedagógica do trabalho educativo, inclusive o da escola, porque se entende que a realização do nosso *ser* humano precisa dos aprendizados que a vida organizada coletivamente envolve. E porque a participação política livre e consciente é componente fundamental da vida social e, portanto, da educação de lutadores e construtores sociais, em qualquer tempo e em diferentes circunstâncias.

---

[1] Com base na experiência formativa do MST: "os sem-terra se educam à medida que se organizam para lutar; e se educam também por tomar parte de uma organização que lhes é anterior" (Caldart, 2004, p. 99). O MST é o movimento social popular que, ao impulsionar e organizar a luta, vai tomando a forma da organização coletiva construída pelos sem-terra que lutam.

A intencionalidade que essa matriz envolve pressupõe as *relações sociais* como fundamento da formação da própria individualidade do ser humano. Em uma síntese desde Marx: "As relações sociais não são algo de supérfluo ou algo que se acrescenta aos indivíduos, como complemento ou enquadramento exterior. São condições da sua própria individualidade". Há, portanto, "uma unidade dialética originária entre as relações sociais e o comportamento dos indivíduos" (Barata-Moura, 1997, p. 310).[2]

Essa concepção pressupõe o coletivo como parâmetro da participação de todos e de cada um na condução da vida social em seus diferentes âmbitos. E não há coletivo sem a participação das individualidades, que por sua vez podem avançar em seu desenvolvimento exatamente por tomarem parte de coletivos que proporcionem as condições objetivas para isso. A inserção em coletividades é potencialmente formativa por exigir que cada pessoa se empenhe para construir, no cotidiano e continuadamente, relações sociais coerentes com os princípios da organização coletiva. "A coletividade expressa o potencial educativo das práticas organizativas e de novas relações sociais" (Caldart *et al.*, 2013, p. 111).

Entendemos que as finalidades sociais e formativas emancipatórias põem entre as tarefas educativas da escola a tarefa de garantir em seu ambiente educativo a vivência de relações sociais que desenvolvam a capacidade de agir organizadamente diante de problemas da vida concreta, abordando-os desde um ponto de vista coletivo. Também colocam a tarefa de incentivar educadores e estudantes a participar de organizações coletivas que

---

[2] "Só na comunidade [com outros, é que cada] indivíduo tem [...] os meios de se desenvolver em todas as suas aptidões; só na comunidade, portanto, se torna possível a liberdade pessoal [...]. Na comunidade real, os indivíduos conseguem, na e pela sua associação, simultaneamente a sua liberdade" (Marx e Engels, 2009, p. 94-95).

cultivem relações humanizadoras e propósitos de transformação social, fazendo o acompanhamento pedagógico da inserção das novas gerações nesse ambiente político-social, para que essa participação se torne consciente, criativa e autocrítica.

A capacitação organizativa trabalhada na Educação Básica visa os educandos e as educandas de todas as idades e em todas as etapas, mas para que se realize precisa envolver o conjunto dos sujeitos que atuam na escola. E não há como chegar a ter capacidade organizativa senão pelo exercício prático e continuado de ações em comum que a exijam.

Esta tarefa educativa da escola se refere especialmente à dimensão político-social da nossa matriz formativa. Escolhemos nomeá-la pela categoria sociopedagógica da *auto-organização*, porque ela nos faz pensar sobre a natureza das relações sociais pelas quais trabalhamos e compreender as intencionalidades formativas a serem garantidas.

A auto-organização remete a uma forma de organizar as relações sociais na escola que é necessária ao conjunto das suas tarefas educativas. É o conteúdo dessas diferentes tarefas que fornece o material concreto para que a auto-organização escolar se constitua e se desenvolva. Esse conteúdo pode ter a diversidade das ações que exigem ou permitem desenvolver "o hábito de viver, estudar e trabalhar coletivamente" (Krupskaya, 2017, p. 106). Começamos a indicar essas possibilidades de conexão na tarefa do "trabalho socialmente necessário" e elas serão mencionadas na abordagem de cada tarefa.

É a intencionalidade formativa própria às diferentes práticas de auto-organização o que justifica tratá-la como tarefa educativa específica. As práticas que podem ser vivenciadas no interior de uma escola não têm força em si para superar as relações sociais dominantes na sociedade. Entretanto, permitem experimentar e compreender formas de relações que as confrontam, apontando para outras possibilidades de organização da vida social.

Note-se, entretanto, que não estamos aqui nos referindo à noção de auto-organização em si, que pode ser usada para indicar apenas a dimensão individual que a integra. Para nós essa dimensão é importante, porém não basta, e pode ser contraditória ao nosso projeto educativo. Precisamos da capacitação organizativa da classe trabalhadora, de todas as gerações, para as nossas finalidades de organizar as lutas necessárias à construção de novas relações sociais. Mas é necessário ter presente que a capacidade organizativa também pode e tem sido usada como ferramenta a serviço dos interesses de reprodução e perpetuação das relações sociais que precisam ser superadas.

Há pedagogias burguesas que trabalham com a auto-organização de estudantes. Exatamente pela importância das habilidades organizativas na realização de qualquer forma social de trabalho. Pelas finalidades e premissas do sistema a que essas pedagogias servem, trata-se de garantir habilidades para cumprir com mais eficiência o que está estabelecido, ou mesmo para que se aprenda a ser criativo, inventivo, mas nos limites da lógica de relações sociais já postas, tanto na escola como na sociedade.

Quando essas pedagogias trabalham o aprendizado da participação coletiva, do trabalho coletivo, suas finalidades de classe não permitem ir além da democracia liberal, "representativa", do formar um "espírito de equipe", da cooperação que "veste a camisa da empresa" e, nos termos mais recentes, de desenvolver a capacidade "empreendedora". Lembremos que o chamado "empreendedorismo" é uma das formas atuais de camuflar a exploração capitalista do trabalho (cada pequeno empreendedor como "patrão de si mesmo") em tempos de regressão do trabalho assalariado típico e tem sido apresentado como uma forma avançada de capacitação organizativa das novas gerações. É uma armadilha que educadoras e educadores precisam de preparo político e pedagógico para não cair!

As atividades de auto-organização que são propostas pelas pedagogias burguesas podem no dia a dia nos confundir e parecer avançadas. Especialmente quando se considera a falta de protagonismo estudantil na lógica de vida escolar que tem sido revigorada e imposta às escolas nesse período de políticas neoliberais mais grosseiras e ostensivas. Mas essas iniciativas pedagógicas jamais visam a uma modalidade organizativa que tenha a vida coletiva como matriz. Não lhes interessa romper com a visão individualista de mundo porque o sistema social a que servem, precisa ser mantido em suas características essenciais, entre elas a dessa visão massivamente internalizada.

Na mesma lógica, o tipo de participação que essas pedagogias permitem experimentar não pode confrontar uma das "premissas práticas fundamentais" do sistema do capital, em que todas as funções de direção e tomada de decisão na ordem produtiva e reprodutiva estabelecida devem ser atribuídas às personificações do capital e jamais ao trabalho vivo (Mészáros, 2009, p. 295).[3] Esse "DNA" da lógica não pode ser quebrado em processos educativos porque isso o tornaria visível, e poderia chamar atenção para a possibilidade de outra lógica, abrindo o portal da compreensão das contradições todas.

---

[3] "O irreprimível antagonismo entre capital e trabalho – o qual é e deverá sempre permanecer como o fundamento estrutural (paradoxalmente, tanto a força motriz como a fraqueza definitiva) dessa ordem reprodutiva – torna necessário manter no poder uma estrutura de comando hierárquica, não apenas nas unidades produtivas particulares (tal como funciona na inegável 'tirania da fábrica') como também na sociedade inteira, impondo aos sujeitos do trabalho os processos de tomada de decisão necessariamente de cima para baixo do sistema como um todo. Esse deve ser o caso, não importando o quão latentes possam ser as contradições objetivas em um momento particular" (Mészáros, 2009, p. 255).

Nosso projeto histórico remete a outras finalidades educativas. Tem como matriz a organização coletiva da luta pela transformação social e o trabalho coletivo que religa a tomada de decisões e a realização das diferentes tarefas ou atividades sociais. Trata-se de uma matriz pensada para organizar uma comunidade, uma instituição social, bem como o conjunto da vida em sociedade. E cuja construção supõe traços formativos que possam ser exercitados e compreendidos o mais cedo possível.

A contradição já estava posta na época da emergência de pedagogias que buscavam ajudar a consolidar a ordem burguesa dentro de parâmetros da democracia liberal própria de sua fase ascendente. Ela precisou ser cuidadosamente analisada pelos formuladores da pedagogia socialista soviética, quando a auto-organização foi considerada fundamental para as finalidades educativas da escola do trabalho. Essa contradição se acirra muito mais hoje quando esses parâmetros vão sendo substituídos por uma visão neoliberal das relações necessárias para manter a hegemonia do sistema do capital em sua fase descendente. Os traços próprios do nosso tempo terão que ser analisados por nós para não cairmos em armadilhas pedagógicas que, parecendo ajudar, na verdade traem ou adiam a realização de nosso projeto.

Por conta desse contexto, substantivamos aqui a tarefa da auto-organização pela indicação de seu vínculo com a formação de uma *cultura política emancipatória*. O uso dessa expressão visa chamar a atenção especialmente para três aspectos fundamentais da nossa tarefa: (1º) trata-se de trabalhar habilidades e hábitos organizacionais, pessoais e coletivos, em conexão com determinados parâmetros de sociabilidade humana, de relações sociais a serem firmadas como referência; (2º) o aprendizado da auto-organização se vincula a uma forma de pensar a participação política na sociedade como um todo, a uma visão de democracia a ser firmada como um modo de vida social, pela prática e a reflexão sobre ela; (3º) essa formação é processual e de tempo longo, porque tem relação com valores, visão de mundo, consciência política, modo de abordar as questões da vida cotidiana e, por isso mesmo, precisa começar desde a infância.

Não se cria uma cultura, um modo de vida, senão pelo exercício prático continuado de ações e relações que a formem e a atuação intencional sobre a subjetividade que permite internalizá-las como um valor positivo. Não se aprende sobre organização senão pela prática real de organizar-se e no tempo necessário para isso. A mesma lógica de aprendizado vale para diferentes finalidades. Mas uma cultura política somente pode ser considerada emancipatória se ajuda no desenvolvimento humano mais pleno e predispõe as pessoas à construção de uma forma de vida social que torne esse processo de humanização efetivamente possível para todos.

A auto-organização como categoria sociopedagógica

Para pensar o exercício prático da auto-organização em nossas escolas a partir da nossa atualidade, precisamos compreender um pouco mais de sua proposição originária. Sua formulação teórica como uma categoria sociopedagógica que integra a pedagogia socialista foi fruto da sistematização de práticas da construção da escola do trabalho durante o processo revolucionário soviético do início do século XX. É importante ter presente esse contexto. A auto-organização integrava um projeto educativo produzido em um momento histórico que exigia preparar as novas gerações para tomar parte ativa em uma construção social revolucionária em pleno andamento.[4]

---

[4] Cf. detalhes desse contexto histórico e sobre a construção da pedagogia soviética do período revolucionário inicial especialmente em Freitas (2009).

Uma das discussões era então sobre que "tipo de pessoa" o processo revolucionário em curso exigia. A síntese feita pelo coletivo pedagógico que tinha a tarefa de orientar o trabalho educacional soviético afirmava que a época era de "luta e construção", e que a construção precisava ser feita "de baixo para cima" e somente seria exitosa se cada membro da sociedade tivesse consciência clara "do que é preciso construir" e "*por quais caminhos* essa construção se concretiza" (Pistrak, 2018, p. 52).

Para envolver a escola nessa tarefa social grandiosa, era preciso superar as relações pedagógicas conservadoras e autoritárias, de nenhum protagonismo estudantil, que predominavam nas escolas dos países que tomaram parte da revolução soviética. Mas, ao mesmo tempo, era preciso superar, como concepção, as pedagogias burguesas menos ou mais avançadas e bem intencionadas da época, que em outros lugares estavam buscando inserir as escolas públicas no caminho da democracia liberal, própria daquele período da sociedade capitalista.[5]

Como esse coletivo trabalhava para orientar a educação em uma realidade na qual essas práticas burguesas representavam um avanço real comparadas ao que predominava nas escolas que tinham, era preciso analisar mais a fundo esses avanços e radicalizar a formulação com base nas finalidades e exigências postas pela sua atualidade. E fazer isso de modo a não confundir as educadoras, os educadores, considerando-se que não haviam experimentado suficientemente as pedagogias burguesas a ponto de perceber na prática a distinção de seus resultados.

---

[5] Cf. análises dos limites de diferentes formas e representantes da pedagogia burguesa da época em Shulgin (2022), especialmente no capítulo "Sobre a auto--organização", p. 67-93.

Destaque-se: foi o rigor da análise e a radicalidade da formulação, pensada para além dos limites de sua realização imediata, que tornaram possível a construção prática e teórica feita lá nos servir de referência hoje, mesmo em tempo e circunstâncias tão distintas. Essa radicalidade estava primeiro na clareza das finalidades da auto-organização. E, segundo, no seu pressuposto básico de dar centralidade à vida coletiva, sempre traço fundamental do contraponto entre uma cultura política de natureza burguesa e de natureza socialista.

Nos termos de Shulgin (2022, p. 79-80),

> é preciso saber trabalhar coletivamente, viver coletivamente, construir coletivamente; é preciso saber lutar pelos ideais da classe trabalhadora, lutar muito, incansavelmente; é preciso ser capaz de organizar a luta, organizar a vida do coletivo, e isso não pode ser aprendido de repente, mas desde os primeiros anos de idade, por meio do trabalho independente, da construção coletiva independente, do desenvolvimento de habilidades organizacionais e hábitos. Nisso consistem as tarefas fundamentais da auto-organização.[6]

Essa abordagem da auto-organização a partir dos desafios de construção revolucionária, que envolvia a sociedade inteira e todas as gerações, firmou alguns caracteres básicos de sua concepção como categoria sociopedagógica. Em nossa síntese, são os seguintes:

– O desenvolvimento da auto-organização precisa se vincular a um processo de formação mais amplo de que a escola tome parte. Supõe, portanto, que seja intencionalizado na relação com outras organizações ou instituições que trabalham com a educação das novas gerações em diferentes dimensões e para além da escola. Esse vínculo não pode ser apenas de discussão conjunta, mas deve constituir-se como um processo de conexão de práticas que per-

---

[6] Cf. para estudo também Krupskaya (2017), capítulo "Auto-organização escolar e organização do trabalho", p. 117-124. Texto escrito em 1923.

mita abarcar "um âmbito mais significativo de atividades do que comumente se conduz na escola" (Pistrak, 2018, p. 280).

– A auto-organização visa o todo do trabalho educativo da escola. Pode começar com atividades pontuais, porém sem deixar de mirar o envolvimento crescente dos/das estudantes na organização do trabalho pedagógico e na condução cotidiana de seu processo formativo pela constituição de coletivos de estudantes. Isso pressupõe uma escola que não seja apenas um lugar de ensino e sim um lugar da "vida infantil" em todas as suas dimensões (Pistrak, 2018, p. 229).

– A auto-organização pode ser desenvolvida em todas as escolas e com estudantes de qualquer idade, ajustando-se suas formas e exigências às características de cada etapa da vida e às circunstâncias em que ocorre, incluindo o tipo de escola de que se trate. Será diferente em uma situação de entorno com finalidades comuns ou com exigências de contraponto a outras iniciativas formativas; e será diferente em uma escola que funcione como internato ou uma escola de tempo integral ou de turno único. Mas sempre lembrando que seu objetivo é desenvolver hábitos de vida e trabalho coletivo.[7]

– Trata-se de auto-organização porque não se visa apenas inserir os/as estudantes em uma organização dada que vise apenas "ajudar a escola", sendo externa aos interesses reais das crianças e jovens (Pistrak, 2018, p. 230-231). E não se trata de impor uma forma de organização aos estudantes, mas tampouco de deixar que ela espontaneamente apareça ou se desenvolva. Trata-se de intencio-

---

[7] "Em todas as escolas, em qualquer grau, em qualquer idade, a auto-organização pode ser introduzida, mas desde o início e a qualquer momento deve ser claramente lembrado que seu objetivo é desenvolver habilidades organizacionais, hábitos de vida e trabalho coletivo; desenvolver a persistência na obtenção dos objetivos colocados pelo coletivo, a capacidade de compreender as pessoas, de agrupá-las corretamente de forma a atingir o objetivo de introduzir gradativamente as crianças na construção da vida, de incluí-las na vida mundial, na vida dos adultos como lutadoras pelos ideais da classe trabalhadora" (Shulgin, 2022, p. 92-93).

nalizar a auto-organização oportunizando múltiplas e diversas situações e atividades que criem a necessidade dela, a partir de interesses individuais que podem tornar-se coletivos.

— A prática da auto-organização supõe um grau de autonomia tanto da escola em relação ao sistema que ela integra como dos/das estudantes dentro dela. Se a ordem escolar é considerada imutável, a auto-organização será uma farsa ou acontecerá de modo muito limitado. Mas a auto-organização não diminui o papel das educadoras e dos educadores. Ao contrário. Não se pode apenas observar as crianças e jovens em seus ensaios organizativos. É necessário desenvolver os interesses sociais que são a base necessária à auto-organização e acompanhar todo o processo sem, no entanto, "esmagar a iniciativa das crianças" ou "atrapalhar" sua auto-organização (Pistrak, 2018, p. 232-233). E discutir como fazer isso no dia a dia de cada escola, com autoridade pedagógica e sem autoritarismo, é tarefa sistemática de educadores organizados em seus próprios coletivos.

Exigências da "nossa atualidade" à auto-organização

Podemos nos valer aqui da mesma questão posta pelo coletivo que ponteou a construção da auto-organização como categoria de estruturação do trabalho pedagógico da escola do trabalho. Nos termos de Pistrak (2018, p. 224): "Quais são as exigências da nossa atualidade [...] para a auto-organização escolar?"

Lembremos que a atualidade se refere fundamentalmente às contradições que movem a realidade social em determinado momento histórico e que precisam ser analisadas nas relações entre sua expressão mais geral e sua realização prática na realidade particular sobre a qual incidirá o trabalho educativo concreto.

Elementos de análise geral do momento atual do capitalismo em sua fase histórica descendente foram desenvolvidos na Introdução deste livro e vão sendo trazidos ao longo da abordagem das diferentes tarefas educativas e conforme sua especificidade, exatamente porque se referem à atualidade desde a qual seu conteúdo se define.[8] Nunca será demais reafirmar que o nível de compreensão das determinações econômicas das relações sociopolíticas sobre as quais trabalhamos, e por onde passará sua superação mais radical, incide sobre a consciência da direção a dar às lutas sociais impulsionadas ou fortalecidas pelas contradições da realidade atual.

Para responder sobre quais são as exigências formativas do momento atual em relação à tarefa educativa da auto-organização, é necessário analisar os traços da *cultura política* que se tornou hegemônica nas últimas quatro décadas de atuação do *neoliberalismo* no mundo e seus principais efeitos sobre ideias, sentimentos, valores e ações, especialmente da juventude. E buscar apreender as contradições em que a formação dessa cultura se move, bem como os antagonismos que ela própria gera e os contrapontos que nosso projeto histórico exige tratar no trabalho educativo, especialmente nessa dimensão das relações sociais e da participação/formação política.

O neoliberalismo é a versão "reciclada" do liberalismo, base ideológica do sistema capitalista de sociedade.[9] Em síntese breve, podemos dizer que o liberalismo é um arcabouço teórico, jurídico, político e cultural, que foi sendo estruturado para orientar e justificar a lógica econômica de reprodução do capital e as características da vida social que lhe correspondem. Seus pilares básicos foram estabelecidos na *fase ascendente* do modo de produção capitalista, ou seja, no período de sua construção e consolidação histórica.

---

[8]   Para outros elementos e referências cf. a Introdução deste livro.
[9]   Cf. uma síntese sobre a construção histórica do liberalismo em Rolo (2022), capítulo "Do contrato social à crise estrutural do capitalismo: duas visões antagônicas de sociedade", especialmente o tópico "O sonho do liberalismo", p. 55-66.

Na sua versão neoliberal, esse arcabouço vai sendo ajustado para atender às necessidades da classe burguesa, ou das "personificações do capital" (Mészáros, 2002), quando o sistema capitalista entra em sua *fase descendente*, em que o capital não consegue mais se reproduzir sem a regressão drástica dos direitos e de algum bem-estar social, conquistados pela classe trabalhadora na sua fase ascendente, e sem o apelo irrefreável a uma forma de produção insustentável, do ponto de vista humano, social e ambiental.[10]

Na fase descendente da ordem social capitalista, ressurgem ou são recriadas políticas autoritárias e ideologias reacionárias visando proteger o sistema do perigo das lutas sociais que a situação tende a impulsionar. Esses mecanismos já foram acionados em momentos de crises menos graves do que a atual e tendem a ser usados cada vez mais ostensivamente. Tais políticas funcionam pela repressão e também pela formação progressiva de uma determinada cultura política que leva a tomar a lógica da vida social que vai sendo estabelecida como inevitável.

Para detalharmos a especificidade da tarefa da auto-organização nesse contexto, é necessário compreender os traços principais dessa cultura política que vem sendo firmada pelo neoliberalismo. Quem trabalha com a formação das novas gerações hoje tem diante de si – e dentro de si – produtos humanos contraditórios da hegemonia neoliberal, com marcas que quando se mostram na "vida real" ainda não deixam de nos causar espanto, e porque machucam nossa humanidade, nos colocam a urgência do contraponto, assim como nos mostram resistências que precisamos ajudar a fortalecer.

---

[10] "Ainda que as personificações do capital não o admitam, não é muito difícil perceber que nenhuma reprodução sociometabólica pode subsistir assim indefinidamente" (Mészáros, 2002, p. 267).

Uma *cultura política* se constitui pelo menos de *três componentes principais*: os parâmetros de sociabilidade humana que passam a orientar ações e comportamentos em todas as esferas da vida humana; os padrões de participação política que se exerce ou se defende na sociedade; e as formas de consciência (ou inconsciência) da realidade das relações sociais em que se vive, suas determinações e movimentos.

A cultura política neoliberal, no conteúdo e forma que dá a cada um desses componentes, incide no todo orgânico da sociedade. Por isso mesmo o confronto a ela precisa acontecer em seus diferentes âmbitos, mas sempre com intencionalidades que considerem a necessária centralidade do trabalho socialmente produtivo em suas determinações e, portanto, em nosso projeto social e educativo.

Pode-se dizer que a incidência político-cultural do neoliberalismo se dá em dois níveis, conectados entre si e que, especialmente quando o "feitiço" sai do controle do "feiticeiro", até se contradizem. Isso deixa mais complexa a nossa atuação formativa porque certos traços da cultura política sobre os quais precisamos incidir tornam-se "fios de navalha".

Há um nível que opera realizando uma revisão teórica progressiva de conceitos formulados pelo próprio sistema capitalista em sua fase ascendente. Não se trata de uma disputa "acadêmica" e sim de visão de mundo. A difusão "didática", massiva e continuada dos novos sentidos ou conteúdos desses conceitos – o que inclui sua entrada no campo educacional – vai aos poucos alterando o modo de pensar da sociedade sobre as questões de que tratam, e seu objetivo principal é tornar "naturais" as medidas práticas tomadas para "salvar" o capital.

Conceitos como *igualdade, liberdade* e *democracia* são caros a qualquer projeto de sociedade que acompanhe os avanços civilizatórios e as transformações da humanidade ao longo de sua história. Por razões estruturais que já conhecemos, nunca tiveram o mesmo significado nas concepções liberais e socialistas. Mas o que acontece sob a orientação teórica neoliberal é uma revisão drástica do próprio conteúdo burguês desses conceitos, adequando-o para garantir que a defesa do sistema continue, mesmo sob circunstâncias que cada vez mais escancaram a perversidade e o caráter insustentável de sua lógica.[11]

No pensamento liberal, o avanço teórico chegou ao plano formal (o que vale "em tese"), geralmente traduzido no âmbito jurídico: assim como cada pessoa é "livre" para vender sua força de trabalho e para comprar as mercadorias que lhe são apresentadas, todas as pessoas são "iguais" perante a lei e têm os mesmos direitos de ser humano e periodicamente são chamadas a participar da vida política escolhendo, pelo voto "livre", seus representantes nas esferas de poder político, e podem expressar "livremente" suas opiniões sobre questões diversas.

A teoria neoliberal tem feito ajustes na compreensão desses princípios, além de introduzir ou fortificar conceitos na agenda cotidiana. O conceito/princípio da igualdade social, embora não possa ser abandonado, já que sustentou a própria luta pela

---

[11] Mészáros nos relembra que os princípios orientadores da Revolução Francesa de 1789, revolução que fez a demarcação política da era capitalista, eram liberdade, fraternidade e igualdade. Na sua análise, esses princípios, "que um dia foram sinceramente defendidos", tiveram seu conteúdo progressivamente esvaziado, o que começou já ainda na fase ascendente do capitalismo. A fraternidade desapareceu rapidamente. A liberdade foi adaptada às exigências estreitas do utilitarismo. Mas, segundo ele, talvez "o princípio vital da igualdade [...] tenha sofrido a revisão mais drástica" (Mészáros, 2009, p. 247). Cf. sua análise detalhada sobre o avanço da revisão conceitual desses e de outros conceitos sob o sistema do capital, sobre quais são próprios só dele e quais precisamos disputar na construção socialista, especialmente no capítulo 8, "Método em uma época histórica de transição", p. 189-309.

implantação do capitalismo,[12] vai perdendo seu nexo com as relações materiais e passa a ser diretamente vinculado à premissa do funcionamento prático das relações capitalistas, que é a da *concorrência* – entre capitais, entre instituições, entre indivíduos – visando sua expansão para todas as esferas da vida humana. E colada a ela se fortalece e se expande a noção de *mérito*: não se trata mais de defender o direito à "igualdade de oportunidades",[13] já ilusória, mas de acreditar que é preciso merecer a própria oportunidade de concorrer.

---

[12] No capítulo em que analisa os "limites absolutos do capital", Mészáros (2002) faz um destaque à exigência da emancipação das mulheres que conferiu uma nova dimensão a "antigos enfrentamentos históricos que faziam pressão em prol da verdadeira igualdade. As mulheres tiveram de compartilhar uma posição subordinada em todas as classes sociais, sem exceção, o que tornava inegável [...] que sua demanda pela igualdade não poderia ser atribuída a uma 'particular inveja de classe' e assim descartada. Esta circunstância também deixou óbvio que o 'poder nas mãos das mulheres', em qualquer sentido dessa expressão, seria inconcebível se o quadro estrutural de dominação e hierarquia de classes se mantivesse como princípio organizador da ordem sociometabólica. Mesmo que todas as posições de comando nas empresas e na política do capitalismo fossem reservadas por lei para as mulheres [...], um número incomparavelmente maior de irmãs continuaria em abjeta subordinação e impotência. Não se poderia encontrar nenhum 'espaço especial' para a emancipação das mulheres no referencial dessa ordem socioeconômica. Por isso, o 'poder nas mãos das mulheres' teria que significar poder nas mãos de todos os seres humanos ou nada, exigindo o estabelecimento de uma ordem de produção e reprodução sociometabólica radicalmente diferente, que abrangesse todo o quadro de referências e as 'microestruturas' que constituem a sociedade" (Mészáros, 2002, p. 286-287). Por isso, "a causa da emancipação das mulheres tende a permanecer não-integrável e, no fundo, irresistível, não importa quantas derrotas temporárias ainda tenha que sofrer quem luta por ela" (p. 272). Para aprofundamento dessa questão cf. todo o tópico, p. 267-319.

[13] O que define a "igualdade de oportunidades" no sistema do capital "está nas mãos dos que anseiam por evitar qualquer mudança nas relações de poder prevalecentes e nas correspondentes hierarquias estruturalmente impostas, oferecendo a promessa irrealizável de 'oportunidade igual' diante dos críticos da desigualdade social como a cenoura inalcançável na frente do burro" (Mészáros, 2002, p. 305).

A lógica da meritocracia, "entendida como uma hierarquia social construída pelo acúmulo de mérito pessoal", passa a ser um padrão cultural introduzido na vida das pessoas, agora desde a infância e com a ajuda da escola, explicando a desigualdade social "como opção pessoal ou 'falta de empenho' pessoal" (Freitas, 2022, p. 13).

Todos concorrendo "livremente" contra todos e perdendo a memória da luta histórica de explorados e oprimidos, de diferentes formas de sociedade baseada na desigualdade de classes, por igualdade social real, material, *substantiva*. E em certos discursos, substituindo-se cinicamente a defesa da igualdade pelo respeito à diversidade humana que, na prática, é incompatível com a lógica capitalista de relações sociais e está incluído no sentido substantivo da igualdade.

A naturalização da restrição da igualdade de direitos – mesmo os individuais, já que o próprio liberalismo não suporta que se fale em direitos coletivos, porque essa noção mobiliza, "chama luta" – leva à regressão da concepção de democracia, estabelecendo padrões de uma "democracia limitada" (Freitas, 2022, p. 6), nos direitos, na participação política real e nas próprias expectativas de bem-estar social. A disputa fica no raso.

Destaque-se: a concorrência internalizada como valor e aliada a mérito individual desmobiliza e põe grandes obstáculos à participação de trabalhadores e trabalhadoras em organizações coletivas,[14] um dos efeitos ideológicos espera-

---

[14] Algo que já foi analisado por Marx ainda na época ascendente do capitalismo: "A concorrência isola os indivíduos uns dos outros, não apenas os burgueses, mas ainda mais os proletários, apesar de agregá-los. [...] por isso todo poder organizado em face desses indivíduos que vivem isolados e em relações que diariamente reproduzem o isolamento só pode ser vencido após longas lutas. Exigir o contrário seria o mesmo que exigir que a concorrência não deva existir nessa época histórica determinada ou que os indivíduos devam apagar de suas mentes relações sobre as quais não têm nenhum controle como indivíduos isolados" (*apud* Mészáros, 2009, p. 259, nota 109).

dos dessa ofensiva: é preciso tirar do imaginário da maioria a ideia de luta coletiva por direitos sociais para todos, o que é reforçado pelos efeitos paralisantes de medidas repressivas e autoritárias dos momentos políticos ditatoriais que o sistema periodicamente instaura.

Esse nível de incidência do neoliberalismo faz ao nosso projeto político e formativo uma exigência fundamental. É preciso uma crítica radical de concepção, o que, contraditoriamente, se torna possível pela própria ostensividade do recuo posto. A regressão em curso nos mostra que, para as finalidades sociais e formativas que temos, não basta voltar ao que já tivemos, até porque essas conquistas históricas nem podem mais ser garantidas pelo sistema. As determinações econômicas da regressão é que precisam ser combatidas e isso implica compreendê-las e se preparar para a construção de outra forma social de relações de produção da vida. Nessa construção, a democracia liberal, formal, é necessária, mas não basta (Freitas, 2022).

No plano das relações sociopolíticas destacamos as categorias da igualdade e da democracia, que tiveram um longo desenvolvimento histórico e precisam ser afirmadas em seu conteúdo mais radical, socialista: *igualdade substantiva* e *democracia popular*, que se juntam à concepção de liberdade dos indivíduos sociais e ao princípio da solidariedade, na busca do bem-estar coletivo.

A igualdade substantiva está "intimamente conectada com a questão da atividade produtiva genuinamente realizadora na vida dos indivíduos". O sentido da igualdade a ser recuperado é o de uma forma de relação entre os seres humanos que diminua "as restrições e contradições discriminatórias, enriquecendo com isso a vida dos indivíduos não apenas em termos materiais, mas também como resultado da introdução de um grau maior de equidade e justiça em seus intercâmbios com os demais" (Mészáros, 2009, p. 270). Uma concepção socialista não fica na afirmação de uma "igualdade de classes", mas avança para uma igualdade própria a uma *sociedade sem classes*" (Mészáros, 2009, p. 271). E a luta contra a desigualdade social material que aumenta dia a dia o fosso entre pobres e ricos é pilar central nessa direção.

Democracia *popular* quer dizer que seja uma democracia de massiva base social e entendida, na perspectiva socialista, como participação política na condução do todo da vida social, protagonismo processualmente construído em que as pessoas participem da tomada de decisões que implicam seu destino social real, material, não como indivíduos isolados e sim como membros ativos de coletivos educados cotidianamente para que cheguem a estabelecer novos padrões de vida em comum. Na visão socialista, se trata da democracia própria a uma sociedade de "indivíduos *sociais* livremente associados (e não egoisticamente isolados)" (Mészáros, 2009, p. 265). E que supõe diferentes formas de *auto-organização* para que essa participação se realize.

Essa disputa de concepção, cada vez mais incontornável, tem duas dimensões fundamentais. Uma delas é a da necessidade de avançar na análise crítica da atuação pedagógica das personificações do capital, em nosso caso, especialmente no âmbito da educação. E a outra é a da crítica prática, pela afirmação de novos parâmetros nas relações sociais vivas em que podemos ter incidência, por exemplo, nas práticas intencionalizadas pelo ambiente educativo da escola, quando temos organização coletiva suficientemente forte para manter a condução do processo pedagógico.

Não temos um acúmulo coletivo suficiente de análise de como as pedagogias burguesas neoliberais têm conseguido trabalhar a subjetividade das novas gerações na direção da cultura política que lhe é própria, a exemplo do tipo de análise feita por Shulgin (2022) sobre práticas de auto-organização de sua época. Elementos da análise feita lá continuam a nos servir de referência, porém temos um desafio próprio de nosso tempo, que é desvelar finalidades, fundamentos e modo de atuar, sobre docentes, estudantes e famílias, das expressões pedagógicas da fase decadente do sistema do capital. Esforços em curso nessa direção de análise precisam ser robustecidos, ampliados e amplamente socializados (cf. Freitas, 2022; Fontes, 2021).

É desafio avançar nas análises da atuação pedagógica dos institutos que se apresentam como liberais – alguns se auto-denominando de "libertários" –, sendo na verdade legítimos arautos do neoliberalismo alguns de acentuado extremismo conservador, como os vinculados à política da "escola sem partido", do "ensino domiciliar" ou da "guerra religiosa" contra o "marxismo cultural" etc. Assim como é necessário destrinchar do ponto de vista pedagógico – e não apenas político geral – as iniciativas que se colocam como defensoras de um capitalismo "civilizado", supostamente mais inclusivo, como as iniciativas do empreendedorismo, da educação financeira desde a infância, da educação para inclusão digital e outras. O uso das tecnologias digitais merece cada vez mais atenção pelo grau de atuação no sistema e o poder de incidência sobre a sociabilidade das crianças e jovens.

Muitas dessas iniciativas assumem discursos ideológicos que podem confundir a quem não os conheça mais inteiramente, já que se colocam contra a forma tradicional de escola, contra os testes padronizados, a favor do respeito à diversidade e à liberdade. Na prática, são defensores da "privatização extrema", da liberdade de uma concorrência sem limites, da supremacia da família sobre a formação das crianças e jovens e da visão de que escola pública é "fetiche socialista" a ser combatido em nome da doutrina capitalista que afinal professam (Vargas e Marques, 2022).[15]

A outra dimensão da crítica de concepção é o que chamamos de "crítica prática", ou a crítica no sentido marxista do termo, que conecta a análise com a afirmação prática, material, do contraponto. Isso quer dizer que as *vivências* de relações sociais que proporcionamos às nossas crianças e jovens precisam ter a *força material* de confronto à concepção veiculada pelos operadores e defensores do sistema do capital, o que exige ações continuadas, discutidas, conscientes. O desafio fica maior à medida que a ostensividade e os meios de veiculação ideológica do capital se amplificam, e porque se percebe na vida cotidiana como os conteúdos da cultura política neoliberal estão sendo incorporados ao imaginário da própria classe trabalhadora. No próximo tópico vamos tratar mais sobre as vivências de contraponto relacionadas à prática da auto-organização.

Mas há *outro nível de incidência cultural do neoliberalismo* que não podemos desconsiderar para compreender as exigências postas à formação política e organizativa das novas gerações com base em nosso projeto histórico. Ela se refere à forma de *sociabilidade* ocultamente acionada não pelos discursos teóricos explícitos, mas como mensagem que as medidas práticas operadas na defesa de interesses econômicos levam a internalizar, desde a infância. Essa "mensagem oculta" tem gerado efeitos perigosos para a humanidade e para o próprio capital que perde o controle do que provoca.

Há em andamento uma assustadora deterioração dos parâmetros básicos de sociabilidade humana que, se não for barrada,

---

[15] Cf. nesse artigo sobre a atuação no Brasil de Institutos como o Mises e o Instituto Rothbard, autoidentificados como "liberais e libertários", ambos a serviço do fim da educação escolar pública. Cf. também postagens do blog avaliação educacional de Luiz Carlos de Freitas sobre isso.

impede a própria abertura das pessoas a uma formação de outra ordem. E, pior, ameaça a vida das pessoas. Atuar sobre as reações humanas contraditórias a esse processo nos exige especial discernimento. Dois aspectos principais dessa mensagem prática da lógica serão destacados aqui pela relação direta com os conteúdos formativos da tarefa educativa da auto-organização.

O *primeiro aspecto* é o da incorporação da lógica do "vale-tudo" como regra que vai se expandindo da economia – vale tudo para salvar o capital das suas crises – para todas as dimensões da vida social. O vale-tudo "vira cultura", tornando-se princípio orientador das relações entre as pessoas, e delas com a natureza e consigo mesmas. Essa postura inclui um traço que se vem acentuando no período histórico mais recente que é o da perigosa substituição da realidade pelo que se pode inventar arbitrariamente sobre ela: "vale" inventar qualquer mentira ou ilusão para defender determinados interesses, seja de ordem econômica, política, científica, interpessoal. O reino das chamadas "notícias falsas" é exemplar da lógica, que é turbinada pelo uso insano das tecnologias digitais associado ao avanço de uma forma de "ciência" que está a serviço "de necessidades perversas" criadas pelas exigências alienadas do capital (Mészáros, 2002, p. 265).

O rebaixamento drástico dos padrões de relacionamento humano a que esse processo leva produz um mal-estar social que precisa ser extravasado de alguma forma. Precisamos ficar atentos às reações manifestadas especialmente pela juventude. Há jovens que têm canalizado sua insatisfação para a participação em lutas e ações comunitárias organizadas por movimentos populares ou para grupos culturais e de formação política. Mas quem nunca teve a referência de organizações coletivas ou de uma vida em comunidade – e isto quer dizer a maioria da juventude hoje – costuma reagir de outra forma: há reações de apatia social e busca de isolamento individual do mundo real, o que é facilitado pela ostensividade do apelo virtual; e há reações ativas, que à primeira vista nos entusiasmam por aparecerem como ações contra o sistema, mas que assumem um caráter de mobilização antissocial, "anti-qualquer-sistema", apregoando a negação da vida política como um todo, em uma "rebeldia sem causa" que assume, consciente ou inconscientemente, a causa da ordem estruturalmente estabelecida e sua desumanização correspondente.

Ressalte-se para nossos objetivos aqui: há reações legítimas ao autoritarismo e ao próprio "vale-tudo" que passam a ter um caráter deslegitimador de qualquer forma de autoridade, inclusive as legítimas, como a de educadores e educadoras conscientes do seu papel em uma relação educativa – que sempre supõe o princípio da autoridade não imposta, mas conquistada pela própria forma de realizar a tarefa de educar.

Quando Shulgin analisou as pedagogias burguesas de sua época, chamou atenção para um tipo de uso da auto-organização escolar para "aliviar o professor de deveres policiais desagradáveis (como supervisão, repreensão, punições, exclusão da escola etc.) e colocá-los nos ombros dos estudantes", quebrando sua coesão. Ele analisava que o objetivo era que possíveis reações a medidas autoritárias não fossem dirigidas aos docentes, porque sendo eles funcionários do Estado, isso representaria "a luta das crianças contra o poder do Estado" e isso era contrário à finalidade de educar executores obedientes às ordens do sistema (Shulgin, 2022, p. 68).

Qual a situação que temos hoje? Para internalizar os preceitos econômicos neoliberais nas escolas e torná-las mais uma possibilidade de negócios, o sistema tem operado para retirar a autoridade dos professores e professoras sobre a condução do próprio processo pedagógico, e isso já repercute na sua desvalorização pelos próprios estudantes e suas famílias, ainda mais reforçada pela precarização de suas condições de trabalho. E embora na lógica privatista haja cada vez menos docentes que sejam "funcionários do Estado", eles continuam sendo os representantes da ordem na escola.

Esse pode ser considerado mais um dos antagonismos que o capital gera contra si mesmo: a quebra da autoridade do Estado não é funcional à ordem capitalista. Já sabemos quão hipócrita é o preceito neoliberal do "Estado mínimo", porque o capital nunca prescindiu do Estado para garantir sua reprodução e menos ainda em tempos de crise abre mão de suas funções econômicas e políticas.

Note-se, entretanto, que essa contradição é um "fio de navalha" também para o nosso trabalho educativo: como alimentar a luta contra o sistema social vigente sem gerar uma postura contra qualquer forma de autoridade e contra qualquer ordem. Porque essa postura implica passar a não ter parâmetros para a luta social e, menos ainda, para a construção do sistema que sucederá o capitalismo, deixando essa tarefa, novamente, para aqueles que concentram hoje o poder de decisão, comandantes da lógica do sistema do capital a que servem e da qual se beneficiam.

Quando defendemos hoje a *auto*-organização dos estudantes, temos o desafio de combater sim o autoritarismo da forma tradicional de escola, mas sem cair na armadilha de reforçar a quebra da autoridade pedagógica das educadoras e dos educadores. E precisamos tornar o mal-estar que a fase atual do sistema está gerando na juventude – e em quem trabalha com sua formação – uma força de organização coletiva para lutar contra *esse* sistema, tendo como finalidade a construção de outra ordem de vida social. Implica, pois, formação política que, sempre vale insistir, inclui avançar coletivamente no estudo das determinações objetivas da realidade social e do que nos induzem a pensar sobre ela.

O *segundo aspecto* a ser destacado é o da exacerbação do individualismo que vai chegando ao limite suportado pelo *ser* humano, que tende à interação cooperativa, e não o contrário, como a visão de mundo capitalista inventou. Quando tratamos antes da atualidade, identificamos o antagonismo criado pelo sistema do capital entre indivíduo e coletivo como uma das questões incontornáveis em nosso trabalho educativo. Isso porque a forma de tratar esse antagonismo define o padrão de relações sociais para as quais se educa e a direção da construção da nova lógica de vida social em que nos inserimos.

A exacerbação do individualismo gerada pelas relações sociais capitalistas vai saindo do controle do sistema e chega a um nível que põe em perigo qualquer forma de vida social. O avanço do individualismo esbarra no impulso próprio ao *ser* – efetivamente – humano, de estabelecer relações sociais que signifiquem acolhimento humano e pertença coletiva, o que novamente precisa de nossa atuação muito bem pensada. As pessoas, desde a infância, sentem necessidade de "tomar parte em algo", pertencer a um grupo, seja ele qual for. Por isso mesmo a organização coletiva – ou a vida em comunidade – é considerada uma das matrizes de formação humana.

Mas em um ambiente social hegemonizado pela cultura política neoliberal, o que se observa como reação humana contraditória ou "efeito colateral" da lógica é a emergência do que pode ser chamado de um "individualismo de grupo". Embora tenha em si um germe inconsciente de crítica à lógica do sistema, degenera para a formação de grupos com uma forma e caráter que reforçam a desumanização e não rompem com a cultura individualista que os gera.

É cada vez mais comum a existência de grupos de jovens, mesmo de crianças, muitas vezes criados e comandados pela via das tecnologias digitais, que podem começar com jogos interativos vinculados ao consumo de produtos ou mesmo de relacionamentos – do tipo "conte sua experiência com nossa marca", aprenda a "aplicar seu dinheiro", "encontre uma companhia". Em alguns casos isso caminha para a criação de grupos – geralmente virtuais e sem coordenação explícita – de realização dos chamados "desafios", que chegam a incluir práticas de automutilação ou outras igualmente perigosas. Há também os grupos criados com intencionalidade política que incitam e "organizam" atos sociais violentos. Muitos desses grupos "evoluem" para participação real em "gangues", organizações de tráfico de drogas, grupos políticos, seitas ou formas de "religião" que alimentam fanatismos, discriminações, violência, alienação.

Esses grupos não são humanizadores, mas, contraditoriamente, trazem para seus membros o sentimento humano de "importar a alguém". E é sobre essa contradição que organizações populares com finalidades emancipatórias têm aprendido a atuar e com as quais as escolas precisam dialogar para pensar em suas intencionalidades organizativas.

É necessário, portanto, fazer um forte e organizado combate ao avanço do individualismo em todas as suas formas, mas esse combate não passa pelo estímulo à participação de nossas crianças e jovens em qualquer grupo, de qualquer forma e, principalmente, para qualquer finalidade. Quanto mais as educadoras e os educadores passam a conhecer cada estudante, sua família, como vive, melhores condições terão de trabalhar pedagogicamente para fortalecer a tendência humana do "tomar parte de algo" na direção de finalidades efetivamente humanizadoras.

Sobre ambos os níveis da incidência político-cultural do neoliberalismo sobre o modo como as pessoas, desde a infância, abordam as questões da vida, é preciso ter presente que essa incidência nunca se dá sem contradições. O sistema, embora tente, não consegue abarcar com sua lógica todas as dimensões da vida o tempo todo. Isso porque o *ser* humano não é inteiramente controlável e previsível e o próprio sistema alimenta "válvulas de escape" para impedir a aceleração da explosão de suas contradições internas: ações de "caridade" em tempos de miséria crescente e de expropriação progressiva de direitos sociais básicos, por exemplo, são necessárias para que o desespero individual não se torne barbárie generalizada e, menos ainda, luta organizada contra o que gera a miséria.

Mas essas ações podem assumir o caráter de práticas de solidariedade humana, de ajuda entre quem sofre com os problemas sociais, de gratuidade de afetos, de relações interpessoais humanizadas que florescem nesse movimento contraditório, com efeitos funcionais – diminuem a tensão social – e ao mesmo tempo perigosos ao sistema: podem ser germe de organizações coletivas de luta e construção. De qualquer modo, as contradições são o terreno sobre o qual emergem as possibilidades de se intencionalizar o contraponto.

E nunca será demais reiterar: o confronto estrutural ao capital se dá no plano da reprodução material da vida, na crítica prática à matriz de produção, à forma social capitalista de trabalho, com antes tratamos. Mas sua lógica funciona constituindo uma forma correspondente de relações sociais em todas as esferas da vida social, do âmbito político às relações interpessoais cotidianas. O enfrentamento precisa então ser feito em todos os âmbitos, mas avançará na direção do confronto capaz de superar a lógica quanto mais se relacione ao seu plano econômico fundante. Daí o destaque que estamos dando à participação das crianças e jovens em atividades produtivas que, mesmo em pequena escala, representem uma crítica prática às relações sociais capitalistas de produção.

Realização prática da auto-organização
e suas intencionalidades

Foi necessário apresentar esse quadro das exigências da atualidade porque ele estabelece parâmetros da concepção de relações sociopolíticas pela qual trabalhar. Essas exigências não se referem somente à tarefa da auto-organização, porém precisam orientá-la. Diante desse quadro, a finalidade posta hoje ao exercício da auto-organização de estudantes na escola é a de confrontar os traços da cultura política neoliberal que têm desumanizado as novas gerações e podem afastá-las da sua missão histórica de *luta* e *construção* de um modo de vida social "para além do capital".

As intencionalidades desse confronto precisam ter por base dois movimentos: o estudo dos fundamentos teóricos da proposição pedagógica da auto-organização e a análise da atualidade – apropriando-se do acúmulo geral que já temos sobre ela e fazendo a análise particular da situação de cada escola e seu entorno. São esses dois movimentos a garantir conjugadamente nos processos de formação de educadores e no planejamento dos coletivos pedagógicos das escolas, com autonomia e em relação com outras organizações de atuação local que participem da construção do plano formativo das crianças e jovens.

A situação posta para as novas gerações hoje exige que sua formação tenha de nossa parte uma direção rigorosa e coletivamente pensada. Precisamos de contundência e perseverança para restabelecer ou estabelecer padrões de sociabilidade e de participação política humanizadores e necessários à preparação de lutadores e construtores. E isso inclui vivências com força material capaz de contrapor o que está posto pela atuação ostensiva do neoliberalismo e que permitam a compreensão teórica das leis que regem o funcionamento geral do sistema social capitalista que precisa ser superado.

Entre nós, a categoria da auto-organização já inspirou diferentes práticas e formulações organizativas, especialmente em escolas do campo que podem contar no seu ambiente educativo e no seu entorno com as vivências organizativas e políticas de movimentos populares com propósitos de luta e transformação social. São nossas referências aqui.

Essas práticas, postas em diálogo com a concepção socialista da auto-organização e considerando os elementos de análise apresentados sobre a cultura política neoliberal, nos permitem sistematizar algumas *intencionalidades práticas* a garantir na realização dessa tarefa educativa nas escolas, conforme a análise a ser feita da situação e das condições objetivas de cada local.

Para as finalidades ainda gerais deste texto, destacamos três grandes intencionalidades práticas nessa direção.

Experiências de trabalho coletivo. Trata-se de atividades que permitam aprender a trabalhar coletivamente e apropriar-se de hábitos e habilidades organizativas, visando preparar uma geração capaz de organizar a produção coletiva.

Uma síntese didática de Pistrak (2018, p. 52-53)[16] nos serve de referência para destacar alguns aprendizados organizativos básicos que a escola pode ajudar a garantir desde a infância, e que se referem à dimensão pessoal e coletiva da auto-organização:

– Habilidades específicas do trabalho coletivo, que incluem a habilidade de cada pessoa encontrar seu lugar no trabalho coletivo; saber dirigir quando é necessário e obedecer quando é preciso; saber tomar decisões a partir da análise da situação e saber cumprir decisões tomadas; habilidades que somente se podem construir

---

[16] Recomendamos a leitura de Pistrak (2018), especialmente o capítulo específico "A auto-organização dos estudantes", p. 221-286, para um detalhamento pedagógico e exemplos bem práticos que nos inspiram a pensar o que pode ser feito em nossas escolas hoje.

pelo exercício continuado do próprio trabalho coletivo e ocupando diferentes posições na sua realização.

– Capacidade de realizar organizadamente cada tarefa assumida; responsabilidade pessoal pelo trabalho coletivo e responsabilidade coletiva pelo trabalho de cada pessoa; habilidade de planejar e de avaliar (sem melindres) processo e resultados de atividades realizadas; plasticidade no ajuste do planejado diante de situações imprevistas; implica desenvolver habilidades de organização a partir da experiência pessoal em diferentes formas organizativas.

– Criatividade organizativa que inclui capacidade de iniciativa própria e reações rápidas diante de problemas encontrados; construção de alternativas para melhor execução das tarefas; apropriação dos meios de produção necessários à criação; essa capacidade criativa somente poderá se desenvolver em condições de suficiente liberdade e iniciativa, inclusive organizativa; com acompanhamento pedagógico sério, mas sem tutela.

Esses aprendizados podem se desenvolver em diferentes formas de auto-organização mediadas pedagogicamente pela escola. Sempre de modo processual e em diferentes níveis de complexidade, determinados pelas condições de cada local: da escola e do seu entorno; das características do grupo de estudantes, do preparo de educadoras e educadores, dos vínculos organizativos da escola e da comunidade onde se insere.

É possível pensar em como intencionalizar a auto-organização em todas as situações e atividades que se realizam na escola ou fora dela, para as quais crianças e jovens podem se auto-organizar para trabalhar coletivamente. Atividades pontuais que, multiplicadas, podem levar a hábitos organizativos e atitudes voltadas ao bem-estar coletivo.

Pode ser a organização de uma festividade, na escola ou na comunidade, um sarau literário, um passeio, idas a campo para fazer o inventário da realidade, visitas a lugares históricos, participação em mobilizações sociais; pode ser a recepção de visitantes ou estudantes novos que chegam à escola, a organização de uma campanha de saúde na comunidade, ou para ativar o uso de livros da biblioteca etc. Tudo que necessite formar grupos, discutir o que fazer, dividir tarefas, avaliar o que foi realizado. E maior potencial formativo terão se levarem a relações com outras organizações sociais, a situações novas, pondo nossa juventude em contato com questões para além do seu cotidiano e do local onde vivem. Nunca será demais reafirmar que a vivência dessas relações mais amplas é fundamental para desenvolver a necessária *visão em perspectiva*.

E podemos pensar em formas mais duradouras e estruturadas de auto-organização conforme se avance na participação de estudantes na gestão da vida escolar e ou na inserção sistemática em processos de *trabalho socialmente necessário* (TSN). As experiências nos mostram que esta é uma intencionalidade mais exigente, tanto de planejamento como de acompanhamento pedagógico. Requer tempos educativos específicos para que sua realização não seja mecânica e sem tratamento formativo devido.

Pela análise feita antes é preciso ressaltar que as finalidades e o conteúdo particular das ações intencionalizadas para o exercício da auto-organização efetivamente importam para que não se caia nos desvios das formas burguesas ou nos antagonismos que a cultura política neoliberal alimenta. A interação entre forma e conteúdo da auto-organização precisa centrar-se no que essencialmente buscamos ajudar a firmar: uma concepção de trabalho social e os traços de uma cultura política emancipatória que se referem, como antes destacado, a padrões de sociabilidade, de participação política e de consciência das relações sociais vivenciadas.

Nessa direção se coloca a importância formativa de vincular a auto-organização com o TSN, nas intencionalidades tratadas na tarefa (capítulo) anterior, e com atividades político-culturais que podem se desenvolver a partir do vínculo da escola com movimentos populares e organizações da juventude.

Chamamos atenção aqui para um exemplo de atividade do tipo político-cultural em que há uma conexão direta entre formação política e organizativa e na qual as escolas podem se envolver ou mesmo ajudar a desencadear. São as atividades da chamada *agitprop*: palavra própria da cultura política socialista, que combina as letras iniciais das palavras *agitação e propaganda*, cujo método de preparação formativa é outro dos legados da cultura política desenvolvida no período inicial da revolução soviética.

O sentido da palavra "propaganda" aqui é bem distinto do uso comercial e alienado do emprego desse termo hoje. Como parte da cultura política socialista, trata-se de um esforço organizado coletivamente de disseminar ideias com propósitos diretamente político-sociais e visando educar para a participação política. Integra o que se costuma chamar de "batalha das ideias", socializando massivamente noções ou compreensões sobre questões fundamentais à vida das pessoas, especialmente da classe trabalhadora.

A característica própria da *agitprop* é a de articular meios de difusão de análises, argumentos, fundamentos das ideias defendidas, por exemplo, via textos, livros (*propaganda*) com intervenções culturais curtas, que geralmente tomam formas artísticas feitas em locais inusitados, com mensagens diretas que chamam a atenção do público, são facilmente compreendidas por todos e visam firmar sínteses orientadoras de ação política (*agitação*). Nos processos de *agitprop*, a propaganda dá a base para a agitação e a agitação dá a base para a organização de ações que realizam as ideias.

Os grupos de *agitprop*, quando funcionam segundo seus princípios originários, têm a auto-organização como método.

Sua ação requer seguir passos que em experiências históricas fortes foram sistematizados como envolvendo a constituição de equipes de trabalho, a preparação política do grupo, a montagem da intervenção, a redação dos textos para uso na intervenção, a escolha das formas de apresentação, que incluem discutir como sensibilizar o público ao qual se destina cada intervenção específica (Lupi *in* Estevam, Camargo e Villas Bôas, 2015, p. 102-116). As intervenções costumam envolver diferentes linguagens artísticas, com destaque a expressões teatrais.[17]

A escola pode estimular e ajudar no acompanhamento pedagógico da participação de estudantes em grupos ou equipes de *agitprop*, bem como tornar conhecido o legado de suas diferentes práticas históricas. E em determinadas situações essas práticas poderão se constituir como um tipo de TSN realizado no entorno da escola envolvendo as crianças: pensemos na força formativa de atividades da campanha contra o uso de agrotóxicos, a favor de uma alimentação saudável, das mobilizações da campanha "fechar escolas é crime!" ou da criação de grupos artísticos que atuem na lógica de participação política que orienta o trabalho de *agitprop*. Atividades iniciadas pela atuação da escola podem levar à criação de coletivos que avancem para uma atuação independente e com os quais ela pode passar a se relacionar.

O avanço para processos de TSN mais sistemáticos exigirá formas específicas de auto-organização coletiva dos/das estudantes, bem como de suas educadoras, seus educadores e essas

---

[17] Cf. em Estevam, Costa e Villas Bôas (orgs.), 2015 diferentes textos sobre a origem histórica, os fundamentos e a descrição de práticas de agitprop, incluindo as experiências brasileiras do Centro Popular de Cultura dos anos 1960 e as mais recentes de movimentos populares como o MST. O texto de Bernard Lupi se refere à experiência alemã. Cf. também em Krupskaya, 2017, o texto "Lenin como propagandista e agitador", p. 211-234.

formas necessariamente terão relação com a estrutura e os processos de gestão do trabalho educativo da escola.

Participação na gestão da escola. Ela se dá em ações que supõem a conquista de uma forma de gestão democrática da vida escolar que envolva o conjunto de seus sujeitos diretos: educadores, estudantes e comunidade.

A gestão da escola, como se entende aqui, se refere ao conjunto de processos que compõem o trabalho educativo escolar em sua realização cotidiana e que implicam *tomada de decisões*, planejamento, distribuição e execução de tarefas, avaliação. Vai além, portanto, de atividades somente "administrativas", com as quais o uso desse termo costuma se vincular.[18] A gestão envolve as atividades de trabalho, de estudo e da construção do todo das relações sociais que constituem o ambiente educativo da escola.

Na forma escolar predominante, a gestão é uma dimensão do trabalho educativo que não deve ser objeto sequer da percepção dos/das estudantes e nem da preocupação do conjunto de educadores. É a parte do "desenho já dado de escola" que, quanto menos consciente, melhor atingirá sua finalidade de reprodução de relações hierárquicas próprias dos padrões da ordem social capitalista. A intencionalidade educativa em uma escola que trabalhe com outras finalidades sociais está em construir na prática uma referência que permita a crítica da forma predominante e o aprendizado "da arte de gerir coletivamente" (Caldart *et al.*, 2013, p. 180-181).

Pensar a auto-organização de estudantes para que tomem parte na gestão da escola supõe interconectar estruturas e processos organizativos distintos e que envolvem diferentes sujei-

---

[18] Cf. uma abordagem histórica e crítica sobre a visão de gestão educacional em Arelaro (2012).

tos. Supõe que também os adultos (o conjunto de trabalhadores e trabalhadoras da escola) estejam organizados coletivamente e que se discuta e explicite que tipo de decisões os/as estudantes podem tomar por sua conta, sem tutela; de quais decisões podem tomar parte e em quais serão apenas ouvidos.

A participação "faz de conta" não forma e pode mesmo deformar sob o ponto de vista da forma social que buscamos ajudar a construir. Especialmente nas etapas iniciais da Educação Básica é preciso discutir no coletivo de educadores "o que pode entrar na esfera das atividades das crianças" (Pistrak, 2018, p. 247) e como processualmente ir ampliando o leque de "problemas escolares" em que os/as estudantes podem ser envolvidos. E em qualquer etapa deve ficar explícito e compreendido por todos o que são decisões próprias das tarefas de educadores – sempre com uma postura de autocrítica de educadoras e educadores, dada a força da cultura política a ser combatida e da qual não são imunes.

E quando a escola avança para criar uma estrutura de gestão que inclui órgãos ou instâncias de participação de todos, é necessária uma vigilância pedagógica coletiva permanente para garantir rotatividade de funções e tarefas, alternância de coordenação, de poder de mando, lembrando que as relações sociais predominantes na sociedade tenderão a prevalecer se não houver intencionalidades de contraponto discutidas amplamente, democraticamente. É preciso exercitar relações de responsabilidades e de tomadas de decisão que descentralizem o poder individual e permitam compreender como se constrói um poder coletivo.

Em escolas de tempo integral ou, ainda mais, em escolas que funcionem em regime de internato, a participação nos processos de gestão da escola pode ser pensada como parte da construção de uma coletividade que vise à condução da vida em comum em todas as suas dimensões, o que supõe diferentes coletivos menores em ação interativa.[19]

Experiências mais complexas – tanto as que produziram a constituição da auto-organização como categoria sociopedagógica[20] como as que se desenvolvem hoje, especialmente em espaços escolares vinculados a movimentos populares, pelos elementos e lições que sistematizam – são referências para pensar o que é essencial garantir, mesmo em processos mais simples e em circunstâncias que dificultem essa construção – como as limitações do tempo escolar, por exemplo.[21]

De qualquer modo, se visamos formar uma cultura política na direção antes indicada, os processos de auto-organização, sejam aqueles desencadeados por atividades pontuais, seja, pelo desafio de participação dos/das estudantes na gestão da escola, precisam integrar o todo da organização curricular ou do plano de estudos da escola. Isso implica garantir tempo específico no cotidiano da vida escolar para que essa participação aconteça em suas exigências básicas de discussão coletiva.[22] Com o cuidado

---

[19] Cf. uma experiência com estudantes do Ensino Médio, jovens e adultos em Caldart *et al.* (2013). Ver especialmente o capítulo 2 da parte 2, "Estrutura de gestão em que todos decidem", p. 171-210. Nessa experiência pedagógica, a forma de participação dos/das estudantes na gestão democrática da escola é entendida como componente básico do seu funcionamento e integra sua organização curricular, sendo sua estrutura de gestão construída a partir de referências de organização política de movimentos populares e organização do trabalho de cooperativas de produção associada.

[20] Cf. especialmente Pistrak (org.), 2009.

[21] Cf. experiências sistematizadas, por exemplo, em Sapelli, Leite e Bahniuk (2019) e Sapelli, Freitas e Caldart (2015).

[22] "É preciso garantir um tempo específico para que [os/as estudantes] se encontrem, discutam, tomem decisões". No processo, os próprios estudantes "encontram e conquistam esse tempo, talvez até em horário extra. Mas, no início, é importante que a própria escola proponha este tempo, para poder criar o hábito da reunião, da tomada coletiva de decisões. Podem ser apenas alguns minutos (de 15 a 30min) por

para não reduzir a participação a rituais formais que no decorrer do tempo se burocratizam, se cristalizam e deseducam.

Esses processos de auto-organização avançam em força formativa quando alimentados por necessidades reais de participação no todo do trabalho educativo da escola e quando trabalhados na direção da constituição de coletivos infantis e juvenis "sólidos e com iniciativa própria" (Pistrak, 2018, p. 273).[23]

Constituição de coletivos. Com eles se visa garantir o exercício real de organização e gestão da vida cotidiana em comum e aprendizados organizativos e políticos mais complexos.

Em todas as formas de auto-organização possíveis na realidade própria de cada escola, as finalidades educativas que a atualidade nos coloca exigem que se caminhe para a constituição de *coletivos*. Coletivos infantis, coletivos de juventude, coletivos de educadores, que por sua vez podem ajudar a construir toda a escola, seu ambiente educativo, como uma *coletividade educadora*, capaz de garantir melhor a realização do conjunto das tarefas educativas tratadas ao longo deste livro.

Mas nem sempre e nem todas as formas de auto-organização de estudantes, e mesmo de sua participação na gestão da escola, resultam na constituição de coletivos, que supõem uma dinâmica estruturada e desenvolvimento ativo contínuo. Por isso entendemos necessário destacar aqui essa intencionalidade específica.

Precisamos distinguir "trabalho coletivamente organizado" de "coletivo" que se forma para ou a partir de realizar o próprio trabalho. Estão ligados, mas não são a mesma coisa. O trabalho

---

dia, ou um pouco mais a cada dois dias ou, a cada semana" (MST, 2005, p. 146). Cf. também sobre isso em Leite (2017), especialmente cap. 4.

[23] No contexto do processo revolucionário soviético, a defesa era contundente: "A posição fundamental por nós defendida é que a auto-organização das crianças na escola soviética sem a existência do coletivo infantil, é um projeto que nasce morto" (Pistrak, 2018, p. 228).

coletivo é uma forma de organizar (ou auto-organizar) a realização de uma atividade ou tarefa específica. Diz respeito à atividade, correspondendo ao seu conteúdo específico e duração. Quando a atividade passa a ser duradoura ou o mesmo grupo realiza atividades sistematicamente, isso gera a necessidade de um coletivo que, embora se defina pelo conteúdo das tarefas que levaram à sua criação, se torna uma referência na vida de seus membros, para além da realização das atividades em si. E esse coletivo pode tomar parte de uma coletividade maior na qual interagem diferentes coletivos menores.

O coletivo é uma "modalidade organizativa" de construção dialética complexa e mais radicalmente formadora. Na síntese de Barata-Moura, o coletivo é "um modo exigente de organização e funcionamento de uma pluralidade de indivíduos para o equacionamento e o desempenho de tarefas determinadas". Mas não deve ser entendido como um "ente", "uma coisa", com "identidade acabada, cristalizada, definida em algum momento de uma vez por todas". Mesmo com estrutura e finalidades que o identifiquem, como coletivo precisa ser entendido muito mais como "*um processo*, no decorrer do qual se forja uma *nova qualidade* de atuação teórica e de intervenção prática" (1997, p. 297).[24]

É esse processo, que envolve tempos, espaços e relações próprias à vida coletiva, que visamos consolidar como cultura polí-

---

[24] Continua Barata-Moura (1997, p. 298): o coletivo "é tempo e lugar de formação e desenvolvimento, não apenas da nova qualidade funcional que lhe corresponde e que nele se engendra, mas também dos próprios indivíduos que, integrando-o, ativamente lhe dão corpo e substância. O real, na sua concreção processual, acolhe tanto a realidade do individual quanto a do coletivo: não porque as justaponha de um modo não-mediado, mas porque ambas dispõem de objetividade ou fundamento material. A materialidade não é apanágio exclusivo nem da individualidade, nem da coletividade. O ser [...] é, histórica e dialeticamente, uno na sua multiplicidade e múltiplo na sua unidade. Não se trata de prestidigitação verbalista; é disto mesmo que na realidade se trata".

tica, e por isso ele precisa ser base das práticas de auto-organização também na escola.

Uma organização interpessoal capaz de discutir e tomar decisões, e mesmo de realizar coletivamente determinadas tarefas,
não dá lugar mecânica ou magicamente a um coletivo. Menos
ainda se for uma "reunião acidental" de pessoas, por exemplo,
estudantes reunidos em uma turma ou classe (Pistrak, 2018,
p. 228). "O coletivo é uma *obra* permanente de constituição e
exercício. Não está pronto nem garantido à partida". Coletivos
não se instituem e sim se criam e fortalecem pela própria "prática de coletivo". E não basta cada pessoa "estar" no coletivo; é
decisivo "como se está" nele. "A *qualidade* específica do coletivo
é *nova*, não porque contenha ou vincule um número maior de
indivíduos, mas porque é expressão funcional (e não meramente
mecânica e abstrata) de uma nova realidade comportamental"
(Barata-Moura, 1997, p. 300).

Quando trabalhamos com crianças e jovens, é ainda mais
necessário compreender que coletivos somente se desenvolvem
quando pessoas "*conscientemente* se unem por determinados interesses que lhes *são próximos*" (Pistrak, 2018, p. 228). E que os
coletivos se estruturam "em torno de um determinado conteúdo
de seu trabalho" (p. 274). Quando buscamos ajudar a criar coletivos infantis, precisamos de uma intencionalidade não apenas
para identificar entre as crianças "uma comunidade definida de
interesses vivos" (p. 54), mas também para saber inspirar nelas
novos interesses, transformando interesses individuais em sentimentos sociais que sirvam de base para a construção de seus
coletivos.[25]

---

[25] "Mais concretamente falando, isto significa infundir conteúdo social nos interesses das crianças, alargá-los e desenvolvê-los, permitindo às próprias crianças a
procura de formas para os interesses já existentes" (Pistrak, 2018, p. 233).

Mas a escola somente consegue dar essa base para a constituição e o exercício de coletivos infantis quando se torna um lugar central na vida das crianças, e não apenas o lugar de ensino,[26] respeitando-se as diferentes dimensões da vida e as características próprias de cada idade (Pistrak, 2018, p. 229). São as questões da vida que fornecem o material básico para o trabalho educativo e é esse trabalho que põe conteúdo para os coletivos escolares.

Um coletivo se caracteriza pelo número de pessoas que o integra, por ter finalidades definidas de atuação, uma estrutura de gestão ou instâncias pelas quais são tomadas decisões e por seguir determinados princípios de funcionamento social, entre os quais, com destaque, o respeito de cada membro às decisões tomadas coletivamente, a igualdade entre seus membros – ninguém se sobrepõe às instâncias – e a distribuição de tarefas entre todos e de poder entre diferentes órgãos ou instâncias.

Quando uma escola vai sendo constituída como coletividade, isso implica diferentes coletivos atuando em relação: de estudantes, de docentes, dos demais trabalhadores e trabalhadoras que atuam dentro ou desde fora da escola. E também coletivos de trabalho compostos de diferentes sujeitos – quando, por exemplo, estudantes e professores realizam juntos determinado trabalho. Tudo isso articulado em uma rede de relações. Essa complexidade tem uma força formativa ímpar do ponto de vista da consciência organizativa e político-social, por isso mesmo precisa estar em nosso horizonte político-pedagógico.

---

[26] "O ensino escolar, como normalmente se conduz, não é próximo às crianças, não as entusiasma, não cria nelas uma exigência interior para o conhecimento; ainda mais se os objetivos deste estudo não estão claros para as crianças. Mas, mesmo que o trabalho educativo seja de alto nível, mesmo assim, não é capaz de criar, por si, suficientes interesses para se ter um sólido coletivo infantil" (Pistrak, 2018, p. 229).

Mas trabalhar com ela requer preparo e discussão sistemática para chegar a uma atuação séria e unitária do coletivo de educadores.

Pensar a escola como coletividade implica ir construindo coletivamente uma estrutura organizativa e de gestão que seja adequada ao tipo de escola: se funciona em turno único, em tempo integral, em regime de internato, com ou sem alternância, se inclui cursos técnicos etc. Também adequada às características de cada faixa etária e que considere as relações políticas e organizativas estabelecidas com seu entorno. E todos precisam aprender que as relações sociais constitutivas da vida em coletividade "não se constroem de uma vez para sempre". São "construídas cotidianamente e orientadas pelos princípios de uma organização que as cultive (Almeida *apud* Caldart *et al.*, 2013, p. 111).[27]

Um destaque merece ser feito, no contraponto à cultura política neoliberal, à importância de garantir uma intencionalidade específica ao exercício do *planejamento coletivo* sem o qual não se instauram, na prática, relações de poder material de outra ordem. Ele é necessário para que todos tenham controle sobre as atividades ou tarefas que realizam e porque decidiram fazê-las, aprendendo na prática sobre a relação entre planejar e avaliar,

---

[27] Cf. um exemplo de estrutura orgânica pensada para uma escola em regime de internato, com alternância entre Tempo Escola e Tempo Comunidade em Caldart *et al.* (2013), especialmente p. 176-194. Essa experiência dialoga também com a noção de coletividade de Makarenko, pedagogo ucraniano, do mesmo período histórico da construção soviética, que a define "como um organismo social vivo, formado por pessoas livres, unidas por objetivos definidos e ações em comum, organizado e dotado de órgãos de direção (ou instâncias), um sistema de atribuições, de responsabilidades, correlações e interdependência entre as partes. Trata-se, pois, de organizar a incidência de formação da personalidade na direção de uma mentalidade cooperativa em uma escola, a partir do desafio de constituí-la como uma coletividade educadora" (Caldart *et al.*, 2013, p. 86).

entre planejamento coletivo e individual e como se rediscute o planejado, quando a realidade assim o exige.[28] Outro destaque necessário é para a qualidade do intercâmbio humano a ser persistentemente buscada, especialmente nas relações sobre as quais o sistema, quando permite tratar, não tem condições de realizar porque fere sua lógica essencial, que é hierárquica e discriminatória.

Estamos nos referindo especialmente à igualdade entre homens e mulheres, ou mais amplamente, à *igualdade de gênero*, substantiva, real, material, pondo em questão a forma de família que serve à "imperiosa necessidade desumanizadora da subserviência consciente ou inconsciente em relação aos valores que emanam da divisão estrutural/hierárquica do trabalho" (Mészáros, 2002, p. 290). Não se chegará à igualdade social substantiva sem mexer nessas relações, daí a importância de cultivar relacionamentos humanos que a projetem. Esse raciocínio pode ser expandido para as relações de igualdade racial ou étnica, pensadas em suas especificidades.

Enquanto vai avançando na construção de seus coletivos internos, a escola pode estimular e de alguma forma acompanhar pedagogicamente – sem dirigir – a inserção das crianças e jovens em organizações coletivas externas à escola, a exemplo de coletivos de infância e juventude dos movimentos populares[29] ou de associações e cooperativas ligadas aos processos produtivos.

---

[28] Não por acaso, no plano da teoria social apologética classista do sistema do capital, F. Hayek, o "cavaleiro de honra de Margar et Thatcher", grande representante política da era neoliberal, escreveu em obra muito destacada, que "o planejamento leva à ditadura" e "quanto mais o Estado planeja, mais difícil o planejamento se torna para o indivíduo" (Mészaros, 2002, p. 280). Em outra obra, Mészáros destaca o planejamento, em sua forma qualitativa e não burocrática, entre as categorias próprias da teoria socialista, pela sua importância na vida concreta das pessoas (Cf. Mészáros, 2009, especialmente p. 264-268).

[29] Cf. sobre ensaios dessa intencionalidade em experiências com as crianças Sem Terrinha em Ramos (2021), especialmente cap. 2 e 4.

E sempre que possível vinculando atividades da escola a esses coletivos, aproveitando o potencial formativo das atividades que costumam realizar e sua experiência de relações de trabalho com adultos, em interface com o todo da atuação das organizações sociais a que se vinculam.

Coletivos de crianças e jovens, quando desenvolvidos, podem atuar de dentro para fora da escola ou, ao contrário, organizados desde fora e vinculados a organizações sociais mais amplas, podem incidir sobre o que acontece dentro da escola e mesmo ajudar a constituir seus coletivos internos e fazer avançar a formação organizativa da juventude (Pistrak, 2028, p. 54). Era o caso no período revolucionário soviético em que a organização dos pioneiros (crianças) e da juventude soviética ajudava a constituir e fazer o acompanhamento formativo dos coletivos de estudantes.[30]

O coletivo é uma modalidade organizativa sem dúvida exigente. Exige empenho pedagógico e uma capacidade de análise sistemática da materialidade posta e da que vai sendo construída. Essa forma de auto-organização põe em questão a forma de relações sociais entre os indivíduos em situações reais de convivência, nem sempre fáceis e para tarefas com objetivos que podem não ter a compreensão prévia de todos. Experiências próximas a nós mostram, porém, que essa intencionalidade prática é possível desde que seus diferentes sujeitos se abram a esse processo formativo e busquem conscientemente superar falsas visões do que seja a individualidade e também visões idealizadas de como acontecem na vida real as relações entre seres humanos.[31]

---

[30] Cf. Pistrak (2018), especialmente no capítulo sobre auto-organização o tópico "O movimento comunista das crianças", e "A juventude comunista", p. 259-286.

[31] "Tantos anos trabalhando com a formação de pessoas com base em processos de constituição de coletividades nos permitem saber que não podemos esperar pela ausência de conflitos entre interesses pessoais e coletivos. Eles são inevitáveis.

É preciso especialmente aprender a trabalhar com conflitos e contradições, que sempre emergem em situações concretas da vida em comum. Saber distinguir antagonismos que impedem a unidade própria do coletivo e as diferenças e divergências que o integram e fazem crescer.[32] "Um coletivo, *como coletivo*, não tolera a existência (estrutural ou definitiva) de antagonismo em seu seio; não é compatível, *como coletivo*, com o digladiamento de interesses *irremediavelmente contraditórios*, porque radicalmente inconciliáveis, no seu interior". Porque isso acaba, cedo ou tarde, destruindo a estrutura funcional do próprio coletivo (Barata-Moura, 1997, p. 302).

Com todas as dificuldades que implica, o esforço dessa construção costuma compensar. Do trabalho efetivamente coletivo resulta, mesmo em termos modestos, uma "plataforma a partir da qual os próprios membros do coletivo assumem o seu viver" (Barata-Moura, 1997, p. 300). Quem participa de uma organização coletiva, simples ou complexa, vai cultivando hábitos, habilidades e, progressivamente, um modo de vida pessoal, que lhe permitem trabalhar cooperativamente e agir de forma organizada diante dos

---

A questão é não fantasiar as relações e a boa vontade das pessoas – 'somos Sem Terra, não somos anjos', costumam dizer os estudantes diante de nosso espanto com alguns de seus comportamentos cotidianos – e ter objetivos formativos que orientem a ação coletiva diante dos conflitos de cada situação" (Caldart *et al.*, 2013, p. 337). Para esta reflexão específica, ler especialmente todo este capítulo 5, da parte 2, "Convivência e coletividade", p. 335-370.

[32] "Respeito pelas pessoas sempre! Reverência abstrata pelas 'opiniões', não! Uma opinião não é um absoluto, não vale em si e por si. O respeito a uma opinião é função de sua solidez, do seu bem-fundado, de seu grau de adequação (a investigar) à materialidade a que se reporta. Uma opinião é sempre relativa, no duplo sentido – objetivo e subjetivo – de que remete para um estado de coisas ou um processo determinado sobre que opina, e também no de que, pelo seu caráter parcial ou provisório, não-concreto, está sempre sujeita a revisão e reformulação, no quadro dialético geral do desenvolvimento do saber e da prática" (Barata-Moura, 1997, p. 303).

problemas e das tarefas de reconstrução social, dando-lhe parâmetros de abordagem para todas as questões da vida.

Por fim, vale ainda destacar: nem todas as formas de auto-organização de estudantes chegarão a formar e consolidar coletivos, e nem todas as escolas têm condições objetivas de funcionar como uma coletividade. Mas não podemos tirar do nosso horizonte pedagógico a finalidade de constituir coletivos cujo potencial educativo ajude na inserção de estudantes da classe trabalhadora em organizações coletivas de luta e construção, na diversidade de conteúdos que nosso projeto histórico exige.

Formas de auto-organização de estrutura mais complexa podem se combinar com formas mais simples e temporárias. A diversidade e variabilidade de experiências organizativas ampliam os aprendizados de flexibilidade e capacidade de análise das formas de organização que cada tipo de tarefa exige. Mas em qualquer uma de suas formas, a auto-organização não pode ser entendida como um "jogo", um exercício artificial, ou não será levada a sério pelos/pelas estudantes.

Somente como necessidade real do processo educativo a auto-organização realiza suas finalidades formativas de origem. E o princípio que permitiu convertê-la em uma categoria sociopedagógica pode ser também compromisso nosso: "nenhuma criança sem assumir alguma forma de auto-organização [...], sem responsabilidade na auto-organização, sem trabalho de natureza organizativa." (Pistrak, 2018, p. 255).

DESENVOLVER UMA *CULTURA CORPORAL* MULTILATERAL SAUDÁVEL

O *desenvolvimento corporal* compõe a totalidade da formação multilateral do ser humano. E a intencionalidade formativa em relação à abordagem e aos cuidados do corpo humano também precisa ser *multilateral* e orientada por uma compreensão alargada de *saúde*. Esta intencionalidade é tarefa educativa da escola.

O corpo humano é uma realidade material, física e uma construção social, histórica e cultural, constituída em relações diversas, contraditórias e em constante transformação. O ser humano que trabalha, se organiza, luta, estuda, cria..., o faz movimentando forças naturais pertencentes à sua corporalidade, "braços e pernas, cabeça e mão" (Marx e Engels, 2020, p. 293), sangue, nervos, hormônios, que agem sobre forças da natureza externas ao seu corpo e com as quais interage, trabalha, luta, como ser natural e social.

Quando nos referimos a um corpo humano saudável, estamos pensando em um estado de bem-estar geral, que é ao mesmo tempo físico, emocional, mental, espiritual, produzido na interação com as condições naturais e sociais do meio em que se vive. Sua base está na qualidade das relações necessárias à manutenção da vida, a começar pelos alimentos que se ingere. As relações entre o ser humano e o todo da natureza podem ser ou não produtoras de saúde, a forma de produzir e consumir alimentos pode desenvolver ou adoecer nossos corpos, assim como as relações de trabalho, a convivência social.

Para nossas finalidades educativas precisamos ajudar a confrontar duas formas principais do modo capitalista de tratar das questões da corporalidade, formas que se contradizem, mas são complementares às finalidades de reprodução do capital e do conjunto da vida social que lhe corresponde.

De um lado o capital busca invisibilizar os corpos das trabalhadoras e dos trabalhadores, para que a degeneração física e mental ou as mutilações e deformações corporais não apareçam como resultados do trabalho explorado e alienado, e da própria ação depredatória do ambiente natural com o qual estes corpos interagem. Além de negar ou não reconhecer as marcas deixadas na forma de desenvolvimento dos corpos, desde a infância, pelos racismos, pela sexualização forçada e por discriminações e violências diversas que se combinam com as relações de exploração que são sua base de sustentação social.

E de outro lado, esse mesmo sistema estimula um culto mistificador dos cuidados "cosméticos" do corpo, como mais um tipo de negócio que "agrega valor" aos corpos como mercadorias. São cuidados ideologicamente prometidos como "felicidade individual" suprema: pode-se até ficar sem alimentos necessários à saúde se for para poder comprar um batom da moda ou fazer o corte de cabelo dos jogadores de futebol mais famosos. Uma mistificação que chega ao ponto de se tomar como referências simbólicas da luta pela livre expressão dos corpos, os próprios padrões capitalistas de consumo estético.

Ambas as formas supõem que os seres humanos concretos se alienem dos seus corpos físicos reais, de suas necessidades humanas de primeira ordem e desconheçam as determinações sociais de sua própria visão de saúde, de estética e de cuidados do corpo. É tarefa educativa trabalhar a formação de uma *consciência corporal emancipatória*, que implica trabalhar pedagogicamente sobre a imagem que cada estudante, cada pessoa tem de si mesma, pela forma como é vista ou reconhecida socialmente. Porque essa forma objetiva, como sentimentos e postura diante das questões da vida, relações de exploração e discriminações contra as quais é preciso aprender a lutar.

Cultura corporal é uma categoria teórica que trazemos aqui com base em formulações da área de *educação física*. E o fazemos a partir de contribuições que têm feito o contraponto às finalidades ainda dominantes nesta área, de preparar corpos para serem explorados como força de trabalho ou para comandar esta exploração e manter a vida social que nela se baseia. A cultura corporal vai se configurando ela própria como uma área de "conhecimento universal" que já se traduz em práticas contra-hegemônicas de educação física em diversas escolas (Soares *et al.*, 2012, p. 33). "Como compreender a realidade natural e social, complexa e contraditória, sem uma reflexão sobre a cultura corporal humana?" (p. 29).[1]

Pensamos que é possível relacionar estas formulações com a noção de "cultura física", usada por Pistrak nos idos dos anos 1920, ao pensar a concepção de educação física no contexto de construção da escola do trabalho politécnica e desdobrando o conhecido "tripé" indicado por Marx em sua compreensão da

---

[1] Para aprofundamento da construção histórica da noção de cultura corporal vinculada a finalidades educativas emancipatórias cf., além dessa obra referida, as publicações do Grupo Lepel-UFBA – Linha de Estudo e Pesquisa em Educação Física & Esporte e Lazer.

educação: educação intelectual (mental), física e politécnica (tecnológica).[2]

Pistrak compreendia a cultura física como um meio de manter o organismo "no equilíbrio do seu desenvolvimento multilateral", parte integrante da educação que deve acontecer na escola e elemento da "cultura geral do trabalho" que precisa estar "no dia a dia durante todo o processo da vida humana" (Pistrak, 2015, p. 164). Dizia ele que a expansão gradual do trabalho na escola, tal como é proposto pelo politecnismo, exige "trabalhar muito e duro na correção apropriada das distorções que podem causar ao corpo um determinado tipo de trabalho, com exercícios e cultura física...". Ele destacava como uma das tarefas da escola o "desenvolvimento multilateral do corpo" que inclui criar hábitos de ginástica corretiva e exercitar práticas coletivas por meio de jogos e atividades esportivas e artísticas exigentes de organização coletiva (p. 163-164).

Pistrak indicava essas dimensões como parte de um "sistema prático da cultura física" que, segundo entendia, ainda não tinha sido elaborado "cientificamente até o final" (Pistrak, 2015, p. 162).

Notem que em ambos os usos, "cultura física" e "cultura corporal", a palavra "cultura" nos remete a algo permanente, sistemático, construído socialmente e que se enraíza, acompanhando as transformações históricas do modo de viver; cultivo prático de movimentos e posturas corporais que se tornam há-

---

[2] "Dizemos que nenhum pai nem nenhum patrão deveria ser autorizado a usar trabalho juvenil, exceto quando combinado com educação. Por educação entendemos três coisas: primeiro: Educação mental. Segundo: Educação física, tal como é dada em escolas de ginástica e pelo exercício militar. Terceiro: Instrução tecnológica, que transmite os princípios gerais de todos os processos de produção e, simultaneamente, inicia a criança e o jovem no uso prático e manejo dos instrumentos elementares de todos os ofícios" (Marx, K. *O capital*, livro I, *in:* Marx e Engels, 2020, p. 362-363).

bitos, princípios de vida cotidiana. Cultivo orientado pela apropriação de conhecimentos que tornam esses hábitos conscientes e intencionalizados na direção de determinadas finalidades sociais e de uma concepção de desenvolvimento humano.

Tratar o desenvolvimento da cultura corporal como tarefa educativa básica da escola reafirma que em nossa concepção de educação não é uma questão menor fazer o combate firme a práticas sociais e hábitos cotidianos que alimentam a degeneração física precoce e o desenvolvimento unilateral e pouco interativo do corpo humano, característica do modo de vida social dominante. Estamos nos referindo à base material a partir da qual a formação humana se realiza e a vida social se constrói.

Entendemos que a noção de *cultura corporal* é mais ampla do que a de cultura física, e por isto nos parece mais adequada para pensar hoje a tarefa educativa da escola em relação ao ser humano como realidade material corpórea, ou sobre como trabalhar formativamente com os corpos concretos de educandas e educandos, com os nossos próprios corpos, preparando-os para práticas sociais humanas de luta e criação.

Partimos do foco na educação física, porém expandindo o olhar para diferentes aspectos do que pode ser hoje entendido como um desenvolvimento corporal saudável. E buscando pensar nas relações que não se percebe imediatamente, como as que existem entre alimentação, qualidade do sono e saúde física e mental; ou sobre como perturbações e sofrimentos psíquicos podem ter sido gerados pela lógica de vida social imposta pelo sistema capitalista e tendem a se manifestar também como adoecimentos físicos. É necessário pensar na *multilateralidade da consciência corporal*, suas determinações e seus efeitos, lembrando que ela inclui o tratamento específico, mas inclusivo e não discriminatório, de distúrbios ou deficiências físicas e de transtornos mentais de diferentes tipos presentes em cada local.

Não pretendemos aprofundar neste texto o tratamento teórico de todas as questões envolvidas na realização concreta dessa tarefa educativa. Há diferentes contribuições que precisamos nos apropriar em processos de formação de educadores. A análise das contradições da atualidade e o conjunto (diverso e divergente) de estudos sobre saúde humana e ambiental e suas relações, bem como as diferentes contribuições das ciências naturais e sociais precisarão ser examinadas mais a fundo para melhor compreender e orientar na prática esse trabalho.

Entendemos que especialmente nossos coletivos de saúde e de educação física, com profissionais de outras áreas, podem nos ajudar a pensar como compor o que talvez seja chamado agora de um *sistema prático e teórico de cultura corporal,* visando um trabalho pedagógico mais integrado a partir de nossas finalidades sociais e educativas.

Buscamos aqui fazer uma síntese, sempre provisória, das *dimensões principais da cultura corporal* a ser orientada pela escola. Orientação a ser feita pela realização de atividades práticas no ambiente educativo da escola e pelos conhecimentos específicos sobre cada dimensão a serem incluídos no plano de estudos e em ações culturais com as famílias e comunidades. Destacamos cinco dimensões a considerar em nossas intencionalidades pedagógicas afirmativas.

1) Exercícios físicos
Trata-se de uma dimensão já bastante discutida e com muitos aportes da área da educação física. Exercícios entendidos como hábitos de movimentação e postura corporal e que incluem práticas da chamada "ginástica corretiva", para a qual já nos chamava atenção Pistrak, de acordo com as atividades gerais que cada faixa etária realize e para atender necessidades ou problemas físicos específicos.

A escola tem a tarefa de educar para que desde a infância sejam incluídos como rotina cotidiana alguns exercícios físicos que previnam ou já corrijam possíveis desequilíbrios corporais pelo tipo de atividades (necessárias) que se realize, ainda que a alternância de tempos em diferentes tipos de atividades seja um objetivo a nunca perder de vista.

Exercícios físicos necessários para compensar o trabalho de várias horas seguidas em atividades produtivas de uma agrofloresta, por exemplo, não são os mesmos para reequilibrar corpos que passem estas mesmas horas em uma máquina agrícola ou diante de um computador. Existem formas de trabalho diretamente degenerativas e que comprometem a saúde de quem as realiza e por isso precisam ser combatidas ou transformadas. Porém, não há atividades que, sendo repetidas por tempo significativo, não precisem ser compensadas, do ponto de vista corporal, com outras atividades ou outros tipos de movimentos físicos.

O princípio a firmar como cultura é o de garantir a movimentação física e a postura corporal necessárias para um desenvolvimento equilibrado de diferentes músculos, diferentes órgãos, circulação sanguínea, sistema metabólico. E hoje já sabemos como é necessário incluir nesta rotina exercícios menos usuais: movimentos diversos e coordenados dos olhos ajudam a manter a saúde visual; exercícios dos músculos faciais ajudam nas funções de fala, na saúde bucal; e cantar também é uma forma agradável de exercitar a musculatura da face, a elasticidade dos maxilares; exercícios de relaxamento corporal e técnicas milenares de meditação ajudam na concentração mental, no controle de distúrbios emocionais, no bem-estar – por isso mesmo precisam ser depurados do invólucro de valores burgueses em que costumam ser apresentados hoje.

Pesquisar sobre o tipo de exercício físico de que necessitamos nos ajuda a identificar degenerações corporais em formas de trabalho ou outras atividades cotidianas que é preciso combater, e especialmente pensando nas crianças e jovens. Assim como esta discussão nos alerta para prejuízos desnecessários à saúde por conta de maus hábitos, por exemplo, o sedentarismo provocado pelo abuso de tempo com celulares, computadores ou outras formas tecnológicas associadas.

2) Jogos, brincadeiras, lutas corporais, esportes coletivos, danças e práticas teatrais

Trata-se de uma dimensão própria para todas as idades e com farto material de estudo e orientação pedagógica. São atividades que trazem com a movimentação física aprendizados organizativos e de convívio social, a livre expressão das emoções e ao mesmo tempo o trabalho consciente sobre elas, a coordenação de movimentos e ritmos variados, o cumprimento de regras acordadas coletivamente, o desenvolvimento de diferentes sentidos humanos e da expressão e consciência corporal.

Precisamos nos apropriar, como educadores e educadoras, de conhecimentos sobre o desenvolvimento histórico das várias modalidades dessas diferentes atividades e compreender seu potencial tanto para o desenvolvimento corporal como para o trabalho com a memória cultural da comunidade ou para ampliação de seu repertório. Esse vínculo social pode ser um dos critérios de escolha das atividades, pensando também naquelas que permitem conexões pedagógicas com o debate das questões étnico-raciais, de gênero e de classe. A capoeira, por exemplo, que é luta e dança ao mesmo tempo, tem sido destacada por este duplo potencial formativo, físico e cultural.[3]

---

[3] "A capoeira encerra em seus movimentos a luta de emancipação do negro no Brasil escravocrata. [...] Seus gestos, hoje esportivizados e codificados em muitas 'escolas' de capoeira, no passado significaram saudade da terra e da liberdade perdida: desejo velado de reconquista da liberdade que tinha como arma apenas

Uma associação rica é a de prestar atenção e reconstituir pedagogicamente os ritmos próprios dos movimentos corporais à vida humana, em seu cotidiano de construção da sobrevivência material, reconstituindo-os na expressão estética da dança. Observar, dialogar e estudar sobre a questão que já motivou pesquisas: "Como o movimento humano se transformou em dança?" (Cf. Guilherme, 2019, p. 21).

Outro critério de escolha das atividades é o de priorizar, especialmente nos jogos e esportes competitivos, práticas coletivas que valorizem mais a solidariedade e a importância da organização cooperativa do que a competição em si.

Esses tipos de atividades precisam ser intencionalizados pedagogicamente pela escola, porém sem dissipar seu caráter lúdico, prazeroso, de diversão, porque isso reduziria boa parte do seu potencial formativo. Vale lembrar que divertir-se, no sentido originário do termo (do latim *divertere*), de dirigir a atenção para diferentes objetos ou dimensões, conseguindo vivenciar momentos de distração do que seja seu foco central de ocupação, é um aprendizado que compõe uma formação humana multilateral saudável.

Aqui também a auto-organização dos/das estudantes pode fazer especial diferença na realização desse tipo de atividade cultural. Inclusive para garantir momentos de discussão coletiva sobre aspectos dissonantes de algumas atividades em relação a nossas finalidades formativas, especialmente sobre aquelas bastante entranhadas na cultura popular, mas cuja lógica de reali-

---

o próprio corpo. Isto leva a entender a riqueza de movimento e de ritmo que a sustentam, e a necessidade de não separá-la de sua história, transformando-a simplesmente em mais uma 'modalidade esportiva'..." (Soares *et al.*, 2012, p. 59). Nesta obra cf. orientações para atividades nesta dimensão e na anterior, considerando as características das diferentes idades e o trabalho ao longo da Educação Básica.

zação atual encarna fortemente valores e relações capitalistas. É o caso do futebol, por exemplo.

3) Hábitos e escolhas alimentares

Esta é uma dimensão que merece nosso especial destaque, porque nem sempre é associada à discussão sobre cultura corporal. O modo de comer está na base do desenvolvimento de um corpo saudável e requer intencionalidades formativas da escola, especialmente para fazer o contraponto à investida cada vez mais ostensiva das grandes empresas que dominam o *negócio da comida* (cf. Esteve, 2017).

A alimentação se refere à ingestão de nutrientes necessários ao nosso corpo, aos alimentos que contêm e podem nos fornecer estes nutrientes, a como são preparados e combinados entre si, ao modo de comer e às dimensões culturais e sociais das práticas alimentares. É este todo que influencia as condições de saúde das pessoas. E uma alimentação "adequada e saudável deriva de sistema alimentar socialmente e ambientalmente sustentável" (cf. Brasil, 2014, p. 15-18).[4]

A questão alimentar está em maior evidência hoje pelas contradições mais visíveis no modo capitalista de produção dos alimentos que tem degenerado seu valor nutricional, impedido o acesso da maioria da população a produtos de qualidade real, além de manipular culturalmente as escolhas alimentares. Isto quando escolher é possível, porque a fome é realidade trágica que recrudesce entre nós na proporção do aumento galopante das desigualdades sociais.

---

[4] Este *Guia Alimentar* é considerado uma das elaborações mais avançadas em relação a conhecimentos, recomendações e dicas práticas de uma alimentação saudável. Tem sido referência para nossos coletivos de saúde e educação. Acesso pela internet: www.gov.br/saude/pt-br/assuntos/saude-brasil/publicacoes-para-promocao-a-saude/guia_alimentar_populacao_brasileira_2ed.pdf/view

Ressalte-se que o combate à fome é pressuposto de qualquer iniciativa de educação alimentar, porém não podemos cair na armadilha de pensar que para "matar a fome" serve qualquer alimento. Este tem sido o argumento ideológico para manter formas de agricultura que destroem o ambiente e não resolvem o problema da fome.

A escola precisa participar ou provocar lutas e iniciativas da comunidade pela produção e pelo acesso a alimentos saudáveis, que incluem água potável e ar puro. E ter uma orientação prática firme e fundamentada no combate a hábitos que podem degenerar de forma irreversível a saúde das novas gerações. Assim como pode ajudar a firmar princípios de uma cultura alimentar saudável. Gostos se educam, hábitos se formam, escolhas podem orientar-se por conhecimentos sobre os alimentos e sua função no corpo humano.

Para orientar, é necessário conhecer a base da relação dos/das estudantes e suas famílias com a comida, inclusive se há ou já houve situações de fome ou dificuldades de acesso a alimentos adequados. Hoje temos à disposição farto material que pode subsidiar a construção coletiva do trabalho da escola, orientar o próprio *inventário* dos hábitos alimentares das famílias e a discussão sobre a cultura alimentar da comunidade.

A escola ajuda a orientar a cultura alimentar tanto pelo que faz como pelo que discute e estuda com as/os estudantes e com a comunidade. Todo processo da alimentação ("merenda") escolar que vai da origem dos alimentos que a compõem até a organização das refeições, passando pela escolha, combinação e preparo dos alimentos, pode fazer parte da intencionalidade de difusão de informações e conhecimentos sobre alimentação. Por isso mesmo não podemos permitir que este processo seja alheio à comunidade e à própria escola, pela "terceirização" ou por outras formas que impeçam a participação coletiva e crítica na definição da origem, na escolha dos alimentos e na organização do seu preparo.[5]

Em um resumo geral, podemos dizer que a orientação da escola sobre a alimentação inclui travar alguns combates e firmar alguns princípios.

São *combates prioritários* hoje: contra a produção e o consumo de alimentos contaminados por agrotóxicos e insumos sintéticos; contra o consumo de alimentos ultraprocessados, como "salgadinhos de pacote", refrigerantes, doces artificiais, margarina...;[6] contra a padronização alimentar imposta pelas indústrias, que leva a comer muito de poucos tipos de alimentos, padronização que vem apagando a memória perceptiva e cultural de nossas comunidades e reduzindo o leque das escolhas alimentares, mesmo de quem ajuda a produzir alimentos diversificados; contra excessos alimentares e contra vícios de qualquer tipo, incluídos tabaco, álcool, remédios e drogas

---

[5] É também das escolas a luta pelo fortalecimento e pela ampliação do Programa Nacional de Alimentação Escolar, que, pela lei n. 11.947 de 16 de junho 2009, determinou que pelo menos 30% dos recursos repassados pelo Fundo Nacional de Desenvolvimento da Educação (FNDE) a estados, municípios e distrito federal sejam utilizados na compra de alimentos diretamente fornecidos pela agricultura familiar, dando prioridade aos assentamentos de reforma agrária e às comunidades indígenas e quilombolas.

[6] No *Guia Alimentar de 2014* (Brasil, 2014), há uma classificação dos alimentos conforme seu grau de industrialização: alimentos in natura, alimentos minimamente processados, ingredientes ou temperos culinários, alimentos processados e alimentos ultraprocessados. Os ultraprocessados são aqueles que envolvem etapas e técnicas de processamentos que diluem os nutrientes naturais e incluem ingredientes artificiais, muitos deles danosos à saúde humana. Biscoitos industriais, "salgadinhos de pacote", macarrão instantâneo, gorduras hidrogenadas, refrigerantes e outras bebidas super adoçadas ou adoçadas artificialmente. Devem ser evitados porque além de não alimentar, e por isto induzir ao consumo excessivo, fazem mal à saúde pelos seus ingredientes sintéticos e ao meio ambiente pela sua forma de produção. As crianças podem ser ótimos combatentes deste mal se forem orientadas sobre isto. Neste *Guia* há informações detalhadas para fundamentar os combates indicados.

diversas. Vale realçar aqui a importância do combate à "medicalização da infância" (Rezende, 2018), que cada vez mais transforma o diagnóstico de "problemas de aprendizagem" em um negócio tão potente para a indústria farmacêutica quanto danoso à saúde de crianças e jovens, causando problemas e não resolvendo os que se detecta.[7]

E são *princípios* a serem recuperados e especialmente cultivados: a variedade ou diversificação dos alimentos, considerando locais e épocas de produção e os conhecimentos disponíveis sobre as diferentes características nutricionais de cada um; o hábito de priorizar os alimentos *in natura* ou minimamente processados; a criatividade e a diversidade no uso dos ingredientes culinários; a valorização de quem prepara a alimentação; a convivência afetiva nas refeições – lembremos que a alimentação é uma forma de comunicação social e com a natureza, e isto tem forte potencial formativo.

Esses princípios terão expressões culturais diversas e, sim, consolidam determinados "padrões alimentares", mas na medida do bem-estar que produzem e não do lucro que podem garantir às empresas do agro ou do comércio de alimentos. E estes padrões alimentares ajudam a confrontar na prática também o padrão capitalista de "medicalização da vida" (Rezende, 2018), que precisa ser substituído justamente pelo de-

---

[7] Sugerimos a leitura deste artigo e suas fontes, feito a partir de um trabalho de conclusão de curso de Janaína Rezende que analisa os dados alarmantes do que tem sido o crescente uso de remédios por crianças e jovens, resultante de diagnósticos do chamado "transtorno do déficit de atenção e hiperatividade" e sua relação com os interesses da poderosa indústria farmacêutica, inclusive patrocinadora da produção de materiais que induzem profissionais da educação e as famílias a encaminhar estudantes com "problemas de desempenho escolar" para profissionais da saúde treinados para prescrever tratamentos medicamentosos completamente descolados da visão de totalidade das questões comportamentais e de aprendizagem. Medicamentos que, além de não atuarem sobre os problemas reais, causam danos irreversíveis à saúde.

senvolvimento saudável da cultura corporal em todas as suas dimensões.

Destaque-se ainda como o dar-se conta do caminho dos alimentos desde o início de sua produção até chegar à mesa de refeição é uma das formas simples e potentes de materializar o estudo do trabalho humano na escola.[8]

4) Sexualidade, diversidade sexual,
relações raciais e de gênero

Esta dimensão se refere a formas diversas de expressão corporal e de formação de nosso *ser* humano. Envolve questões reprodutivas e de saúde corporal, assim como questões do respeito à *diversidade da orientação sexual e de gênero*, às *relações raciais* e às *relações de gênero*. Sobretudo, é uma dimensão que precisa ser tratada como uma questão humana, com todas as conexões que isso abarca.

Tomamos como referência reflexões de nossos coletivos e grupos de estudo sobre raça, saúde, gênero e diversidade sexual que têm buscado analisar essas questões de forma articulada e com base em uma visão histórica e de totalidade do ser humano. Eles também têm elaborado indicações sobre como abordá-las nas escolas e em outros espaços formativos. Aqui apenas indicamos aspectos que nos ajudam a compor a tarefa educativa da escola nessa dimensão, sem pretender dar conta de todo espectro de formulações e debates que essas questões envolvem na atualidade.

A *sexualidade* compreende aspectos biológicos, afetivos, emocionais e culturais. Integra o ser humano como ser natu-

---

[8] Cf. indicações pedagógicas sobre o assunto no Caderno de Educação em Agroecologia, "De onde vem nossa comida?", 2. ed., Expressão Popular, 2016. E no *Boletim da Educação do MST* n. 13, "Alimentação saudável: um direito de todos", dezembro 2015. Cf. também Cadernos de Agroecologia n. 1, "Plantar árvores, produzir alimentos saudáveis", MST, 2020.

ral e social, acompanhando-o, ao longo da vida, em formas e vivências específicas a cada ciclo etário. Sua expressão diversa precisa ser compreendida na relação com todos os aspectos da vida das pessoas: história de vida, crenças, valores, sentimentos, diversidade de vivências sociais, formação política, ideológica, cultural. Estamos convocadas a discutir uma questão tão antiga quanto atual: "Se a sexualidade é parte de nossa vida, por que falar de sexualidade é tabu? Por que é uma questão perigosa em nossa sociedade, por que temos tanto medo de abordar esta questão?" Tanto na escola como em outros espaços? (MST, 2017, p. 3).

Preste-se atenção sobre a relação dessa pergunta feita em nossa época com a problematização presente em trabalhos como o de Eleanor Marx, uma das precursoras do debate sobre "a questão da mulher de um ponto de vista socialista". Em um documento histórico escrito por ela em 1885 lê-se:

> Nunca pode haver um momento em que a mentira deva ser ensinada sobre qualquer função do corpo [...]. Para nós, parece que os órgãos reprodutores devem ser discutidos entre pais e filhos tão francamente, tão livremente, quanto o aparelho digestivo. Opor-se a isso é apenas uma forma do preconceito vulgar contra o ensino da fisiologia, um preconceito que encontrou sua expressão mais verdadeira em uma carta recente de um pai a uma professora do Conselho Escolar. 'Por favor, não ensine a minha menina nada sobre ela por dentro. Isso não lhe acrescenta nada de bom, e é desrespeitoso'... (Marx e Aveling, 2021, p. 36-37)

Quantas e quantos de nós – o documento pergunta e nós podemos nos perguntar ainda hoje – não sofremos com condutas semelhantes de pais e professores?

A emergência das discussões sobre diversidade sexual e de gênero, que integram hoje a abordagem da sexualidade, além de uma questão de direito humano, precisa ser compreendida como um contraponto à imposição de um modelo único de vivência da sexualidade, das relações de gênero, de família. Imposição que é fruto da herança de relações patriarcais e escravocratas, que articulam heterossexismo,[9] discriminação racial e desigualdade de gênero, agora sob a forma determinada pelas relações capitalistas de produção.[10] O combate ao heterossexismo, aos racismos e machismos é parte das lutas anticapitalistas da atualidade.

Há um modo capitalista de tratar essa dimensão da cultura corporal que precisa ser desvelado e confrontado a partir de nossa concepção de ser humano e de nossas finalidades educativas. Modo que, ao mesmo tempo, reprime certas expressões da sexualidade e promove uma superexposição sexual dos corpos, tratando-os como mais um objeto mercantil que implica exploração e alienação, mascarada de "liberdade" sexual. E que promove a "racialização" dos corpos como um ingrediente potencializador dessa exploração.

Ao pensar, portanto, nossas intencionalidades formativas, é preciso estar atento para não cair na armadilha ideológica atual do neoliberalismo, que passa a incorporar no seu discurso "bandeiras identitárias" descolando-as das questões de classe e das lutas estruturais contra o sistema social que determina a forma de desigualdades e discriminações que as produziram. E sem pretender mexer nos fundamentos das relações patriarcais que incidem sobre gênero e sexualidade: a propriedade privada e a divisão sexual do trabalho

---

[9] "Heterossexismo é a atitude de preconceito, discriminação, negação, estigmatização ou ódio contra toda orientação sexual que não seja a heterossexual, expressa de forma sistêmica" (Mariano e Paz, 2021, p. 26, nota 3).

[10] Sobre a construção histórica das relações patriarcais de gênero e a imposição social da heterossexualidade, e suas relações com os pilares da exploração capitalista do trabalho, cf. o verbete do *Dicionário de Agroecologia e Educação*, "Diversidade sexual e de gênero" (cf. Alves, Assunção e Paz, 2021, p. 315-319). No mesmo *Dicionário*, o verbete "Feminismo camponês e popular" (cf. Seibert, Guedes e Mafort, 2021).

(Alves, Assunção e Paz, 2021, p. 316). Por isso mesmo é que se torna necessário abordar essas questões não apenas como afirmação de "identidades", mas como "consciência coletiva" que as compreende como "conteúdos da luta de classes" (Mariano e Paz, 2021, p. 59). É tarefa educativa da escola ajudar no desenvolvimento livre e saudável da sexualidade e na construção de relações humanas pautadas pela igualdade social, pelo respeito à diversidade sexual, racial, de gênero, religiosa, entre gerações e pela vivência da afetividade e da corporalidade que permitam a realização do *ser* humano. Nessa direção, entendemos que algumas ações são prioritárias, visando aqui abordar essa dimensão como parte de uma cultura corporal saudável:

– incluir a dimensão da sexualidade no acolhimento humano de que tratamos na primeira tarefa educativa da escola: seu ambiente educativo precisa ser pensado de modo que os/as estudantes sintam que podem ser e expressar o que são e que tenham liberdade de discutir suas dúvidas, sensações, seus medos, sentimentos, de modo que certos tabus, crenças, posturas possam ser problematizadas e, se for o caso, superadas coletivamente;

– trabalhar diretamente e conforme as necessidades de cada idade os cuidados e a prevenção de problemas de saúde relacionados à gravidez precoce, aos abusos sexuais, às doenças sexualmente transmissíveis, as implicações do descolamento entre relações afetivas e sexuais, à exploração sexual dos corpos;

– acessar informações e trabalhar como conhecimento os aspectos biológicos do corpo humano sexuado, as questões reprodutivas, as formas de vivenciar e expressar a sexualidade,[11] suas diferenciações em cada ciclo etário, a diferença entre identidade de gênero e orientação sexual, a construção histórica, política e cultural das

---

[11] Cf. a distinção entre heterossexualidade, homossexualidade, bissexualidade, pessoas transgêneros em Mariano e Paz (2021) e Nogueira, Hilário, Paz e Marro (2018).

relações de gênero e da vivência da sexualidade, o que é patriarcado e sua relação com os pilares das sociedades de classe, o que é e como se expressa a LGBTfobia,[12] assim como é preciso "pautar o debate racial" na escola, nas famílias, na comunidade, colocando em evidência como as relações entre questão agrária, questão étnico-racial e antagonismos de classe se manifestam no dia a dia das relações sociais (cf. MST, 2018b, p. 5);

— visibilizar e discutir explicitamente e coletivamente as questões que aparecem no dia a dia da escola, das famílias, das comunidades, sobre práticas machistas e racistas, de violência e abuso sexual, de discriminações, de quebras de autoestima, de relações desiguais de gênero, de raça, entre gerações...;

— prestar atenção e tratar especificamente das implicações da racialização e sexualização dos corpos e dos racismos e exploração sexual que delas decorrem sobre o desenvolvimento e a consciência corporal de estudantes, assim como de seus educadores, suas educadoras;

— buscar formas e linguagens diversas que ajudem a desnaturalizar todas as expressões de preconceitos e a tomar posição pelo combate a qualquer forma de violência, física ou simbólica, motivada por preconceitos e discriminações de raça, gênero, orientação sexual e de gênero ou outras.[13]

5) Uso adequado de tecnologias digitais de comunicação

Essa é uma dimensão posta pela realidade social de nossa época, em que se expande e amplifica velozmente a produção

---

[12] O termo "LGBTfobia" tem sido usado para designar práticas de "lesbofobia, homofobia, bifobia, transfobia, que significam aversão, repugnância, ódio, preconceito que algumas pessoas ou grupos nutrem contra as LGBT" (Mariano e Paz, 2021, p. 40, nota 12).

[13] A leitura de obras literárias pode ajudar imensamente no debate dessas questões. Por exemplo, a obra *O avesso da pele*, de Jeferson Tenório (Companhia das Letras, 2020) que trata de forma potente e atual a discriminação racial, ou os livros de Conceição Evaristo, por exemplo, *Insubmissas lágrimas de mulheres* (Malê, 5ª ed., 2020) e sua forma de tratar a conexão entre a questão racial e a de gênero.

e o uso descontrolado de dispositivos digitais. Para um tratamento adequado da questão no âmbito educacional é preciso considerar que, assim como os agrotóxicos ainda movem o "negócio da agricultura" ou as rações ultraprocessadas (falsamente apresentadas como alimentos) impulsionam o "negócio da comida", hoje a exposição insana de crianças e jovens às telas (TV, videogames, computadores, celulares, redes sociais etc.) turbina o "negócio das telas" ou da indústria digital capitalista, que gera lucros bilionários aos donos "do negócio".

Há quem se refira ao que está acontecendo como uma verdadeira "orgia digital" a que irresponsavelmente se está expondo a infância e juventude de hoje, sem que se tenha suficiente entendimento das consequências que isso pode trazer à vida presente e ao desenvolvimento humano de crianças e jovens que passam a ter no uso desses dispositivos o centro de suas atividades cotidianas (Desmurget, 2020).[14]

O debate sobre o uso de tecnologias digitais na educação, em seus diferentes níveis e com todas as idades, tem sido feito sob vários ângulos e inclui a contribuição de estudiosos de diferentes áreas, merecendo cada vez mais a nossa atenção como educadoras e educadores. Aqui chamamos atenção apenas para aspectos ligados à tarefa educativa da escola relacionada à cultura corporal de nossas crianças e jovens. Mas não nos parece demais destacar uma vez mais que nossas finalidades educativas não têm como se

---

[14] Michel Desmurget é um neurocientista francês que tem estudado essa questão. Aproveitamos aqui informações que trouxe em uma entrevista à BBC News Mundo em 30 de outubro 2020, que acessamos pelo blog Avaliação Educacional do prof. Luiz Carlos de Freitas: https://www.bbc.com/portuguese/geral-54736513 (acesso em 2 de setembro 2022). Cf. outros estudos sobre o assunto que vêm sendo disponibilizados ou indicados por esse blog. E fica como sugestão de leitura o livro de Desmurget mencionado na entrevista, já editado em português: *A fábrica de cretinos digitais. Os perigos das telas para nossas crianças* (Vestígio Editora, 2021).

realizar "nas telas". A formação de lutadores e construtores precisa de relações sociais reais e de suas contradições vivas.

Já há estudos alertando para danos no desenvolvimento cerebral causados pela exposição continuada às telas. Segundo Desmurget (2020), observa-se que o tempo gasto diante de uma tela para fins recreativos atrasa a maturação anatômica e funcional do cérebro em várias redes cognitivas relacionadas à linguagem e à atenção.

O cérebro não é um órgão "estável". Suas características "finais" dependem das experiências vividas. O mundo em que se vive, os desafios enfrentados, modificam tanto a estrutura quanto o funcionamento de diferentes regiões do cérebro, e algumas delas se especializam, algumas redes sendo criadas e fortalecidas e outras perdidas; algumas se tornando mais densas e outras mais finas (Desmurget, 2020). Nem todas as atividades alimentam a construção cerebral com a mesma eficiência, portanto. O neurocientista destaca que a leitura, a arte e os esportes têm um potencial de estruturação e nutrição do cérebro muito maior do que o uso das telas.

Estes estudos, por abordarem problemas recentes, não podem ser tomados como conclusivos. Mas, principalmente no trabalho educativo, o mínimo a que nos convocam é a observar o que vai acontecendo ao nosso redor e a ter bom senso. Não se trata de negar ou ser contra o uso dessas tecnologias, porém é preciso discutir coletivamente na escola, e com as famílias, critérios e limites para esse uso, ficando atentos às evidências de riscos que o avanço dos estudos e debates esclarece.

De qualquer modo, não é difícil de perceber o quão pouco saudável pode ser para o desenvolvimento de uma cultura corporal multilateral um tipo de atividade que, quando exagerada, diminui significativamente as interações sociais vivas – essenciais para o desenvolvimento da linguagem e o cultivo das emoções – e o tempo dedicado a outras atividades humanamente mais enriquecedoras. É um exagero que leva ao sedentarismo e a perturbações do sono, a distúrbios de concentração, memória e aprendizagem etc.

Além disso, é necessário realçar o alerta que tem sido feito por estudiosos da comunicação social sobre perigosas manipulações da subjetividade e de comportamentos sociais e políticos que têm hoje as telas como ferramentas. Efeitos na saúde mental se combinam com tentativas cada vez mais ostensivas de formação de "hábitos" (comportamentos automáticos), via "persuasão psicológica por meio de tecnologias digitais" (Bentes, 2022, p. 6). Estudos como esse da pesquisadora Ana Carolina Franco Bentes da UFRJ mostram um aumento surpreendente de pesquisas patrocinadas por empresas visando táticas psicológicas para manter seus produtos na mente dos usuários de computadores e outros aparatos digitais (p. 3).[15]

É efetivamente assustador o uso que se está fazendo da tecnociência para manipular e controlar comportamentos políticos e de consumo próprios à manutenção das relações sociais capitalistas, que incluem tentar impedir a revolta da juventude contra o sistema.

O que já nos parece possível firmar como parte da tarefa educativa da escola:

– o combate à exposição exagerada e inútil das crianças e jovens (bem como de suas educadoras e seus educadores) às redes sociais e ao consumo excessivo de conteúdos das telas;

---

[15] Vale conferir nesse artigo (Bentes, 2022) sobre as "técnicas de captura de atenção" e os diferentes mecanismos de influência psicológica sobre comportamentos que articulam avanços da tecnociência com os antigos experimentos behavioristas, alertando em relação aos efeitos sobre a saúde e sobre os comportamentos de polarização política que têm sido realçados em nossa época.

– um regramento do tempo de uso desses dispositivos, considerando a indicação praticamente unânime dos especialistas em saúde: o mínimo necessário em qualquer idade e o menor tempo possível para as crianças;

– o acompanhamento permanente dos efeitos que o uso das tecnologias digitais vai trazendo e a discussão coletiva na escola sobre mudanças de comportamento que se perceba para evitar que se chegue a vícios de consumo;

– o estímulo a atividades que melhor desenvolvem o cérebro, como a leitura, a fruição e a criação artística, o trabalho intelectual e a prática de esportes diversos;

– a garantia da aprendizagem de habilidades e ferramentas básicas de informática para que o uso principal não seja para recreação e sim para a busca de informações necessárias e para comunicação entre as pessoas nas situações em que o uso desses dispositivos possa facilitá-la ou garanti-la.

O combate contra o abuso de exposição às telas é uma das novas lutas a ser assumida, especialmente por quem trabalha na área da educação, pelo bem do desenvolvimento corporal e humano em geral de nossa infância e juventude. Sem que se espere "perder uma geração" para os efeitos perversos do uso mercantil descontrolado e insano de tecnologias que são sim expressão da criatividade humana, mas cujo uso descontrolado aliena e inibe os atos humanos de criação viva.

Em todas essas dimensões da cultura corporal há alguns princípios comuns: diversidade, parcimônia, discernimento que vem pela consciência do próprio corpo e das determinações sociais e culturais de hábitos que temos, de escolhas que fazemos. Trata-se de desenvolver uma visão de totalidade e combater os excessos em qualquer plano. Não fazer exercícios faz mal para nossa saúde; fazê-los em excesso também. Jogos ajudam no desenvolvimento corporal, mas em exagero podem atrapalhá-lo. Não comer mata; comer demais ou comer só certo tipo de alimento também pode matar. A sexualidade é expressão de vida saudável, mas absolutizada, reprimida ou abusada deturpa nossa humanidade. E a justeza do respeito à diversidade não está em cada uma de suas expressões particulares tomadas em si mesmas, e sim no todo das situações reais em que esta questão emerge e a formação humana se realiza. O uso das tecnologias digitais pode ajudar na comunicação e na rapidez do acesso a informações do que acontece no mundo, mas o uso exagerado e descontrolado degenera a cultura corporal multilateral saudável.

Na base de todas essas dimensões precisa estar o conhecimento sensível do próprio corpo combinado ao estudo científico sobre o funcionamento sistêmico do corpo humano – que já tem avançado pelo trabalho integrado de diferentes ciências ou disciplinas científicas. Isso permite compreender as relações que os olhos físicos não podem ver, porém, que o pensamento desvela; relações metabólicas internas e com os demais seres e componentes da natureza com os quais o corpo humano interage, tenha ou não conhecimento sobre isto. Quanto mais se aprende a perceber e se conhece o próprio corpo e a natureza toda de que é parte, mais se amplia a forma como compreender o mundo e se colocar diante dele em qualquer momento da vida.

Note-se que integra o movimento contraditório da atualidade um número crescente de pesquisas que, movidas pelas emergências de uma lógica de vida humana cada vez mais insustentável, vão rompendo as barreiras do modo reducionista e mercantil de fazer ciência, dominante nas sociedades capitalistas. Sua abordagem passa a desvelar as conexões entre os componentes físicos, químicos e biológicos e os componentes sociais da produção de uma cultura corporal saudável, assim como as relações entre a "saúde dos ecossistemas" e a saúde humana.[16] As escolas precisam estar atentas para incluir esse tipo de abordagem no seu plano de estudos.

Nesse mesmo movimento está o estudo do desenvolvimento histórico das diferentes expressões corporais, o que trabalham, como se complementam no desenvolvimento multilateral físico, emocional e mental do nosso corpo como um todo.

---

[16] Cf., por exemplo, a abordagem da relação entre saúde e ecologia feita pelo biólogo Richard Levins em Levins e Lewontin (2022), capítulo "Como Cuba aderiu à ecologia", p. 433-458.

REALIZAR ATIVIDADES QUE GARANTAM A APROPRIAÇÃO DAS *BASES DA CRIAÇÃO ARTÍSTICA* NA DIREÇÃO DE UMA *"CULTURA COMUM"*

Partimos da compreensão de que arte e cultura compõem a matriz formadora do *ser* humano. Com a afirmação desta tarefa educativa queremos frisar o papel da escola em relação a essas dimensões que, por serem próprias da vida social, o são também da formação humana. Focamos na especificidade do trabalho pedagógico com a arte, pelo seu imenso potencial formativo, porém consideramos necessário firmar a ligação entre arte e cultura. Isso sem confundi-las nem desligá-las da totalidade social e humana que as conecta, assim como conecta entre si todas as tarefas educativas.

A visão que nos orienta não situa a arte em um mundo isolado, de contemplação abstrata da vida e sim a entende como parte da produção material da cultura, por sua vez parte da totalidade movida e conformada por determinadas relações sociais de produção e reprodução da vida social como um todo. A arte é parte da matriz formadora da cultura que se produz desde experiências da vida cotidiana e sobre elas incide. E os processos culturais se vinculam a processos naturais e sociais de cuja materialidade depende a criação e a educação estética pela arte e para além dela. A arte não se produz, pois, fora da história nem deve ser posta acima ou abaixo da história humana concreta.

Outras dimensões da matriz pedagógica da cultura aparecem no conjunto das tarefas educativas da escola. Lembremos que na tarefa anterior usamos a expressão "cultura corporal", assim como podemos falar de uma "cultura organizativa", "cultura política", "cultura artística".

O objeto desta tarefa educativa que agora vamos tratar tem uma especificidade um tanto difícil de destrinchar. Há um emaranhado conceitual que reflete posições diferentes e às vezes opostas sobre os próprios termos nela envolvidos: arte, cultura, estética, sensibilidade, imaginação criadora etc. Saber algo sobre a história de certas "palavras-chave", especialmente daquelas com múltiplos e contraditórios sentidos e usos como essas, mas das quais não podemos abrir mão, nos ajuda a não cair em armadilhas de concepção que nos desviem de nosso projeto formativo mais amplo. A linguagem, em suas formas e modos de comunicação, integra a própria força formadora da cultura e os sentidos aos quais as palavras remetem podem desvelar ou ocultar as conexões reais constitutivas dos fenômenos a que se referem.

Tratar desse desenvolvimento histórico não é o foco deste texto. Porém, vamos trazer ao longo dele, geralmente na forma de notas, alguns elementos histórico-conceituais necessários para compreensão de nosso objeto.[1]

---

[1] Sobre elementos históricos do uso e das transformações de sentido destas palavras, consultamos e sugerimos a leitura de Williams (2007). Especificamente sobre "imaginação criadora" cf. Vigotski (2018).

Também não é nosso objetivo dar um tratamento teórico mais acabado ao conjunto das questões que esse objeto envolve. Existe um vasto acúmulo de elaboração e debates sobre a produção da arte e da cultura, a educação estética, os efeitos da alienação, própria às relações sociais de produção capitalistas, sobre acesso, fruição e criação artística, e mesmo sobre a hostilidade à arte que é própria do capitalismo, ao mesmo tempo que contraditoriamente proporciona o seu desenvolvimento. Assim como existem múltiplas formulações sobre aspectos sociais, psicológicos e pedagógicos da imaginação criadora com os quais a atividade artística guarda relação. Esse material deverá ser examinado com rigor nos processos de formação de educadores.

Sem, portanto, pretender dar conta desse debate, menos ainda de fechá-lo, o que apresentamos aqui é uma *síntese de compreensão* – por suposto, em aberto – que nos permite estabelecer os contornos da realização prática desta tarefa educativa e justifica identificá-la como específica entre as tarefas essenciais da Educação Básica.

Ao tratar do trabalho educativo da escola, temos destacado a necessidade de garantir que os/as estudantes se apropriem das *bases* da ciência e da arte, duas grandes formas de conhecimento produzidas pelo desenvolvimento histórico contraditório da humanidade. Nesta tarefa, o foco é a arte – pensada no geral de suas diferentes formas –, e a pergunta que vai orientar nossa síntese é a seguinte: *quais são as bases do modo de conhecer a realidade que é específico da criação artística e como se garante a apropriação dessas bases na Educação Básica?*

Apresentamos *quatro balizas de compreensão* para enfrentar essa pergunta, sem a pretensão de esgotar o conjunto de questões que ela envolve.

1. Entendemos a arte como uma atividade que expressa e produz o ser humano

Como atividade própria à natureza humana, a arte é uma forma específica de objetivação do ser humano natural e social.[2] Tem como base a mesma materialidade de outras atividades de trabalho humano: produz obras que exteriorizam *forças essenciais humanas* e expressam – detendo em si – um tipo de apropriação ou de conhecimento da realidade.

Sob relações sociais de produção que tragam a marca do trabalho alienado, a produção artística sofrerá seus efeitos, embora sua natureza específica, quando realizada, sempre guardará traços de uma forma de objetivação não alienada. Objetivação cuja base pode ser a dos próprios materiais disponíveis na realidade da alienação social. Daí o grande potencial crítico emancipatório da arte. E por isso o caráter "antiartístico" da lógica capitalista de produção, fundada que é na alienação.

Com base em uma visão materialista, dialética e histórica da totalidade social fica mais fácil de entender que a produção artística não é apenas um "enfeite" supérfluo da vida, como alguns a tratam, mas sim completa a essência dinâmica do ser

---

[2] A palavra arte existe em algumas línguas pelo menos desde o século XIII, e no seu sentido originário se refere a qualquer tipo de habilidade de trabalho. Até por volta do século XVI, as palavras "artista" e "artesão" tinham substancialmente o mesmo significado, depois passando a designar também habilidades relacionadas a atividades intelectuais e, em particular, às ciências. As chamadas "artes úteis" passaram a ser designadas por outro termo especializado: tecnologia. Essas distinções históricas entre os diversos tipos de habilidade humana estão relacionadas tanto com as mudanças na divisão prática do trabalho quanto com as mudanças nas definições práticas dos propósitos do exercício da habilidade. Principalmente as mudanças inerentes à produção capitalista de mercadorias. Houve uma "especialização defensiva" de certas habilidades e propósitos, não determinados pela troca imediata, base formal da distinção entre arte e indústria, entre belas-artes e artes úteis (cf. Williams, 2007, p. 60-62).

humano.[3] Por sua grande significação humana e social, *não pode deixar de ser questão também da teoria pedagógica*. A arte integra a matriz formativa que tem por horizonte o reencontro histórico com a omnilateralidade do ser humano, ou seja, com o livre desenvolvimento das forças essenciais humanas. E esse desenvolvimento inclui a forma particular de conhecimento da realidade que a criação artística nos proporciona.[4]

Estamos, pois, no mesmo âmbito que orienta nossa visão do todo das tarefas da escola, ou seja, o *princípio educativo do trabalho*, quando pensado em seu sentido geral de mediação entre o ser humano e o todo da natureza que ele integra, visando atender as diferentes necessidades do processo de *humanização*. A arte precisa, portanto, ser tratada pedagogicamente como *práxis humanizadora*. E sua especificidade requer, sem que se caia em

---

[3] Karl Marx, que não tinha a arte como seu objeto central de pesquisa e elaboração, acabou dando contribuições muito importantes para a compreensão da especificidade formativa da arte. E isso por sua sensibilidade apurada e a visão de totalidade da vida social que foi constituindo ao estudar, pela via da ciência, o modo de produção capitalista. Mészáros, tratando da teoria da alienação, nos chama a atenção de que Marx "foi o primeiro a disparar o alarme para a alienação artística, em sua poderosa análise das condições que envolvem o artista...". Percebeu as implicações do desenvolvimento capitalista sobre a produção artística bem antes que se tornassem tão visíveis como são agora. Cf. Mészáros (2006, p. 172), capítulo VII, "Aspectos estéticos". Para Marx, diz Mészáros, a arte é "algo da maior significação humana e, portanto, também teórica"... (p. 173-174). Marx e Engels participaram ativamente dos debates sobre a produção artística, com especial ênfase na literatura, pela qual eram ambos apaixonados. E as formulações sobre estética a que chegaram integram sua teoria geral do conhecimento. Cf. uma seleção de textos sobre sua concepção de arte em Marx e Engels (2012).

[4] "Se renunciamos ao conhecimento que a arte – e somente a arte – pode nos proporcionar, mutilamos a nossa compreensão da realidade. E como a realidade de cuja essência a arte nos dá a imagem é basicamente a realidade humana, isto é, a nossa realidade mais imediata, a renúncia ao desenvolvimento do conhecimento artístico e, por conseguinte, a renúncia ao estudo das questões estéticas acarretam a perda de uma dimensão essencial da nossa autoconsciência" (Konder, 2013, p. 25).

uma visão isolacionista ou purista da arte, formas próprias de intencionalidades formativas para que se realize como apropriação, ou fruição, e como criação.

Nosso trabalho educativo na escola precisa ser planejado de modo que a dimensão humanizadora própria da arte passe a ser incorporada à vida cotidiana de todas as pessoas em todas as atividades. Nem todos produzirão obras de arte, porém todas as pessoas poderão experimentar sentimentos e conhecimentos proporcionados por elas, assim como terão condições de "pôr arte" nas diferentes atividades que realizam, e chegar ao gozo estético em diversas dimensões de sua vida humanamente ativa.

Do ponto de vista da formação humana projetiva de uma nova forma de vida social, nosso principal objetivo é que a criação artística seja "transformada numa atividade na qual os indivíduos sociais se engajem tão prontamente como o fazem na produção dos bens necessários à reprodução das condições da sua vida", o que requer transformar radicalmente as relações atualmente existentes entre produção e consumo da arte (Mészáros, 2006, p. 192-193). Trata-se de um desafio histórico grandioso que a escola pode ajudar a realizar se tomá-lo como parte das tarefas educativas básicas que realiza.

2. A especificidade da arte está nas finalidades de sua produção, na forma de transformar a matéria trabalhada e de conhecimento que produz e comunica

É característica do ser humano "sentir o que sofre", ou seja, o que experimenta pelos sentidos, "ao contrário da chapa fotográfica, que é totalmente indiferente ao objeto cujo reflexo incide sobre ela" (Mészáros, 2006, p. 181). Como "um ser sensível objetivo, o ser humano é, portanto, um ser *que sofre* e, porque sente o sofrimento, um ser *apaixonado*. A paixão [...] é a força essencial do homem [ser humano] tendendo energicamente para o seu objeto" (Marx, 2015, p. 377). Por isso, é próprio da práxis humana a necessidade e a possibilidade de construir significados para as suas experiências e relações com o mundo natural e social. Assim como é característico do ser humano apropriar-se subjetivamente da realidade objetiva em que essas relações se realizam, em formas diversas de consciência, de conhecimento, expressas em diferentes linguagens.

Nenhuma forma de apropriação da realidade, entretanto, prescinde da atividade sensível, que conecta sentidos, sofrimento, sentimento, paixão. Mas é somente o conjunto das formas de conhecimento que pode nos levar – ou nos aproximar de modo mais completo – à apropriação da totalidade e à realização de nosso *ser* humano.

Essa compreensão exige combater tradições culturais que hierarquizam as diferentes formas de conhecimento e costumam atribuir à arte uma posição inferior, exatamente pela sua forte e explícita ligação com o sensível. É preciso entender que não é apenas no pensar e sim "com *todos* os sentidos" que o ser humano se afirma humanamente no mundo objetivo, apropriando-se dele (Marx, 2015, p. 351). A capacidade humanizadora da arte e a forma de apreensão do mundo que a criação artística permite não devem ser nem subestimadas, nem absolutizadas. Compreender isso é necessário para melhor lapidar nossas intencionalidades educativas nesse campo.[5]

---

[5] Vale realçar, com Leandro Konder: "O desenvolvimento da faculdade de pensar por meio de conceitos não acarreta a atrofia da faculdade de sentir: o homem [ser humano] se humaniza tanto no raciocínio como na sensibilidade. Pensando as coisas de maneira mais correta, ele as compreende melhor e pode senti-las com maior profundidade. E, desenvolvendo a sua capacidade de senti-las concreta e claramente, enriquecerá a sua reflexão a respeito delas." (Konder, 2013, p. 39).

Apreender a especificidade da arte implica entender a base material e a dialética natural-social que compõem a construção histórica dos sentidos humanos. Os sentidos têm uma base natural que constitui sua "essência peculiar" ou o modo de cada sentido se relacionar com os objetos reais.[6] Ao mesmo tempo, os sentidos se realizam já com as "marcas da atividade humana", social, ou seja, "relacionados com objetos cada vez mais humanamente configurados", que então se tornam especificamente humanos (Mészáros, 2006, p. 182). A objetivação é necessária tanto para fazer *humanos* os *sentidos* como para "criar *sentido humano* correspondente a toda riqueza do ser humano e natural" (Marx, 2015, p. 353).

A variedade e riqueza dos sentidos humanos, sem perder sua base natural primeira, correspondem à riqueza infinita dos objetos com os quais esses sentidos se relacionam. Na clássica formulação de Marx: "só a música desperta o sentido musical do homem [ser humano], tal como para o ouvido não musical a mais bela música não tem *nenhum* sentido". Porque para sentir um objeto é necessário um sentido correspondente a ele, humana e socialmente desenvolvido. "Somente pela riqueza objetivamente desdobrada da essência humana é em parte produzida, em parte desenvolvida a riqueza da sensibilidade *humana* subjetiva – um ouvido musical, um olho para a beleza da forma, somente, em suma, *sentidos* capazes de fruição humana, sentidos que se confirmam como forças essenciais *humanas*". E não são somente os cinco sentidos físicos, "mas também os chamados sentidos espirituais, os sentidos práticos (vontade, amor etc.), numa palavra, o sentido *humano*, a humanidade

---

[6] "Para o olho, torna-se um outro objeto do que para o ouvido. A peculiaridade de cada força essencial é precisamente a sua essência peculiar, portanto também o modo peculiar da sua objetivação, do seu ser vivo real, objetivo." (Marx, 2015, p. 351).

dos sentidos", que se realizam "pela existência do *seu* objeto, pela natureza *humanizada*". "A *formação* dos cinco sentidos é um trabalho de toda a história do mundo até hoje" (Marx, 2015, p. 352).[7]

O pleno desenvolvimento humano dos sentidos tem sido impedido ou sobremaneira dificultado pelos processos de alienação social que caracterizam a forma histórica do trabalho capitalista. Sua lógica leva a uma visão individualizada e utilitária de tudo o que existe, reduzindo a variedade, a riqueza e a complexidade da própria construção histórica dos sentidos humanos. Sob a lógica do capital, todos os sentidos ficam alienados no "sentido do *ter*" (Marx, 2015, p. 350). A absolutização da apropriação privada e do uso utilitário individual e imediato de tudo, embora pareça enriquecimento, leva, na realidade, ao crescente empobrecimento da "essência humana", ou seja, da realização do *ser* humano, natural e social.

A emancipação humana, que somente virá, substantivamente, pela superação da propriedade privada, motor da alienação, será também "a completa *emancipação* de todos os sentidos e qualidades humanas" (Marx, 2015, p. 350).[8] Esta emancipação

---

[7] "Exemplos como 'ouvido musical' e 'senso mineralógico' indicam o caráter múltiplo dos objetos a que se referem. O mesmo objeto apresenta muitas características – por exemplo, a beleza do mineral em contraste com as suas propriedades físicas comercialmente exploráveis ou seu valor mercantil – que só se tornam reais para o indivíduo se este possuir a sensibilidade (isto é, o 'sentido mineralógico', o 'ouvido musical' etc.) para percebê-las. Os sentidos verdadeiramente humanos são caracterizados pela mais alta complexidade. A posse dos olhos não é suficiente para captar a beleza visual. Para isso, é preciso possuir o sentido da beleza. Os sentidos humanos estão interligados não apenas uns com os outros, mas também cada um deles com todas as outras potências humanas, inclusive, é claro, o poder do raciocínio. Somente em virtude dessas interligações é possível o sentido da beleza." (Mészáros, 2006, p. 183).

[8] "A propriedade privada nos fez tão estúpidos e unilaterais que um objeto só é nosso se o tivermos, portanto, se existir para nós como capital, ou se for imediatamente possuído, comido, bebido, trazido no corpo, habitado por nós etc.; em

é uma possibilidade posta pelo caráter humano e social que esses sentidos e essas qualidades foram assumindo ao longo da história da humanidade, com as contradições que a movem.

A superação da desumanização é, afinal, a razão última da luta e construção socialista, desafio que se torna mais urgente à medida que vai se confirmando historicamente a tendência do capital de maximizar a alienação e, portanto, de levar a desumanização ao limite do que a humanidade pode suportar. Por isso é necessária a relação entre o trabalho educativo com a arte e o desafio de confrontar a desumanização e superar a alienação em todas as esferas da vida social.

A arte é uma atividade humana cuja produção visa atender necessidades criadas e transformadas historicamente pelo cultivo da *capacidade humana de sentir*. Na atividade artística, a dimensão da sensibilidade está no centro e com intensidade máxima, embora não de modo exclusivo e nunca sem a mediação de outras formas de conhecimento, de consciência. A habilidade própria de um artista consiste em transformar/laborar a apropriação sensível da experiência em uma *forma* que a expresse como *sentimento* possível de ser "experimentado" por outros seres humanos, sem que lhes seja necessário "sofrer" diretamente a experiência material que a produziu. Esta experiência, mesmo estando muito distante no tempo e no espaço, será revivida por uma forma específica de "consumo" da arte produzida a partir dela.

Vale destacar que não se produz arte apenas para o deleite próprio do artista. A reação às obras integra o sentido da criação artística. É uma das marcas sociais da criação. Também na arte a necessidade do consumo impulsiona a necessidade da produção. Na

---

resumo, usado. Embora a propriedade privada apreenda todas essas realizações imediatas da própria posse [...] como meios de vida, e a vida, a que servem de meio, é a vida da propriedade privada de trabalho e capitalização" (Marx, 2015, p. 349-350).

criação artística, o "consumo", porém, não se realiza pela posse da obra – menos ainda pela propriedade privada dela – e sim pela *sensibilidade* que torna possível usufruí-la. Trata-se da chamada *fruição estética*,[9] que vai se tornando mais plena à medida que se cultivem socialmente – humanamente – os sentidos naturais humanos.

Firmemos, então, a compreensão da especificidade de que aqui se trata. A *finalidade* da criação artística não é o estudo racional de uma determinada realidade, mesmo que sempre acione o pensamento e possa mobilizar conhecimentos teóricos vários para a sua realização. O que move essa forma de criação é a necessidade ou o objetivo de produzir e comunicar uma interpretação sensível sobre experiências humanas, seu objeto principal. Esse é um modo de apropriar-se delas, de torná-las conscientes. Interpretação subjetiva determinada por uma realidade material objetiva e sempre feita com base em um ponto de vista histórico e social, mas nem sempre com a intenção ou consciência de estar tomando posição diante do que trata.

O *modo de trabalhar sobre o material da realidade* que o artista dispõe ou seleciona é transformá-lo recriando-o sob outra forma material – que é então criação –, em uma linguagem que

---

[9] Importa ter presente que estética é outra palavra que sofreu transformações contraditórias de sentido. Na sua origem grega, aisthesis quer dizer "percepção sensorial" ou "sensibilidade", fazendo referência às coisas materiais, isto é, "as coisas perceptíveis aos sentidos, distintas das coisas imateriais ou que somente podiam ser pensadas". Progressivamente foi mais associada à criação especializada da arte e se firmou conceitualmente como referência ao estudo formal (científico ou filosófico) da sensibilidade artística na relação com determinada visão de beleza e de arte. Ao mesmo tempo, há um uso comum do termo referindo-se às "questões de aparência e de efeitos visuais" (Williams, 2007, p. 155-157). Cf. também sobre a palavra sensibilidade, p. 366-369. Como elaboração teórica, a estética é "um conceito burguês, no sentido histórico mais literal, criado e nutrido pelo Iluminismo", o que não lhe tira um potencial contraditoriamente emancipador e por isso tem sido reapropriado pelas correntes que visam pensar a formação humana nessa direção (cf. Eagleton, 1993, p. 12).

é, ao mesmo tempo, própria à subjetividade do artista e fruto do uso de meios de produção cultural, em certa medida universais, porém sempre históricos, isto é, próprios de uma época e cuja apropriação é condicionada socialmente. Essa recriação, menos ou mais fiel ao real, mais ou menos "fantástica" ou imaginada, é sua forma de apropriação ou de *conhecimento* da realidade.

Se a criação chega a um produto "artisticamente adequado", permitirá que outras pessoas se reconheçam na experiência humana que está sendo significada e se apropriem sensivelmente do conhecimento da realidade que essa criação produz, tocadas pelos sentimentos que ela lhes suscita, ao conectar-se com sua própria subjetividade socialmente construída.

Em comum com a forma científica de conhecimento – sobre a qual trataremos no próximo capítulo –, a arte busca captar e comunicar o essencial da experiência humana ou de uma determinada realidade que é seu objeto. Entretanto, diferente da ciência que faz essa busca pelo pensamento racional e por um método analítico, abstraindo o essencial em uma forma teórica, a arte é uma forma de conhecimento ou de apropriação da realidade em que se visa "tornar sensível a essência" (Lukács, 2012, p. 28). E a criação artística faz isso materializando o essencial apreendido da realidade, em uma forma singular, individualizada dos fenômenos que podem ser apresentados como traços de um desenho, combinação de cores, de sons, ritmo de rimas, de gestos, tipo de narrativas etc. O produto dessa criação será diferente daquele gerado pela forma científica de conhecimento, porém poderá compor o todo de compreensão da mesma realidade.[10]

---

[10] É essa compreensão que permite considerar, por exemplo, as obras literárias de Machado de Assis, destacada expressão da literatura brasileira, como necessárias fontes de estudo da História do Brasil do século XIX.

Do ponto de vista do seu *processo de produção*, a especificidade da arte ou do que possa ser considerada uma criação "artisticamente adequada" está no *modo de conexão entre sentimento e pensamento* que torna sensível a essência do que se busca representar ou interpretar, pela construção de uma unidade dialética entre *forma* e *conteúdo*. Não há forma sem conteúdo que a exija. Mas "o conteúdo só atua por causa da forma". A forma organiza o material sobre o qual o artista trabalha de modo a organizar, por sua vez, os sentimentos de quem a recebe, permitindo que a mensagem da obra seja comunicada. Em outros termos, a forma permite que o conteúdo ganhe maior significado e ambos, em unidade, aumentam nossa capacidade de ver e sentir (Candido, 2018, p. 22).

As experiências humanas realizadas em circunstâncias naturais, sociais, culturais, concretas são o conteúdo específico da criação artística. Somente experiências culturalmente fortes e adequadamente selecionadas, sobre as quais trabalha a conexão sentir-pensar, permitem chegar a uma forma artisticamente adequada. Forma dada ao material trabalhado que consegue ao mesmo tempo expressar e provocar emoções, e permitir a apropriação do conhecimento que a obra produz e propicia sobre a realidade, como processo e relações em que situações ou experiências apresentadas se realizam, seja de modo intencional, seja inconsciente.

A conexão entre sentimento e pensamento, necessária para unificar conteúdo e forma da arte – no sentido de que a distinção continua existindo, porém, sem deixar-se perceber na sua fruição –, é busca disciplinada, habilidade construída e não pura inspiração. A construção da forma artística requer o desenvolvimento humano dos sentidos e, ao mesmo tempo, o trabalho racional do artista para chegar à adequação da forma. Ela aciona o repertório de conhecimentos gerais que o artista detém ou pesquisa, incluindo a apropriação "dos elementos materiais das linguagens artísticas (a cor, o som, a imagem, a palavra)" e envolve o acerto "espiritual" da expressão formal que os combina (Konder, 2002, p. 214).[11] É assim que o ritmo musical de um hino nos evoca a imagem de uma luta coletiva, uma rima pode nos trazer de volta um sentimento romântico ou que pinceladas "desferidas com a fúria física do manejo de um martelo, de um machado ou de uma foice" deixam sulcos na tela do pintor capazes de nos fazer sentir a força do trabalho vivo (Martins, 2022, p. 5).[12]

Esse processo costuma incluir o chamado "suplício da criação", isto é, o sofrimento e a angústia de não conseguir dar forma ao sentimento que comunica o conteúdo de que se trata. Algo que a apropriação técnica das linguagens artísticas, embora necessária, está longe de conseguir resolver ou explicar.

Às vezes, quando nos deparamos com a "leveza" ou "singeleza" de determinadas obras de arte, temos a sensação de que elas são produto de "pura inspiração". O trabalho mais árduo de refinamento artístico fica subsumido, quando na verdade sem ele a obra

---

[11] Para aprofundamento, cf. nessa obra referida o capítulo 20, "Ideologia e arte". Para Konder, a questão da forma está presente em todas as batalhas vencidas pela criação artística (Konder, 2002, p. 215).

[12] Esse autor está analisando o desenvolvimento da pintura de Van Gogh (1853-1890). Segundo ele, de "objeto de interesse ou motivo preferencial, herdado e reelaborado a partir da tradição realista holandesa, a potência corporal do trabalho converteu-se [...] para Van Gogh, em princípio estético fundamental. Apesar de instalado em plena belle époque (um fruto macabro do genocídio social), o pintor passou a conceber o ato de trabalho como a capacidade de dar à arte sua regra (a exemplo do trabalho em geral que confere ao mundo como um todo e a todas as coisas feitas a sua medida mais efetiva). Esse novo patamar, fruto da determinação recíproca, em âmbito estético, das noções de arte e trabalho, suscitou em Van Gogh uma reflexão acerca da arte e da subjetividade autoral que veio inscrever a pintura entre outras práticas de transformação da matéria mediante o esforço humano" (Martins, 2022, p. 4-5).

não nos levaria a essa sensação.[13] O poeta Mario Quintana costumava contar sobre os muitos dias de trabalho de lapidação que ficavam entre o impulso criador da primeira versão de um poema e aquela que considerava pronta para divulgação. Em certo momento descreveu esse esforço na própria forma poética: "É preciso escrever um poema várias vezes para que dê a impressão de que foi escrito pela primeira vez" (Quintana, 2012, p. 125). E isso vale também para chegar a um estilo literário em textos de qualquer natureza, a exemplo do processo de escrita de Marx.[14]

A forma artística surge pela atividade do artista sobre sua própria subjetividade, que por sua vez se refere ao repertório de conhecimentos que possui e à intensidade de suas experiências de vida social. E a subjetividade que faz a ligação entre artista, obra e quem a recebe não precisa ser individualista, intimista ou narcisista. Assim como não precisa ter uma "fidelidade" reta à realidade material do que trata. A "fidelidade" relevante para a arte é a expressão sensível da realidade humana, sempre contraditória, apreendida em suas circunstâncias social e historicamente situadas.

Na concepção de arte que encontramos em Marx e Engels, uma obra será tanto mais artisticamente forte se alcançar uma expressão *realista* de relações humanas e experiências significativas em sua época, permitindo o entendimento das moti-

---

[13] Um exemplo é a impressão que nos causa o consagrado e singelo "poeminha do contra" desse poeta gaúcho: "Todos esses que aí estão/atravancando o meu caminho,/eles passarão.../eu passarinho!" (Quintana, 2012, p. 170).

[14] "Marx foi um escritor: deixou uma obra imponente. Esta obra constitui um corpus científico, um tecido teórico. Mas este corpus, além da sua ossatura conceitual, possui uma musculatura expressiva – o tecido teórico foi urdido com fios literários concretos. O sistema científico está sustentado por um sistema expressivo. Em Marx, este sistema expressivo inclui, ou é, um estilo literário. É literário porque, assim como a poesia abarca um espaço que vai mais além dos versos e se estende na prática a muitos tipos de linguagem, do mesmo modo a literatura, como tal, como conceito e como prática, ultrapassa as obras de ficção ou imagética e se estende por todo o largo campo da escritura..." (Silva, 2012, p. 11).

vações e do sentido social das ações humanas em situações históricas concretas. Na interpretação de Marx que faz Mészáros, a "adequação artística" equivale a "realismo", não compreendido como uma "tendência artística", mas como "a reprodução artisticamente adequada das relações múltiplas e em constante transformação nas quais o homem [ser humano] se encontra" (Mészáros, 2006, p. 180).[15] A "fidelidade" relevante para a arte, analisa Mészáros, diferenciando o realismo do "naturalismo trivial", é a fidelidade na representação da realidade humana. O que determina se um artista é ou não "realista", nessa concepção, "é aquilo que ele seleciona de uma massa de experiências particulares para representar a realidade, histórica e socialmente específica" (p. 177-178).[16]

Foi essa visão de realismo que levou Engels a afirmar em carta à escritora inglesa de romances, Margaret Harkness, datada de 1888, o que se tornou uma síntese de referência: "o realismo

---

[15] "Os mestres inimitáveis da arte grega são grandes realistas, assim como Balzac. Não há nada, estilisticamente, comum a eles. Mas apesar dos séculos, das barreiras sociais, culturais, linguísticas etc. que os separam, eles podem ser reunidos num denominador comum porque, de acordo com os traços específicos de suas situações históricas, eles alcançam uma descrição artisticamente adequada das relações humanas fundamentais de suas épocas. E por isso podem ser chamados de grandes realistas" (Mészáros, 2006, p. 180). "Na obra de arte realista, todo objeto representado, natural ou feito pelo homem [ser humano], deve ser humanizado, isto é, a atenção deve ser focalizada sobre a sua significação humana, de um ponto de vista histórica e socialmente específico. [...] O realismo, em relação aos seus meios, métodos, elementos formais e estilísticos, está sujeito a mudança, porque reflete uma realidade em constante transformação, e não estática". O que se mantém, e com isso nos permite aplicar este termo geral à avaliação estética de obras de diferentes épocas, é que "o realismo revela, com propriedade artística, as tendências fundamentais e conexões necessárias que estão com frequência profundamente ocultas sob aparências enganosas, mas que são de importância vital para um entendimento real das motivações e ações humanas das várias situações históricas" (p. 177-178).

[16] Cf. uma análise das possibilidades realistas em obras da literatura brasileira e portuguesa em Yoshida (2018).

significa reproduzir caracteres típicos em circunstâncias igualmente típicas" (Engels, 2012, p. 67).[17] Esse *típico* não corresponde ao tipo médio ou imediatamente real. Ele é o que nos permite conhecer, artisticamente, a realidade ou que nos passa uma visão de como a realidade toda é. Mas não porque seja o retrato direto de uma situação que efetivamente aconteceu ou acontece ou porque o personagem é tal e qual uma figura que realmente existe, e sim porque concentra em uma figura imaginada um conjunto de traços extraídos de várias figuras ou situações reais. Essa figura é criada de um modo que ela poderia existir na realidade e por isso consegue nos fazer sentir e pensar como era ou é o real, por exemplo, a vida social de uma época ou como age uma classe, um grupo.[18]

---

[17] Disse isso comentando sobre os personagens da obra literária que estava analisando: "A Senhorita apresenta os primeiros com muito realismo nos marcos que atuam, mas não poderíamos dizer o mesmo das circunstâncias que os rodeiam e os levam à ação. Em *A city girl*, a classe operária aparece como uma massa passiva, incapaz de valer-se por si mesma, que não procura nem tenta superar esta passividade. [...] Se isto era verdade em 1800 e em 1810, ao tempo de Saint-Simon e de Robert Owen, não o é em 1887 para um homem que, por mais de 50 anos, teve a honra de participar na luta do proletariado combatente. A resistência revolucionária que a classe operária oferece ao meio que a oprime, os extraordinários esforços que realiza consciente ou semiconscientemente para inscrever na história seus direitos humanos devem ocupar, por esse motivo, o seu espaço no campo do realismo. [...] A favor da Senhorita, devo acrescentar que em nenhum outro lugar do mundo civilizado a classe operária manifestou menos resistência ativa e mais passividade diante de seu destino que no East End de Londres [bairro proletário de Londres onde se passa a ação do romance]. Talvez a Senhorita tenha suficientes razões para conformar-se com a expressão do aspecto passivo da vida da classe operária, deixando para outra obra o aspecto ativo" (Engels, 2012, p. 67-69).

[18] Um exemplo pode ser o de personagens de obras literárias como *Vidas secas*, de Graciliano Ramos: eles não são reais, mas poderiam ter existido na realidade material sobre a qual reagiu e trabalhou a subjetividade do escritor. E essa análise pode ser feita mesmo quando se trate de um "realismo fantástico", como no caso dos personagens criados pelo escritor colombiano contemporâneo Gabriel García Márquez em obras como *Cem anos de solidão*, por exemplo.

Engels tratou do "típico" na análise de obras literárias, porém esse raciocínio passou a ser usado para pensar diferentes linguagens – formas – artísticas. Figuras e situações típicas podem compor também pinturas, encenações, músicas. Algo a ser analisado na particularidade de cada linguagem. De qualquer modo, podemos também associar a ideia do típico à busca do essencial da experiência humana que está sendo interpretada, e que não prescinde de finalidades sociais e formativas, mesmo que o artista possa não ter consciência plena delas.

Do ponto de vista do *produto* da criação artística, quanto mais próximo da unidade entre forma e conteúdo, mais força de ativação dos sentidos humanos de quem a recebe e de conexão com a subjetividade que produziu a obra. E, portanto, melhor efeito na educação estética e no autoconhecimento humano de quem dela se aproxime, mesmo antes que tenha desenvolvida a capacidade plena de sua fruição.

A avaliação objetiva do que seja uma obra "artisticamente adequada", ou uma criação com força estética, não é algo simples nem livre de controvérsias, até por envolver parâmetros de diferentes tipos de conhecimento e sofrer determinações sociais e históricas. O que parece ser consenso é que uma produção artística precisa "oferecer" ao seu "consumidor" um tipo de apropriação da realidade que não é encontrado em outra forma de produção.

Para Raymond Williams (*apud* Mattos, 2012, p. 184-185, que o interpreta) essa "qualidade particular" se refere à formação de uma *"estrutura de sentimentos"* que não é gerada pela obra de arte, porém somente nela pode ser apreendida; uma forma específica de captar e expressar a totalidade não a decompondo, como nas análises de natureza científica, e sim misturando elementos constitutivos de uma experiência vivida na forma interligada de sentimentos expressos e percebidos pela sua fruição.

Antonio Candido, que faz a análise com base no foco da arte literária, segue a mesma direção. Não se trata apenas de provocar emoções vagas ou evocações fragmentadas. É algo mais forte o que a arte proporciona: ela "permite que os sentimentos passem do estado de mera emoção para o da forma construída, que assegura a generalidade e a permanência" (Candido, 2018, p. 22).[19] Poderíamos dizer que a arte "põe ordem nos sentimentos", de uma forma que, se realizada em múltiplas e continuadas experiências, de fruição e criação, passa a incidir na abordagem que as pessoas fazem das questões da vida.

O resultado da criação artística não é, entretanto, um "absoluto". É uma construção processual e condicionada socialmente. E como em todas as atividades humanas, há buscas e aproximações progressivas à perfeição, algumas mais bem-sucedidas do que outras. Há obras que atingem o patamar de "clássicas", atravessando seu tempo, e outras têm significado mais restrito, histórico, com um valor cultural que pode torná-la referência em determinada época ou contexto. E muitas obras somente são reconhecidas como "verdadeira arte" muito tempo após terem sido produzidas. A questão principal, portanto, e especialmente do ponto de vista formativo, não é de fazer avaliações rígidas de resultados e sim de compreender *qual a especificidade a ser realizada*, seja na produção, seja no consumo (fruição) da arte. É essa especificidade que precisa ser objeto de nossas intencionalidades educativas.

No trabalho educativo, portanto, *nem tudo vale e nem tudo tem a forma e o conteúdo que formam* na direção das finalidades

---

[19] Vale sentir e pensar, por exemplo, sobre como o poeta maranhense Ferreira Gullar define a poesia em um de seus poemas: "Poesia – deter a vida com palavras?/Não – libertá-la,/fazê-la voz e fogo em nossa voz./Poesia – falar o dia/ acendê-lo do pó abri-lo/como carne em cada sílaba/deflagrá-lo/como bala em cada não/como arma em cada mão..." (Gullar, 2015, p. 74-75).

sociais e educativas emancipatórias que temos. Isso não significa que se deva assumir uma posição normativa que discrimine formas e iniba a liberdade de criação artística. Mas tampouco implica abrir mão de critérios objetivos de avaliação das escolhas, dos processos e dos produtos da criação. Na prática real isso se torna um "fio de navalha". Mas o "sofrimento" que pode provocar nos parece inevitável quando agimos orientados por um projeto que inclui o livre desenvolvimento – e não a redução empobrecedora – das forças essenciais humanas.[20] O que é "esteticamente inaceitável" não tem a força formativa própria da criação artística para restaurar a humanidade roubada pela lógica da vida social vigente.

E há um elemento a mais na compreensão dessa especificidade formativa que precisamos destacar. O conhecimento da realidade e a lapidação da sensibilidade que uma obra artística proporciona podem ser contraditórios ao posicionamento político e social do artista e mesmo aos objetivos de sua obra. Konder (2013, p. 17) nos chama atenção, a partir da análise que Engels fazia sobre o "triunfo do realismo" na obra literária de Balzac, como nem sempre as "ideias *realizadas*" em uma obra de arte coincidem com as "ideias *proclamadas*" pelo artista.[21]

---

[20] Na interpretação de Mészáros (2006, p. 180), a visão de Marx sobre o "realismo" na arte tem como uma de suas implicações a seguinte: "Existe algo de significativo – com suas próprias características – a ser retratado, e a incapacidade de captar essas características por intermédio das potencialidades e dos meios específicos da arte leva a uma representação imperfeita ou à deformação, o que é, como tal, esteticamente inaceitável".

[21] Na mesma carta à escritora Margaret Harkness, diz Engels sobre Balzac: Ele "desenvolve em sua *Comédia Humana* a mais extraordinária história realista da sociedade francesa, narrando, ano a ano e como se fora uma crônica, os costumes imperantes entre 1816 e 1848 [...], sociedade que conheci mais em seus livros [...] que nos textos de todos os especialistas do período [...]. Claro que, por suas concepções políticas, Balzac era um legitimista. Sua grandiosa obra é uma elegia acerca da irremediável decomposição da alta sociedade; suas simpatias estão com

Isso remete a outra discussão, que não aprofundaremos aqui, mas precisamos mencionar pela sua importância no trabalho educativo. Marx e Engels distinguiam a arte "realista" da arte "de tendência", que é aquela feita intencionalmente para defender um posicionamento social, político. Não eram contra essa tomada de posição, mas criticavam com veemência as obras que, para defender um conceito ou uma posição política, deixavam de ser "realistas", isto é, deformavam a realidade objetiva por deixar de lado suas contradições, ou artificializavam personagens para torná-los porta-vozes das posições políticas do artista. Toda arte expressa uma tendência e isso não é um problema, do ponto de vista estético, "quando a tendência brotar organicamente da essência artística da obra" ou da realidade mesma de que ela trata (Lukács, 2012, p. 32). E quando o artista não se sinta obrigado a apresentar "a solução histórica dos conflitos sociais que descreve" (Engels, 2012, p. 66).

Especialmente pensando na formação das novas gerações e no trabalho pedagógico a ser feito na Educação Básica, é muito importante que educadoras e educadores aprendam a captar e a discutir os posicionamentos sociais e políticos dos/das artistas, sua visão de mundo. Temos finalidades educativas orientadas por um projeto histórico, não somos ideologicamente neutros

---

a classe condenada a desaparecer. Mas, ao mesmo tempo, a sua sátira nunca é tão aguda, nem a sua ironia é mais amarga, como quando faz agir os homens que mais o atraem: os aristocratas. As únicas pessoas de que sempre fala com franca admiração são os seus mais firmes opositores, os republicanos, os heróis da rua Cloître Saint-Merri [local onde aconteceu uma insurreição de esquerda em 1832], homens que, naqueles anos (1830-1836), eram autênticos representantes das massas populares. Considero que uma das maiores vitórias do realismo, um dos traços mais valiosos do velho Balzac, é que ele se viu forçado a escrever contra as próprias simpatias de classe e preconceitos políticos, que tenha visto o caráter inevitável da ruína dos seus aristocratas prediletos e os tenha descrito como homens que não mereciam sorte melhor e que visse os verdadeiros homens do futuro precisamente onde eles se encontravam" (Engels, 2012, p. 68-69).

nem as obras de arte o são e a ideologia entranhada ou explícita nelas não nos pode ser indiferente. Porém, para a educação estética que nossas finalidades exigem, o valor das obras não pode ser deduzido mecanicamente das concepções políticas do artista (Lukács, 2012, p. 34).

A perspectiva principal da *educação estética* que precisamos garantir no trabalho pedagógico com as diferentes formas de arte é a da *humanização* mais plena, necessariamente multilateral. Isso se refere ao mesmo tempo à humanização dos sentidos que conecta a capacidade de sentir e de pensar, e ao aprendizado da forma particular de conhecimento de que a arte é portadora, pela apropriação de seu conteúdo e dos meios e modo de sua produção.[22]

A força formadora da arte que se torna, portanto, critério da seleção pedagógica das obras, está especialmente na subjetividade que aciona ou no cultivo da sensibilidade que leva as pessoas a sentir e pensar sobre a realidade objetiva e as questões da vida; e na atitude apaixonada diante do mundo que impulsiona, a partir de uma determinada organização criativa de palavras, sons, cores, traços ou gestos. Nos termos de Lukács (2012, p. 35): "Grandeza artística, realismo autêntico e humanismo são sempre indissoluvelmente ligados". E esse princípio da integralidade humana pode estar implícito em obras com posicionamentos políticos diferentes ou contraditórios aos nossos.

Essa totalidade complexa e as relações contraditórias presentes na criação artística, nem todas passíveis de compreensão por outras formas de conhecimento, são de grande importância e se conectam com o todo cultural em que a arte deverá ser trabalhada em uma matriz formativa. Como parte do todo da cultura, a

---

[22] Sobre a experiência humanizadora da arte, na especificidade da literatura, é muito importante estudar em nossos processos formativos o texto referido antes, "O direito à literatura" (Candido, 2018, p. 17-29).

arte tem como objeto, afinal, o processo pelo qual "transformamos o mundo em nosso mundo humano" (Havemann, 1967, p. 63). Por isso mesmo ela tem lugar necessário em nosso projeto educativo e na teoria pedagógica que o fundamenta.

3. A arte é parte específica da cultura e a criação artística é um tipo de produção cultural

Essa afirmação pressupõe um conceito alargado de cultura, mas que nem dilua sua especificidade, nem a desligue do todo social.

Entendemos que um conceito muito amplo de cultura, que a entende como toda transformação que os seres humanos fazem na natureza, não nos serve para entender sua especificidade. Porém, ele nos chama atenção para um elemento de concepção que não podemos perder: *na base de toda cultura há uma forma de relação entre ser humano e natureza* (trabalho). Isso nos permite pensar que cultura é algo que se faz, se cria, se transforma, porém, sempre sobre uma base natural que determina ou coloca os limites para cada ação humana. O trabalho é a base social da cultura e a natureza põe as condições materiais sobre as quais o trabalho se realiza e a cultura se produz. E a "natureza humanizada" torna-se, por sua vez, a base do desenvolvimento humano ou das necessidades humanas concretas. Essa compreensão é especialmente necessária para entender a "experiência artística" sem nos perdermos "nas nuvens da abstração e do relativismo filosófico" (Mészáros, 2006, p. 176).

Temos presente, entretanto, que *cultura* é uma das palavras que foi adquirindo historicamente vários e controversos sentidos:[23] da origem latina *colere* com seus múltiplos significados de

---

23 Williams destaca que "culture" é "uma das duas ou três palavras mais complicadas da língua inglesa" [a língua em que escreve; afirmação que nos parece

habitar, cultivar, proteger e honrar com veneração[24] até o sentido independente e abstrato, que é ainda o mais difundido hoje, que se refere a obras e práticas intelectuais, especialmente as artísticas, música, literatura, pintura, escultura, teatro, cinema, às vezes incluindo saberes acadêmicos de filosofia e história. Incluindo nesse percurso, não linear, o sentido de "modo de vida", de um povo, de um grupo, de um período; ou da humanidade em geral quando associado à "civilização".

Concordamos com Williams quando afirma não ser preciso optar entre o conceito restrito de cultura como "manifestação intelectual e artística" ou o mais alargado de "modo de vida". Na síntese de Mattos (2012, p. 183-184), ambas as definições de cultura eram necessárias e combinadas tanto para se perceber "que a cultura era uma experiência 'ordinária', ou seja, 'comum',

---

válida também para a língua portuguesa], e isso ocorre "principalmente porque passou a ser usada para referir-se a conceitos importantes em diversas disciplinas intelectuais distintas e em diversos sistemas de pensamento distintos e incompatíveis" (Williams, 2007, p. 117). Vale-nos também a advertência do historiador marxista Edward Thompson, de que o termo "cultura" precisa ser usado com certa cautela. À medida que invoca consenso, "pode distrair nossa atenção das contradições sociais e culturais, das fraturas e oposições existentes dentro do conjunto". É como uma arena de conflitos que ela precisa sempre ser desvelada (cf. Thompson, 1998, p. 17).

[24] Na explicação detalhada do estudioso brasileiro da cultura Alfredo Bosi (1998, p. 13-15), nessa origem latina, cultura vem de colo, e quer dizer "eu moro, eu ocupo a terra, e, por extensão, eu trabalho, eu cultivo o campo". Daí "agri-cultura", o cultivo da terra, que também vai cultivando a natureza humana de quem o faz. A palavra cultus é um verbo (particípio passado) e culturus é o mesmo verbo em outro tempo (particípio futuro). Culto é o que já foi cultivado (humanamente trabalhado). Na explicação de Bosi, quando as comunidades camponesas antigas chamavam de cultas às suas plantações queriam dizer algo cumulativo (processual): o ato sistemático de cultivar que se junta à qualidade obtida, que já se constitui como memória a ser passada aos futuros cultivadores, como conhecimento e como sentimento. Também como crítica do que pode ser modificado. É a mesma origem do substantivo "culto", usado para nominar o ritual feito em honra dos antepassados mortos.

parte da vida cotidiana de qualquer pessoa vivendo em sociedade, quanto para demonstrar que a arte é produto e tentativa de resposta aos dilemas dessa experiência comum de vida social". Para Williams, "a arte é parte do modo de vida, e o artista individual tem, anterior e interiormente, uma parcela importante de experiência social sem a qual ele não pode nem começar" (*apud* Mattos, 2012, p. 184).

Mas há que ter alguns cuidados de concepção, ainda mais necessários quando estamos no âmbito da formação das novas gerações de lutadores e construtores. A especialização prática a que levou os conceitos restritos de arte e cultura gerou um desenvolvimento da produção artístico-cultural, de cujos processos e produtos a imensa maioria trabalhadora foi afastada. E essa maioria foi perversamente levada a pensar que a arte não é uma habilidade humana que lhe seja própria e a cultura é algo a "adquirir" pelo acesso às instituições que a "vendem", objetivo pelo qual vale "trabalhar duro".

O conceito de cultura como "modo de vida" permite pensá-la em conexão com a vida humana em geral e ajudou a fortalecer a compreensão de que todas as pessoas produzem cultura, sendo a arte uma de suas formas. E que essa maioria que vive do seu trabalho, enquanto continua humana, segue "cantando com seu barro" e fazendo com suas mãos a poesia que sustenta sua "memória manual" (Neruda, 2002, p. 140) [25]

---

[25] Pablo Neruda, poeta chileno em texto de 1966: "Sempre quis que na poesia se vejam as mãos dos homens. Sempre desejei uma poesia com impressões digitais. Uma poesia de greda, para que nela cante a água. Uma poesia de pão, para que todo mundo a coma. Só a poesia dos povos sustenta esta memória manual. Enquanto os poetas se fecharam nos laboratórios, o povo seguiu cantando com seu barro, com sua terra, com seus rios, com seus minerais. Produziu flores prodigiosas, surpreendentes epopeias, amassou folhetins, relatou catástrofes. Celebrou os heróis, defendeu seus direitos, coroou os santos, chorou os mortos. E tudo feito apenas com as mãos... Essa poesia do povo tem o selo do que deve viver a intem-

Entretanto, esse conceito pode ser usado para ocultar o acesso negado aos meios de produção da cultura e aos produtos desse desenvolvimento especializado, que não têm necessidade em si de ser apropriados apenas por uma determinada classe ou grupo social. Pensemos nas implicações do não acesso à alfabetização em sociedades, como a brasileira, em que tantas pessoas ainda são expropriadas desse direito, em uma etapa da história social tão fortemente influenciada pela cultura letrada.

Outro cuidado se refere a como esse conceito mais amplo de cultura passou a ser usado para absolutizar um "culto" ao local e ao pluralismo cultural, descolando a cultura – mesmo quando de conteúdo crítico ou "contracultura" – das relações sociais de produção, da política, da luta de classes, como se todas as questões sociais pudessem ser resolvidas no plano da cultura. Trata-se do chamado "culturalismo", ideologia própria do pensamento pós-moderno, seja o de direita, seja o de esquerda.

O culturalismo "trata a 'cultura' não apenas como um forte aspecto da organização e comunicação social, mas como uma instância determinante" (Ahmad *apud* Mattos, 2012, p. 124). E pode desembocar também em políticas identitárias fragmentadoras e, muitas vezes, extremamente conservadoras. Quando surdas à solidariedade política mais ampla, tornam-se "um tipo de individualismo de grupo que reflete o etos social dominante tanto quanto divergem dele" (Eagleton, 2011, p. 182). Servem bem ao capitalismo para que se apresente ideolo-

---

périe, suportando a chuva, o sol, a neve, o vento. É poesia que deve passar de mão em mão. É poesia que deve se mover no ar como uma bandeira. Poesia que foi golpeada, que não tem a simetria grega dos rostos perfeitos. Tem cicatrizes em seu rosto alegre e amargo. Eu não dou um louro a esses poetas do povo. São eles que me presenteiam a força e a inocência que deve dar forma a toda poesia. São eles que me fazem tocar sua nobreza material, sua superfície de couro, de folhas verdes, de alegria. São eles, os poetas populares. Os obscuros poetas, os que me ensinam a luz" (Neruda, 2002, p. 140-141).

gicamente, cinicamente, como defensor da diversidade de formas de vida.

Para nossas finalidades educativas não podemos deixar de fazer o combate às diferentes formas ideológicas do culturalismo e, ao mesmo tempo, de colocar o todo da cultura no devido lugar que ocupa na luta de classes. Boa parte da crítica ao culturalismo acabou secundarizando o "potencial cognitivo da crítica cultural", feita desde bases materialistas, dialéticas e históricas, que permite compreender como a cultura tem sido fundamental à reprodução do sistema capitalista, deixando o campo aberto ao predomínio de visões politicamente conservadoras ou reacionárias (Cevasco, 2007, p. 16).[26]

Podemos afirmar, arriscando uma síntese de compreensão para nosso uso, que a cultura é um *processo* – movimento de ações interconectadas – pelo qual um conjunto de vivências ou *experiências humanas vividas*, geralmente contraditórias, nem todas com igual força, aos poucos, vai conformando em determinado grupo, classe, sociedade, um modo de *vida cotidiana*, que, mais amplamente, é um modo de *ser* humano no interior de relações sociais históricas.

Na vida social real há uma forma recorrente com a qual enxergamos ou concebemos as relações necessárias para manter ou "tocar" a vida adiante, que constitui uma espécie de eixo organizador do modo de vida. Algo como uma "imagem" mental das relações reais vividas que pode ser a reafirmação ou a crítica

---

[26] Segundo Cevasco (Williams, 2007, p. 15), Williams foi um dos estudiosos marxistas sérios que conseguiu pensar a crítica cultural como um recurso para contribuir na mudança radical do sistema e parte de um projeto educacional nesta direção. Nessa perspectiva, é um dos herdeiros do legado de estudos pioneiros de A. Gramsci sobre hegemonia e o lugar da cultura na pedagogia do capital. Cf. sobre isso desde Gramsci, em Pronko e Fontes, 2012 e em Martins e Neves, 2012.

delas e que nos orienta no modo de pensar e de agir diante das situações ordinárias ou extraordinárias do cotidiano. Permite entender pelo que se vive e pelo que se pode morrer ou matar. Está colada à vida material de todo dia e inclui o que pode nos distanciar dela para melhor enxergá-la ou para alienar-se dela.

Há múltiplas formas de expressão cultural, ou seja, de interpretar e comunicar as experiências humanas. Algumas mais diretamente ou imediatamente vinculadas à cultura material, como um comportamento ou um hábito de cultura alimentar, por exemplo, ou mais abstratas, como o conhecimento científico e a arte. Isso nos chama a atenção para a interconexão entre objetos, costumes, comportamentos, valores, sentimentos, linguagens, conhecimentos..., que mesmo díspares ou até incoerentes entre si, possuem uma base primária que permite distinguir um modo de vida de outro, uma cultura de outra – por exemplo, o que identifica o "modo de vida camponês" ou, mais amplamente, confronta a cultura burguesa à cultura socialista.

Um processo cultural pode ser emancipatório ou pode ser alienador, a depender das relações sociais em que aconteça. O processo aliena quando tira do sujeito humano a condição de produtor de cultura e não permite que tome consciência das práticas ou experiências humanas que a geraram. E emancipa quando permite compreender o modo de vida e a visão de mundo que lhe corresponde, de maneira que possa decidir se o melhor é reproduzi-lo ou transformá-lo. Cultiva a *memória* que permite a crítica das experiências, ou do "cultivo feito", para que ele possa ser continuado ou superado.

A conformação de uma cultura é *história social* de *tempo longo*. Não é uma produção de indivíduos. É produção de grupos, comunidades, classes, sociedades. Tem mais relação com épocas e estruturas do que com conjunturas. Um modo de vida não é algo estático nem linear. Como processo de tempo longo, implica um movimento contínuo e tenso entre passado, presente e projeção de futuro, entre conservar, preservar e transformar. Pode-se "avançar em consciência" sobre esse processo ou sobre experiências humanas que o compõem a partir de intencionalidades para tal, porém sempre considerando que "a consciência não pode preceder a criação" (Williams *apud* Eagleton, 2011, p. 168).

A cultura muda, mas de modo lento, a depender da força de pressão e do tempo de cultivo de novas experiências, interpretadas, significadas, conscientizadas. Isso porque um modo de vida vai ao mesmo tempo interiorizando relações sociais experimentadas no presente e mantém traços culturais de relações sociais ou experiências vividas bem antes, ou herdadas pelo trabalho educativo. Esses traços podem ser obstáculos a mudanças sociais, mas também ser impulsionadores da crítica ao modo de vida dominante.

Para as nossas finalidades sociais e formativas, nos parece importante pensar a cultura desde a formulação de Williams, como "um sistema muito complexo de desenvolvimentos especializados" intencionalizada, segundo nosso projeto histórico, para a formação de uma "cultura comum", e na perspectiva das transformações materiais capazes de produzir uma "cultura socialista" (*apud* Eagleton, 2011, p. 172-173). Múltiplos processos, diversas relações que confluem para determinado modo de abordar as questões da vida toda e que vão dando concretude a um projeto histórico.

Na identificação da tarefa educativa aqui tratada, usamos essa expressão de Williams, *cultura comum*, para chamar atenção sobre uma dimensão ou uma intencionalidade na qual nossas finalidades sociais e formativas exigem pôr força. Uma cultura é *comum* "apenas quando feita coletivamente"; quando é continuamente refeita e redefinida pela prática coletiva de seus membros, e não a cultura cujos valores são criados por poucos para depois serem assumidos e vividos passivamente por muitos (Williams *apud* Eagleton, 2011, p. 168). A noção de "cultura comum" é inseparável, pois, de mudanças radicais no todo da vida social.

Em muitas experiências de luta e trabalho social podemos encontrar traços de uma "cultura comum", que envolve a "construção colaborativa" de significados, com a participação plena de todos os membros de uma coletividade projetiva de mudanças mais radicais no modo de vida em sociedade. Esses traços culturais podem ser intencionalizados para o avanço da consciência socialista de nossa juventude, em um *ambiente educativo* que tenha a marca da criação coletiva. E pensando em experiências atuais relacionadas à construção da reforma agrária popular e à formação de comunidades cuja base é a produção agroecológica e o trabalho associado, por exemplo, nos vale a advertência pedagógica de Williams:

> Uma boa comunidade, uma cultura viva, irá [...] não apenas dar espaço para, mas encorajar ativamente, todo e qualquer um que possa contribuir para o avanço em consciência que é necessidade comum... Precisamos considerar com toda a atenção qualquer afeto, qualquer valor, pois não conhecemos o futuro, pode ser que jamais estejamos certos do que pode enriquecê-lo. (Williams *apud* Eagleton, 2011, p. 168)

A compreensão da arte como parte da cultura nos ajuda a "dessacralizar" a criação artística situando-a no mundo real, para que a busca de entender sua especificidade não resvale para uma visão elitista sobre quem são os "eleitos" para sua fruição e produção. E para que não se descole forma e conteúdo, assim como se apreenda melhor as determinações sociais da própria forma.

É preciso pôr à mostra quem são os sujeitos que produzem arte, quem pode produzi-la e o que socialmente impede que isso aconteça; qual a materialidade que serve de base aos artistas e como suas experiências sociais ligam sua visão de mundo a posições políticas, a ideologias, e trazem junto outras formas de conhecimento. E, sobretudo, a relação entre arte e cultura nos ajuda a entender que há sempre uma marca cultural e, portanto, de criação social na subjetividade que é capaz de produzir uma obra "artisticamente adequada", em sua unidade necessária entre conteúdo e forma.[27] Assim como há uma marca social, histórica em qualquer produção cultural.

4. Situamos o trabalho educativo com a arte nos desafios formativos atuais de ruptura da alienação social e de desenvolvimento multilateral de todas as pessoas

Pensamos este desenvolvimento para educandos e educandas, bem como para educadoras e educadores, como um direito humano e como uma necessidade formativa de lutadores e criadores de novas formas de trabalho humano e de vida social.

Não será pela educação estética e artística que se conseguirá superar a alienação humana que está na base das relações sociais de produção capitalistas. Cinicamente para a burguesia e contraditoriamente para certa parcela da classe trabalhadora que tenha condições objetivas de aproximação à arte, a fruição artística pode ser uma fuga individual das relações reais, um oásis subjetivo no meio da barbárie objetiva da vida social.

Mas é necessário sim pensar intencionalidades ao cultivo da sensibilidade humana bloqueada pela alienação. Como direito formativo de todos e como parte da luta de classes. A superação da alienação é desafio de tempo longo. E não se completará sem

---

[27] "O valor de uma obra de arte, assim como do indivíduo, está na integração específica da experiência que é tanto uma seleção quanto uma resposta à complexidade da organização da vida, sem o que a arte não poderia ser comunicada e o indivíduo não poderia ter alcançado sua individualidade consciente" (Williams *apud* Mattos, 2012, p. 184).

a substituição histórica do seu motor econômico. Entretanto, esse processo precisa de mediações concretas no imediato das próprias circunstâncias alienadas ou não haverá quem possa ser capaz de construir alternativas a esse motor.

São necessárias intencionalidades formativas específicas para que as fendas abertas na alienação por determinadas vivências culturais e pela educação artística instiguem *sentimentos* e *conhecimentos* necessários ao engajamento em ações coletivas que superem, pela raiz, a produção da alienação social. Em outras palavras, a formação da consciência e do ímpeto socialista de nossa juventude é finalidade a nos guiar.

Temos o desafio formativo de aprender a fazer uma análise materialista e histórico-dialética das produções culturais convertendo-a em força de confronto à cultura que foi tornada ferramenta a serviço da dominação da classe burguesa. Isso sem cair em posições ingênuas nem sectárias ou lineares, especialmente no que se refere aos "bens culturais" produzidos ao longo da história da humanidade. Vale-nos o alerta metodológico de Walter Benjamin, historiador e estudioso da cultura nessa perspectiva, em texto reunido na coletânea *Magia e técnica, arte e política*:

> A luta de classes, que um historiador educado por Marx jamais perderá de vista, é uma luta de coisas brutas e materiais, sem as quais não existem as refinadas e espirituais. Mas na luta de classes essas coisas espirituais não podem ser representadas como despojos atribuídos ao vencedor. Elas se manifestam nessa luta sob a forma da confiança, da coragem, do humor, da astúcia, da firmeza, e agem de longe, do fundo dos tempos. Elas questionarão sempre cada vitória dos dominadores. Assim como as flores dirigem sua corola para o sol, o passado, graças a um misterioso heliotropismo, tenta dirigir-se para o sol que se levanta no céu da história. O materialismo histórico deve ficar atento a essa transformação, a mais imperceptível de todas. (*apud* Mattos, 2012, p. 180)

Mas sem esquecer que essa é uma história que precisa ser "escovada a contrapelo", porque não há bens culturais isentos da barbárie que caracteriza as relações sociais em uma sociedade de classes.[28]

Exatamente porque a arte mexe com a subjetividade das pessoas, são necessárias intencionalidades para desvelar o vínculo entre cultura e poder, para que se entenda como também a arte pode ser utilizada para regular ideologicamente as subjetividades. O poder político, para governar com sucesso, precisa compreender as pessoas não apenas em suas aspirações socialmente postas, mas também em "seus desejos e aversões secretos". Se pretender regulá-las "a partir de dentro", precisa também imaginá-las a partir de dentro. "E nenhuma forma cognitiva é mais apta em mapear as complexidades do coração do que a cultura artística" (Eagleton, 2011, p. 76).[29]

---

[28] O alerta metodológico de W. Benjamin assim continua: "Todos os que até hoje venceram participam do cortejo triunfal, em que os dominadores de hoje espezinham os corpos dos que estão prostrados no chão. Os despojos são carregados no cortejo, como de praxe. Esses despojos são o que chamamos de bens culturais. O materialista histórico os contempla com distanciamento. Pois todos os bens culturais que ele vê têm uma origem sobre a qual ele não pode refletir sem horror. Devem sua existência não somente ao esforço dos grandes gênios que os criaram, como à corveia anônima dos seus contemporâneos. Nunca houve um monumento de cultura que não fosse também um monumento da barbárie. E assim como a cultura não é isenta de barbárie, não o é, tampouco, o processo de transmissão da cultura" (*apud* Mattos, 2012, p. 181).

[29] Por isso Engels pode afirmar o quanto aprendeu com Balzac sobre a sociedade francesa. Como também analisa Eagleton, "a alta cultura não é uma conspiração da classe dirigente; se ela por vezes cumpre essa função cognitiva, também pode, às vezes, frustrá-la. Todavia, obras de arte que parecem as mais inocentes no que diz respeito ao poder, na sua perseverante atenção aos impulsos do coração, podem servir ao poder precisamente por esta razão" (Eagleton, 2011, p. 76).

Note-se que há uma tensão forte permeando os debates sobre arte, cultura, estética: a de isolar ou buscar as conexões entre as diferentes esferas da vida social, bem como entre as diferentes dimensões da formação humana. Sob as relações sociais de produção capitalistas, a visão idealista e fragmentada converte-se em mais uma ferramenta ideológica que busca impedir que as conexões se mostrem e as contradições fundamentais apareçam, de diferentes formas e ângulos, à consciência de quem pode agir sobre elas.

Em nosso trabalho pedagógico não podemos cair nem na armadilha da fragmentação nem na outra armadilha de diluir as especificidades produzidas contraditoriamente pela história da humanidade, porque isto seria negar a possibilidade da contribuição efetiva de cada esfera na transformação do todo da vida social e na recomposição da omnilateralidade humana. Isso vale para a cultura em relação ao todo social e à arte em relação ao todo da cultura. O todo da cultura não explica tudo sobre a arte. Porém não se entende a arte fora do todo da cultura; assim como não se entende o todo da cultura sem a arte e nem fora da totalidade social de que ela é parte.

Apropriação das bases da criação artística na escola

Postas nossas balizas de compreensão, podemos voltar à questão inicial sobre as *bases* do modo de apropriação da realidade que é específico à criação artística para pensar sobre como garantir essa apropriação na escola de Educação Básica.

Como vimos, essas bases são fundamentalmente materiais. Dizem respeito, *primeiro*, ao processo de *humanização* dos *sentidos naturais* que se realiza pelos próprios atos de significação cultural das experiências (materiais) vividas pelo ser humano; e sua relação com *objetos humanamente* (socialmente) *configurados*. E, *segundo*, se referem à *experiência viva da criação*, ou do "ímpeto da imaginação para encarnar-se", realizar-se em ações ou obras, "início motriz da criação" (Vigotski, 2018, p. 58).[30] Ambos os processos, relembre-se, realizados a partir de experiências culturais e sociais concretas.

Na educação da criança, a formação da imaginação criadora não tem, segundo Vigotski (2018, p. 59), "apenas um significado particular do exercício e do desenvolvimento de alguma função separada, mas um significado geral que se reflete em todo comportamento humano". É preciso, então, que a relação com a arte se torne um *traço cultural*, integrado à vida cotidiana, parte do todo formativo das novas gerações.

O principal, desde nossas finalidades educativas, é que a *sensibilidade*, modo de perceber e reagir que conecta sentimento e pensamento, e o *impulso criativo* tornem-se características pessoais e coletivas diante de todas as questões fundamentais da vida. E que a formação artística de nossa juventude ajude a produzir "o pano de fundo da vitalidade" (Pistrak) da luta e se

---

[30] Na psicologia histórico-cultural que se desenvolveu a partir do final do século XIX e especialmente no século XX, criação e imaginação foram tratadas também como funções cerebrais ligadas ao desenvolvimento humano e com um papel muito importante na educação dos sentimentos, no trabalho pedagógico sobre as emoções. Especialmente Vigotski, ao tratar da "criação e imaginação" como funções cerebrais e a partir de finalidades pedagógicas pensadas no contexto da revolução soviética, distingue as atividades humanas em dois tipos básicos: as atividades reconstituidoras ou reprodutivas, ligadas à memória e, portanto, às experiências culturais das crianças em seu meio; e as atividades criadoras, aquelas em que se cria algo novo, que não existia antes, seja como objeto, ação, imagem ou pensamento. É esse segundo tipo de atividade que a psicologia denomina imaginação, que não realiza sem o recurso da imitação ou da reprodução, porém vai além dela. Ele nos chama atenção de como a imaginação criadora pode se referir tanto a grandes obras históricas quanto às brincadeiras infantis em que impressões vivenciadas são reelaboradas criativamente pelo cérebro infantil, não sendo só a reconstituição do que vivem. E deu forte destaque ao lugar das atividades artísticas na educação que vise desenvolvê-la. (cf. Vigotski, 2018, p. 13-19).

faça no próprio exercício prático da produção de uma "cultura comum", de marca socialista.[31]

Para que isso se converta em intencionalidades pedagógicas, é preciso compreender que *a forma de apropriação dessas bases tem a mesma natureza de sua produção*. É muito importante distinguir esta especificidade: não é o estudo teórico sobre arte que educa a sensibilidade artística; não é lendo textos de crítica literária que se desenvolve o gosto pela literatura nem se apreende o conhecimento entranhado na forma literária. Elementos de teoria estética são sim importantes para pensar as intencionalidades dessa dimensão educativa – a síntese de compreensão que apresentamos antes tem essa perspectiva. Por isso, esses elementos, mais do que serem enfatizados na Educação Básica, são necessários na formação de educadores – sem que se prescinda, também nesses processos, dos momentos materiais da experiência estética e artística.

Pensando no trabalho prático cotidiano que essa tarefa envolve na educação das novas gerações, parece-nos possível distinguir *três tipos de atividades* que a escola precisa realizar com os/as estudantes. Podem estar vinculadas a outros processos, porém sem que se dilua a intencionalidade formativa de cada tipo e sendo moduladas conforme as características de cada idade,

---

[31] Pistrak formula isto desde a pedagogia: "A educação artística [...] [dá] o tom da vida ou, provavelmente, seria mais correto dizer o pano de fundo da vitalidade. As convicções que podemos proporcionar na escola por meio de saberes se enraizarão na vida psíquica da criança somente quando forem emocionalmente fortalecidas. Não é possível ser um lutador convicto se no momento da luta não houver no cérebro cenas claras e vivas que incitem a ela; não é possível lutar contra o velho se não se souber odiá-lo; saber odiar é emoção. Não é possível construir com entusiasmo o novo se não se souber amar entusiasticamente o novo, pois o entusiasmo apenas resulta de uma educação artística correta" (Pistrak, *apud* Vigotski, 2018, p. 77). Pensemos na relação dessa ideia com o que disse Marx sobre a paixão, que nos impulsiona energicamente para nosso objeto, seja de luta, seja de trabalho, seja de estudo.

226

cada etapa da Educação Básica e as necessidades formativas dos sujeitos concretos com os quais se trabalha em cada escola.

1. Atividades de apropriação cultural de experiências sociais vividas

Experiências diversas, vivenciadas na escola, na comunidade, pela participação em lutas, na convivência mais ampla, têm sua realização completada à medida que significadas emocionalmente, simbolizadas em gestos, registradas na memória pessoal e coletiva. Tornam-se assim vivências de algum modo conscientes, isto é, pode-se sentir e pensar sobre elas. Algumas formas culturais, a arte uma delas, são mais próprias para processar emocionalmente o vivido, organizar o sentimento. Outras, para convertê-las em ideias que organizam o pensamento. Precisamos das diferentes formas para que a consciência se conforme em visão de mundo, modo de abordar as questões da vida, apurando a conexão sentimento e pensamento, percepção e compreensão.

Na escola é necessário pensar essa intencionalidade em relação às situações ou vivências humanas que precisam ser processadas para recompor sensações fortes que causaram e que vão sendo identificadas pelo trato humano e o diálogo que compõem o ambiente que acolhe a cada estudante, como vimos ao tratar da primeira tarefa educativa. No início do trabalho de educação do MST, com as crianças dos acampamentos de luta pela terra, algumas educadoras se valiam com frequência de *encenações* para recompor com as crianças – e com a comunidade, pela apresentação pública delas – alguns momentos tensos da luta pela terra, como situações de despejos e outras, fazendo o processamento emocional e uma leitura coletiva do ocorrido (Caldart, 2004, p. 230-231).[32]

---

[32] Cf. a descrição de algumas situações em Caldart (2004). A propósito, nos vem à lembrança o momento vivido em uma das primeiras turmas de Magistério

227

Considerando nosso objetivo de formar uma "cultura comum", porém, precisamos dar igual ou especial atenção ao enraizamento cultural de experiências projetivas que estamos realizando na escola, ou pela sua mediação pedagógica, algumas delas discutidas nas tarefas educativas anteriores. Apropriadas culturalmente, elas representarão um contraponto ainda mais efetivo ao modo de vida social que nossas lutas gerais buscam transformar pela raiz.[33]

Pensemos nas experiências de *auto-organização coletiva* de nossas crianças e jovens para o *trabalho socialmente necessário* em processos de produção agroecológica de alimentos, por exemplo: que sentimentos e pensamentos provocam nos sujeitos e como os conhecimentos ali envolvidos podem ser potencializados para as ações que tornem essa forma de trabalho um "modo de vida" e, portanto, um objetivo de luta. Essas experiências, como outras de exercitação da participação política no dia a dia da escola e da comunidade, são matéria para experimentações estéticas e artísticas, assim como podem ser objeto de registros orais e escritos compartilhados, de sistema-

---

que realizamos com professoras de acampamentos e assentamentos, no início dos anos 1990, ao lado de professoras da rede municipal sem vínculo com movimentos populares: o significado forte que teve para "quebrar o gelo" e mudar o modo de ver de uns e outros a encenação teatral de uma ocupação de terra, de que participou toda a turma. Cf. o registro narrativo e os impactos pedagógicos da "peça teatral" sobre o "Massacre da Fazenda Santa Elmira" (RS, 1989) em Caldart (1997, p. 84-85).

[33] Vale-nos para pensar na especificidade da educação artística uma das tarefas que a pedagoga socialista Krupskaya destacou como de suma importância nos círculos infantis: é necessário "brindar às crianças toda uma série de emoções comuns. As emoções coletivas na idade infantil marcam para sempre. O fato de ouvir em conjunto uma narração, participar em grupo de uma festa, ter qualquer emoção, alegria ou sofrimento em comum, une muito as crianças, torna-as mais próximas, deixa nelas uma marca para toda a vida" (Krupskaya, 1979, p. 131).

tizações teóricas, de discussões sobre visões de natureza, de trabalho, de democracia.

Apropriamo-nos culturalmente de uma experiência quando a tornamos *nossa*, como objeto, de significação, de pensamento, de consciência. Pessoalmente. Coletivamente. É a apropriação cultural que nos "apaixona", ou seja, constitui experiências como nosso *objeto*, na direção do qual se "tende energicamente". E é também esse processo que pode ajudar a politizar as experiências, fortalecendo seus propósitos sociais: traz à consciência "de que lado se está" e nos prepara para a apropriação teórica das conexões que situam a experiência em uma totalidade complexa. As diferentes formas de tornar consciente o que se vivencia ampliam as possibilidades de atuação social, prática, e ajudam a firmar uma visão de mundo, pela própria análise crítica da ideologia que atua sobre o que cotidianamente se faz. Na formação de lutadores e construtores, avançar na consciência das relações que movimentam a realidade é desafio educativo fundamental.

Nesse enraizamento cultural das experiências humanas se sobressai a força formativa do cultivo da *memória*, pessoal e coletiva, sem a qual não se desenvolve a noção de história – por mais aulas de história que se tenha! – e se fica prisioneiro do presente, sem projeto de futuro. E sem consciência histórica, luta e criação são fracas e efêmeras porque falta aos seus sujeitos uma necessária visão em perspectiva. As experiências estéticas e artísticas – articuladas às experiências de produção científica do conhecimento – potencializam o cultivo de uma abordagem histórica das coisas do mundo. E essas experiências podem transformar em força social e política a dimensão formativa de experiências sociais de luta, de trabalho, de organização coletiva. Elas permitem a construção de imagens mentais ou representações simbólicas do que foram ou do que se projeta sobre como essas experiências podem ser continuadas, transformadas. Por sua vez, as experiências sociais dispõem material para a formação estética e a criação artística.

A qualidade desses momentos educativos permite a autocrítica pessoal e coletiva das experiências pelos seus sujeitos e, com ela, a identificação das suas necessidades formativas. E a própria discussão coletiva sobre que experiências e que aspectos dessas experiências serão objeto de produções culturais na escola é formativa – por que escolher uma experiência ou situação e não outra, por que trabalhar com alguns aspectos em detrimento de outros?

E é necessário destacar, também para esse contexto, a importância formativa da multiplicidade e variedade das vivências que ampliem o repertório cultural e junto expandam a capacidade de percepção da realidade que envolve os diferentes sentidos humanos. Capacidade esta que se desenvolve a partir de atividades práticas.

Note-se: essa compreensão nos ajuda a pensar ao mesmo tempo na especificidade e na relação dessa tarefa com o conjunto das tarefas educativas da escola.

2. Atividades de experimentação artística em diferentes expressões ou linguagens

Há dois tipos de experimentação que precisamos intencionalizar desde a infância: a aproximação orientada, processual, a diferentes obras/formas de arte e o exercício prático da criação artística. Tratamos junto para buscar mostrar que não se confundem e nem devem ser desligadas; tampouco têm uma ordem necessária.

Relembremos a intencionalidade que não pode ser perdida. Buscamos principalmente a *educação estética* de nossas crianças e jovens, compreendida como cultivo social dos sentidos naturais humanos, da capacidade de sentir, do aprendizado de um modo de perceber, expressar-se e reagir diante de experiências ou situações que é, ao mesmo tempo, sentimento e pensamento. E visamos à capacidade de se apropriar de uma forma específica de conhecimento da realidade que não se confunde com a forma própria ao raciocínio ou pensamento científico, filosófico. Há questões que o pensamento teórico não consegue responder ou nem se coloca. Assim como há questões que a forma artística não resolve ou não se propõe a resolver. Por isso não podemos prescindir de nenhuma dessas formas quando se busca uma apropriação *omnilateral* do mundo que vise transformá-lo.

A fruição estética acende ou fortalece a capacidade de *sentir* ou *pensar* sobre o que ainda não se tinha sentido ou pensado; e a capacidade de *imaginar* o que ainda não é ou não existe ou que apenas ainda não se conhece. Por sua vez, o exercício pessoal prático de criação artística permite, pela apropriação dos meios de produção cultural, além de cultivar os sentidos humanos, tornar consciente o que se sente diante das obras de arte e despertar motivos de desenvolver de modo mais amplo a habilidade humana da criação. Permite ainda a autocrítica da formação cultural herdada, pessoal e coletivamente.

E não nos parece demais realçar que é basilar nesse tipo de atividade, assim como necessário para todas as formas de conhecimento, o desenvolvimento da capacidade humana de *percepção*. É preciso intencionalizar a expansão e o enriquecimento da "imagem perceptiva do mundo" (Havemann, 1967, p. 52), que vai se formando ao longo da vida. Em outros termos, é preciso ações planejadas e reiteradas para que se *aprenda a ver*, e não apenas com os olhos e sim com os diferentes sentidos.

Havemann (1967, p. 53) nos reafirma, sob a perspectiva das ciências naturais, o caráter humano e social do aprendizado da visão. Ela não é "um processo fotográfico que se realiza de fora para dentro da retina para a nossa consciência. É, ao contrário, um processo altamente ativo e que envolve nosso entendimento e nossa consciência". Assim como outros aprendizados, o aprender a ver implica assimilação de informações e, portanto, precisa da ajuda da memória. Impressões óticas são comparadas com as anteriores e postas à prova em função delas. Aprender a ver significa "aprender a reencontrar e reconhecer determinadas formas e figuras da realidade", ou seja,

> impressões óticas que nos chegam são comparadas com todo um arsenal de amostras de formas e figuras guardadas em nosso centro nervoso. Para poder perceber um objeto, portanto, precisamos ter em nosso centro nervoso essas formas assimiladas. Esse fato condiciona o caráter abstrato de nosso quadro perceptivo.

Havemann destaca a importância disso para que se entenda a produção da arte plástica e como a invenção da fotografia – que tem o objetivo primeiro de reproduzir direta e fielmente a realidade – tornou mais fácil distinguir a especificidade de uma arte visual, que "não deve reproduzir a realidade, mas deve, isto sim, possibilitar-nos o reconhecimento mais fácil, mais direto, isto é, mais abstrato da realidade". E ele nos chama atenção que isso não é próprio apenas da arte moderna, chamada de "abstrata", e sim pode ser percebido já nos desenhos das cavernas primitivas, que com o objetivo de "ensinar os jovens caçadores a aprender a ver", "deixam de lado tudo o que não é essencial para salientar a figura típica" (1967, p. 54). Essa capacidade de abstração não é necessária somente para a criação artística. Ela está na base do conhecimento científico, como trataremos na próxima tarefa educativa.

Uma ferramenta pedagógica de que a escola pode se valer para ajudar a expandir a memória perceptiva é a prática orientada da *observação*. Pensemos em atividades de observar a natureza, prestar atenção nos detalhes de cores, sons, figuras, movimentos; de reparar como a vida acontece, como tudo se transforma, se desequilibra, reequilibra; de observar como as pessoas fazem seu trabalho, seus gestos, sons, suas expressões; como um alimento é produzido, o gosto que se sente ao comer certos alimentos, como nosso corpo reage ao que se come, se bebe, se respira, se sente, dialogando e fazendo registros sobre isso. Atividades simples que vão ampliando a percepção do mundo e abrem caminho ao conhecimento multilateral da vida e ao cultivo de uma postura imaginativa e crítica diante dela. E é preciso destacar uma vez mais a importância de intencionalizar a expansão do repertório de imagens, sensações, que saídas a campo e participação em diferentes atividades, em diversos e múltiplos lugares e cenários podem ajudar a garantir.

Na *aproximação às obras de arte* precisamos oportunizar o acesso às obras e acompanhar pedagogicamente esse cultivo dos sentidos. E isso se refere a uma gama sortida de tipos de obras, de expressões ou linguagens artísticas, de significações culturais e históricas, ao mesmo tempo valorizando experiências culturais dos/das estudantes e confrontando-as, pela surpresa, pelo inusitado ou mesmo rechaço do que ainda não se tornou "seu objeto". Na escolha das obras, quanto mais aperfeiçoada sua forma artística, maior potencial no cultivo dos sentidos e na apreensão do conhecimento entranhado nelas. Essa apreensão poderá ser trabalhada tanto mais na direção de nossas finalidades formativas se educadoras e educadores tiverem preparo para analisar as determinações sociais históricas do conteúdo e da forma das obras. Assim como para perceber o valor cultural ou a relevância política de obras mais recentes nem sempre destacadas como "artisticamente adequadas". Talvez elas não perdurem na história, mas isso não diminui sua importância para o conhecimento da época ou de certas dimensões da realidade em que se vive hoje.

No *exercício prático da criação* a preocupação pedagógica não é se os produtos atingirão a forma artística adequada. A intencionalidade principal se refere a garantir que a gama dos motivos da criação e a intensidade dos processos criativos permitam avançar:

– na significação cultural das experiências vividas;

– no exercício da imaginação criadora;

– na apropriação dos meios de produção da arte pela realização material de obras ou eventos;

– na reflexão sobre conteúdo e forma das obras artísticas.

E precisamos considerar nesse exercício a importância de intencionalizar o movimento entre processos individuais e coletivos de criação. Há uma grande força formativa nas experiências de criação em grupo: a construção de um painel artístico, a produção "da canção da turma",[34] as atividades de agitação e propaganda, por exemplo. Porém, tenhamos presente que produções individuais também podem ter a marca da criação coletiva, se fruto de experiências sociais e culturais "comuns", em que o grupo *se reconhece* na "simbolização" ou na recriação artística operada por talentos pessoais diversos. Pensemos nas apresentações teatrais, nos saraus literários, nos festivais de canções, nas exposições de desenhos, práticas já consolidadas em muitas escolas, como espaços de socialização de representações artísticas que permitem sentir e depois discutir esse reconhecimento coletivo: quando ocorre, porque não ocorre etc.

Nem todas as atividades artísticas geram obras "artisticamente adequadas" – assim como nem toda busca pela produção científica chega à cientificidade do conhecimento. Há

---

[34] Cf. experiências de oficinas de construção de canções de turmas em Munhoz (2016, p. 163-184).

aproximações a serem valorizadas e potencializadas em relação ao conteúdo, à forma e à construção da unidade entre forma e conteúdo capazes de acionar a sensibilidade humana, sendo essa capacidade o parâmetro básico da avaliação da vivência estética que proporciona. Nos diferentes tipos de experimentação estética e artística não devemos abrir mão de critérios objetivos de análise da forma nem absolutizar critérios socialmente postos, que sofrem as determinações históricas de seu tempo e não estão imunes às divisões de classe e às discriminações de toda ordem. Também aqui, a sensibilidade humana das educadoras e dos educadores, se "adequadamente" desenvolvida, torna-se um guia potente.

Destaque-se, uma vez mais, e para ambos os tipos de atividades, a relação entre forma e conteúdo: experiências ou situações são escolhidas para serem retratadas ou recriadas; e nas situações se põe foco em determinados aspectos, que podem ser mais ou menos fortes para trazer uma totalidade, mesmo sem tratar dela toda. Exercícios de criação pedagogicamente orientados para tornar conscientes essas escolhas e discuti-las coletivamente têm grande importância formativa. Como, por exemplo, um grupo de crianças e jovens inserido em unidades de produção agroecológica, representará artisticamente suas vivências nesse ambiente: que situações, que processos produtivos, que aspectos e relações escolhem para retratar em seus desenhos, em suas peças teatrais ou no exercício de produção de poemas? E qual o nível de abstração da realidade que suas obras expressam? O que suas obras permitem conhecer da totalidade da vida que nos põem à mostra?

No planejamento das atividades, importa sempre considerar as características de cada idade. Embora o princípio seja o de conhecer/vivenciar algo de todas as linguagens artísticas, em múltiplas e diversas atividades, há idades mais propícias para ênfases em determinadas linguagens,[35] embora isso possa variar conforme as vivências sociais do grupo.

O trabalho compartilhado entre diferentes idades pode ajudar nessa modulação: quando, por exemplo, estudantes de diferentes idades se envolvem na tarefa simples de um jornal mural ou na construção mais trabalhosa de uma apresentação teatral que envolva desde a escrita ou escolha da peça à montagem do cenário e à encenação propriamente dita, podem realizar diferentes ações, que ao mesmo tempo respeitarão as capacidades e tendências de cada um e permitirão que todos se reconheçam no todo da obra.[36]

3. Estudos e exercícios específicos de análise das produções culturais e artísticas

Faz parte desta tarefa educativa garantir a apropriação de ferramentas teóricas de crítica e autocrítica cultural (pessoal e coletiva). Estas ferramentas articulam o modo de conhecimento próprio da arte com a compreensão científico-filosófica que permite destrinchar a produção social da cultura como um todo. Além disso, trata-se de compreender os mecanismos de manipulação ideológica das subjetividades que têm sido usados para perpetuar a lógica do sistema capitalista, por tornar o modo de

---

[35] Vigotski, desde os aportes da psicologia histórico-cultural, indica a criação literária e a criação teatral (ou as dramatizações e encenações) como as mais características da "idade escolar", pelas operações psicológicas que envolvem e pelas vivências culturais que supõem. Já a tendência ao desenho é mais forte na primeira infância. Cf. Vigotski (2018), especialmente os três últimos capítulos.

[36] Cf. uma discussão densa e sugestiva sobre diferentes expressões artísticas e suas práticas em ambientes pedagógicos da Educação do Campo em Carvalho e Martins (2016). Há capítulos específicos sobre literatura, artes visuais, música, dança e teatro, além das que dialogam com determinadas expressões tecnológicas como fotografia, rádio, cinema e artes digitais.

vida social que lhe corresponde o "ideal de vida" dos sujeitos que têm a "vocação" histórica de transformá-lo.

Pensamos aqui especialmente em atividades com estudantes dos anos finais do ensino fundamental e ensino médio. É preciso realizar atividades que ajudem nossa juventude a *ter como seu objeto* as determinações do que pensa, gosta, sente, vive, e a construir parâmetros de análise crítica das produções culturais que circulam em seu meio, incluindo as suas próprias e de seus pares. E intencionalidades para que os/as jovens não deixem de lado os "tesouros culturais" que a história da humanidade lhes deixa como herança, lutando pelo acesso ao que lhes tem sido socialmente negado e, ao mesmo tempo, aprendendo a lidar criticamente com esse legado, de modo a torná-lo um "instrumento efetivo da cultura socialista" (Lunatchárski, 2018, p. 63-64).[37]

Há então uma dimensão da intencionalidade formativa que não se refere à especificidade da arte, porém precisa estar combinada com o trabalho pedagógico sobre ela. Trata-se da análise das produções artísticas, seja das "consagradas", seja daquelas que iniciam a busca da forma adequada, como produções que integram a totalidade da experiência social e, em nosso tempo histórico, sofrem as determinações das leis gerais da produção capitalista. Hoje, especialmente os produtos da *indústria cultural*[38] precisam ser desvelados em seu processo de produção, seus

---

[37] Cf. nessa coletânea especialmente o capítulo "O problema da cultura socialista", p. 61-67, referindo-se também ao legado científico e educacional e defendendo posições no debate sobre a formação de uma "cultura proletária". Na mesma perspectiva, a síntese de Eagleton (1993, p. 12): "Uma das tarefas da crítica radical, como Marx, Brecht e Walter Benjamin a entendiam, é a de salvar e redimir, para uso da esquerda, tudo o que for viável e valioso no legado de classe de que somos herdeiros. 'Use o que você puder' é um *slogan* brechtiano bastante sadio – com o corolário implícito, evidentemente, de que tudo o que for inútil nessas tradições deve ser jogado fora sem nostalgia".

[38] O conceito de "indústria cultural", cunhado por Theodor Adorno e Max Horkheimer em obra publicada em 1947, buscou reintegrar a análise da produ-

objetivos e efeitos sobre as subjetividades. E com o desafio mais recente de incluir na análise os impactos da era digital sobre a produção cultural em geral e a artística em particular. É questão própria do nosso tempo entender os impactos da exposição ostensiva às imagens produzidas pelas tecnologias digitais sobre padrões estéticos e sobre a formação (ou deformação) da sensibilidade humana.[39]

Os parâmetros de análise da produção artística, como da crítica cultural em geral, nos são dados pela (análise da) *atualidade* que orienta nossas finalidades educativas e, portanto, o conjunto das tarefas educativas da escola. E que são gerais e específicas ao meio onde se trabalhe. Em um ambiente de hegemonia da indústria cultural capitalista ou, ao contrário, de isolamento cultural, algumas das ênfases e mesmo de ferramentas a serem usadas para crítica e autocrítica cultural serão diferentes.

Nessa intencionalidade, podemos aproveitar situações do dia a dia da escola para diálogos do tipo "de onde vem": de onde vêm certos gostos e costumes nossos, de quem aprendemos, quando

---

ção cultural em uma visão inspirada no método construído em seus fundamentos por K. Marx e F. Engels. Foi um contraponto ao conceito de "cultura de massas", explicitando a lógica da produção de mercadorias culturais para consumo em escala como mais um dos grandes negócios capitalistas e ao mesmo tempo como uma forte ferramenta ideológica de moldagem da subjetividade de trabalhadores e trabalhadoras, também em seu tempo "livre", de lazer. Cf. Bastos, Stedile e Villas Bôas (2012, p. 410-417).

[39] Cf., por exemplo, a análise de Estevez (2022, p. 1) sobre uma possível "realocação do artístico pelo capitalismo": "Quando somos atravessados por imagens que não nos dão trégua, o próprio elemento distintivo do estético se evapora, num efeito contrário àquele imaginado pelas vanguardas artísticas do século passado que tanto prezavam pela inclusão da arte para além de seus espaços de nítida exclusão social. Nesse novo contexto, ninguém é excluído – ao contrário. Nessa integração violenta de todos a um regime estético superficial e homogêneo – uma forma ainda mais totalizante e autoritária da indústria cultural –, não há mais espaço para o turvo, para o indeterminado ou para aquilo que circula sem almejar uma definição última e acabada".

começamos ou quando paramos de gostar de uma determinada comida, de uma música, de um modo de vestir? Quem nos "ensinou" a não gostar de ler? Quem nos está convencendo que não é possível brincar sem equipamentos eletrônicos ou comunicar-se com as pessoas senão por intermédio de um celular?

E, como parte da mesma intencionalidade, há uma análise a ser feita da relação entre *forma* e *conteúdo* de obras artísticas de diferentes linguagens, épocas, artistas, lugares, algo mais complexo, para o que o exercício variado e processual durante a Educação Básica pode representar uma "iniciação" ou uma formação inicial significativa.

Podemos pensar em atividades simples, como analisar a letra de canções que são do gosto dos/das estudantes, conversar sobre o efeito de determinada composição de cores em uma pintura ou da trilha sonora em um filme; com turmas que já incluíram os momentos de *mística* em seu ambiente educativo,[40] podemos experimentar reconstituir os "bastidores" da preparação desses momentos, a discussão que motivou escolhas plásticas, musicais, de gestos, o que se pretendia dizer, o que foi sentido, compreendido por quem a vivenciou sem ter participado do planejamento

---

[40] Pensada na relação com as finalidades de formação humana, a mística se refere a momentos da convivência coletiva intencionalizados para "tocar o coração" de cada pessoa como lutadora e construtora do "amanhã da classe trabalhadora" (Caldart *et al.*, 2013, p. 352). Um "toque" que impulsiona à ação e que trabalha com "o intercâmbio humano no patamar simbólico-artístico, ideológico e emocional", integrando, na escola, seus tempos educativos (Caldart *et al.*, 2013, p. 345). Em escolas vinculadas ao MST, os momentos de mística costumam compor o tempo educativo que abre o dia, sendo geralmente preparados pela organização coletiva de estudantes para dar o tom dos desafios do período. Esses momentos também acompanham atividades especiais, como um seminário de crítica e autocrítica, uma assembleia de estudantes ou uma visita que se recebe na escola. Geralmente envolvem diferentes linguagens artísticas. Cf. uma análise da realização de momentos de mística no contexto de uma escola de ensino médio e educação profissional em Sottilli (2011). E sobre a relação entre mística, estética e teatro épico, cf. Barbosa (2019).

da obra; análises semelhantes a fazer sobre experiências de estudantes em grupos organizados para atividades de *agitprop*.

E, quando a formação de educadores inclui este preparo específico, podemos chegar a análises que façam a reconstituição interna e externa da produção das obras de arte, e a partir dela buscar "reconhecer a dinâmica da ideologia [...] que opera como efeito político por meio da eficácia estética das obras", mais do que pelo seu conteúdo explícito. Em síntese, o objetivo é chegar a compreender, pelo exercício da análise, que "quem não vê forma não vê ideologia" (Villas Bôas, 2016, p. 286).[41] É a forma que um conteúdo assume que consegue mexer com nossa subjetividade, e pode incidir ideologicamente sobre nós.

Pode-se nesse processo chegar a análises internas da constituição formal das obras e das determinações sociais e históricas da própria forma – por exemplo, na literatura, estudando o surgimento da forma romance e o que ela nos diz sobre a forma de sociabilidade própria da época moderna.

E é nesse exercício, especialmente de análise interna das obras, que cabe introduzir processualmente elementos de teoria estética, "aprendidos" também em algumas obras que os expressem. Podemos, por exemplo, ler com os/as estudantes trechos de obras como o romance "Almas mortas", de Nikolai Gógol, um clássico da literatura russa do século XIX, quando a certa altura descreve um jardim, descrição que especialistas em análise literária destacam como o anúncio de "toda a sua teoria estética" – todo livro de Gógol, diz um deles, "é como esse jardim" (*apud* Gógol,

---

[41] E sobre experiências de análise da forma artística de obras de diferentes linguagens no processo de formação de educadores cf.: Corrêa, Hess, Costa, Bastos, Villas Bôas e Borges (2011, p. 179-210). Cf. também exercícios de análise de textos literários em MST (2018).

2018, p. 407, posfácio). [42] Essa leitura pode levar a uma discussão: concordamos com essa visão estética? E o exercício bem pode ser completado com um desafio de criação: como faríamos nós hoje a descrição de um jardim que conhecemos ou a descrição da agrofloresta em que trabalhamos com nossas famílias?

Assim como podemos cotejar esse tipo de expressão artística com outras linguagens e outras visões estéticas, buscando compreender a relação forma e conteúdo, por exemplo, em quadros de Van Gogh, em que, segundo analistas, o diálogo entre cor, tipo de pincelada e sensação converteram "a potência corporal do trabalho [...] em princípio estético fundamental" (Martins, 2022, p. 4).

Reitere-se que há uma relação necessária entre a capacidade de análise das obras e as atividades de experimentação da criação artística. Quem cria vai se apropriando dos meios de produção da arte e mais facilmente consegue analisar as implicações das escolhas; tanto das experiências selecionadas para representação como das decisões de forma. Além da "condição de alteridade", ou do colocar-se no lugar de personagens ou enxergar-se em imagens e sons, passa a haver a mesma condição em relação aos próprios artistas e suas escolhas de forma.

Nessa perspectiva, nos parece que vale para o conjunto das expressões artísticas uma reflexão feita por Norton (2016, p. 258) a propósito de atividades com o cinema na escola. Segundo sua experiência pedagógica, quando os/as estudantes se tornam "especta-

---

[42] "Numa palavra, tudo era bonito como nem a natureza nem a arte são capazes de criar, mas como acontece apenas quando as duas se unem, quando por cima do trabalho humano acumulado, muitas vezes sem sentido, a natureza passa seu formão de acabamento, alivia as massas pesadas, anula a simetria bruta e as lacunas indigentes, através das quais transparece o plano nu e sem disfarce, e confere um calor maravilhoso a tudo que é criado na frieza da assepsia e do rigor metódico" (Gógol, 2018, p. 123).

dores criadores", ao assistir um filme, eles/elas passam a ter novas condições de aprendizagem: "além da condição de alteridade que mantinham com o personagem, eles mantêm agora uma condição de alteridade com o artista, com o cineasta". Isso acontece porque passam a se colocar no lugar dele, interpretam as escolhas feitas, podem discutir quais seriam as suas escolhas, ou seja, "refletem sobre o processo criativo de fazer um filme". Essa alteridade passa a ter, portanto, duas vezes mais força pedagógica porque aprende "das vivências do personagem e com as escolhas do diretor".

Vale observar ainda que, no conjunto das atividades tratadas nesse tópico, não devemos ignorar o "fio de navalha", que talvez seja mais visível nesta tarefa educativa, mas está presente no conjunto do trabalho pedagógico: ter intencionalidades formativas sem tolher a liberdade de criação, definir finalidades sem pretender ter o controle total – que se torna totalitário – das subjetividades e sim permitindo que se desenvolvam justamente de modo a não aceitar manipulações autoritárias de qualquer ordem. Destaque-se, uma vez mais, que um dispositivo básico para lidar com essas tensões, no todo inevitáveis, é que as intencionalidades não sejam definições individuais e sim do coletivo de educadores em interface com uma progressiva e efetiva auto--organização e participação dos/das estudantes na condução dos seus processos formativos.

Duas observações finais porque talvez não sejam óbvias. A primeira é que não entendemos esta tarefa educativa como sendo restrita à disciplina de "educação artística", ou outro nome que para ela se adote. Como as demais tarefas de que estamos tratando, esta remete às intencionalidades da construção do *ambiente educativo da escola*, que inclui sim o espaço desse componente curricular como momento específico. A compreensão coletiva dessa tarefa nos dá mais argumentos na luta por mantê-lo no plano de estudos da escola, presença sempre ameaçada por reformas educacionais que, pelos interesses econômicos, políticos e culturais a que servem, cada vez mais maximizam a desumanização.

E a segunda observação é que não discutimos aqui como formar "profissionais da arte", debate ainda necessário sob a forma histórica de divisão de trabalho que temos. De qualquer modo, não é função social da Educação Básica a especialização técnica de artistas, assim como de outros ramos profissionais, e sim o despertar e desenvolver a dimensão artista do ser humano que todas as pessoas têm ou podem desenvolver. Para que tenham condições, depois, de tornar-se sim, se lhes for o caso, trabalhadoras e trabalhadores poetas, músicos, pintores, atores, cineastas..., que pela sua formação poderão ser não artistas contempladores da vida, mas sim "artistas militantes",[43] ativos na própria formação cultural socialista da juventude e de suas educadoras e seus educadores.

---

[43] Ou "artistas combatentes", na expressão de Lunatchárski (2018, p. 72). Nos movimentos populares, entre os quais o MST, a expressão "artista militante" tem sido usada para chamar a atenção sobre a necessidade de lutar para que todo militante possa desenvolver habilidades artísticas e todo artista atue como militante, não desligando suas atividades artísticas das suas atividades organizativas e políticas.

ORGANIZAR UM MODO DE ESTUDAR QUE GARANTA A APROPRIAÇÃO DAS BASES DA CIÊNCIA

Em todas as tarefas educativas anteriores houve menção a conhecimentos e a estudo. E a razão disso é que uma das características próprias da intencionalidade formativa da escola é o trabalho pedagógico com o conhecimento, visando à compreensão cada vez mais alargada e profunda da realidade. E a realidade viva precisa chegar a ser entendida como *atualidade*, ou seja, como totalidade das conexões que constituem os diferentes fenômenos (naturais e sociais) ao nosso redor e pelas relações entre o que está mais próximo, no tempo e no espaço, e as transformações históricas da vida social na região, no país, no mundo, no planeta.

Ao tratar da especificidade da arte na tarefa anterior, mencionamos que há diferentes formas de conhecimento ou de apropriação humana da realidade. Arte e ciência são formas de conhecimento que devem ter lugar prioritário na escola, exatamente pelas possibilidades pedagógicas de trabalhar as condições necessárias a sua apropriação.

Esta tarefa específica sobre a qual vamos tratar agora se refere à ciência. Para as nossas finalidades de formação de lutadores e construtores, é tarefa da escola garantir a cada estudante a apropriação das *bases científicas de compreensão da atualidade.* Bases que desenvolvam a capacidade de análise e a tomada de posição fundamentada para agir sobre as questões da vida concreta. Questões simples e complexas, do cotidiano da vida e da transformação do mundo. E o modo de estudar precisa ser intencionalizado para levar à apropriação das bases da ciência.

Aclaremos de partida que a palavra "ciência" pode ser usada em dois sentidos: um sentido aponta para um "tipo determinado de conhecimento" ou para uma *forma* de conhecer/apropriar-se da realidade; o outro se refere a um conjunto de conhecimentos ou conteúdos de disciplinas qualificadas como "científicas" (Barata-Moura, 1997, p. 69). Na ação educativa, os dois sentidos importam: é necessário que as novas gerações se apropriem de compreensões da realidade natural e social produzidas pelas diferentes ciências e do modo específico de produção do conhecimento científico. Distinguir sem desligar esses dois sentidos nos ajuda a lapidar nossas intencionalidades pedagógicas.

O primeiro sentido nos remete a uma compreensão de caráter *epistemológico* e o segundo, a uma produção *social* concreta, em movimento. Ambas são históricas. Pensar em acesso ou socialização de conhecimentos ou dos produtos da ciência exige análise e sempre envolve alguma forma de seleção de conteúdos, seja pelos diferentes âmbitos da realidade de que tratam, seja pelo volume do que existe produzido. Servem de parâmetros para essa seleção as finalidades educativas concreta e coletivamente definidas, a análise geral da realidade que nos orienta e a própria compreensão da cientificidade do conhecimento que vamos firmando.

Note-se, então, que apropriar-se das bases da ciência não é igual a aprender conteúdos ensinados em aulas de ciências – embora os deva incluir. Porque nem sempre esses conteúdos são produtos de uma compreensão científica da realidade ou são expostos de maneira que permita chegar a ela. E porque não se chega à cientificidade do conhecimento, seja como apropriação, seja como produção, somente pela via dos conhecimentos científicos – ou historicamente classificados e considerados como tal. Outras formas de conhecimento costumam compor o caminho da compreensão científica da realidade. E isso também se refere ao caráter sempre provisório da apropriação do real, assim como às disputas ideológicas de classe das quais a produção da ciência está longe de ser imune. Um conhecimento pode não ser considerado científico por quem tem o poder desta classificação, porque põe em questão a ordem social estabelecida e o próprio modo hegemônico de produção da ciência. Essa questão cresce em importância na atualidade pela radicalização do vínculo da produção científica com finalidades de geração de lucro e reprodução de relações de poder.

Pensemos sobre quantas aulas de ciências da natureza nós já tivemos em nosso percurso escolar e quão pouco compreendemos os fenômenos naturais que nos cercam; quantos conteúdos de ciências da sociedade e quanta dificuldade de compreender a lógica de funcionamento da vida social que sofremos na pele. E pensemos ainda sobre quantos outros tipos de conhecimento, de saberes, já nos ajudaram a melhor compreender as questões necessárias para levar nossa vida adiante.

Chegar, pois, às bases científicas que nos permitem compreender e agir sobre a *atualidade* requer um trabalho pedagógico específico e que envolve a articulação entre diferentes formas de conhecimento. E exige uma postura – filosófica – de atenção ao novo ou ao que ainda não compreendemos; postura que não hierarquiza nem classifica apressadamente – e ideologicamente – esses conhecimentos e, ao mesmo tempo, faz uma aproximação sempre crítica a eles. E a visão crítica implica saber das atividades materiais e do movimento histórico que estão na base de sua produção.

A realidade é bem maior e mais complexa do que visões cristalizadas e desistoricizadas de conhecimento podem abarcar. Mas nem tudo vale para que se chegue a uma forma de compreensão que permita transformar a vida social pela raiz, nosso objetivo como lutadores e construtores. E isso se refere tanto a conhecimentos práticos da vida cotidiana ou a sabedoria que se transmite culturalmente de geração a geração, como a conhecimentos produzidos a partir de uma visão de ciência e de sociedade que nossas finalidades formativas e sociais tornam necessário considerar, mas podem exigir confrontar.

Diga-se logo também que a intencionalidade pedagógica para a apropriação das bases da ciência é maior, portanto, que o momento específico de ensino das disciplinas de ciências e precisa envolver todo o *ambiente educativo* da escola e suas relações com o entorno. O ensino das diferentes disciplinas científicas será um momento tanto mais importante desse processo conforme tome parte de um plano de estudos que tenha a vida real, materialmente fundada, como centro articulador dos conteúdos, não apenas das diferentes disciplinas ou áreas, mas sim do conjunto das atividades formativas.[1]

Para destrinchar o caminho prático de realização desta tarefa educativa específica, e sem perder a relação com as demais tarefas da escola, precisamos nos entender sobre alguns pontos de concepção. Novamente ficaremos longe de esgotar o tratamento de todas as questões teóricas envolvidas, porém buscamos des-

---

[1] Há visões teóricas que preferem alargar o conceito de "ensino" para abarcar nele próprio todas as relações necessárias ao estudo da realidade; preferimos distinguir momentos formativos para não perder a especificidade de cada intencionalidade pedagógica, orientar nosso pensar para além da sala de aula e não perder as relações necessárias à compreensão da realidade viva.

tacar ideias que consideramos essenciais, e já apontam uma direção para aprofundamento deste estudo específico nos nossos processos de formação de educadores. *Três perguntas principais organizam nossa síntese*, orientada para destrinchar esta tarefa educativa:

1ª) O que caracteriza a especificidade da forma científica de conhecimento e quais são as bases constitutivas da ciência?

2ª) Que modo de estudar permite a compreensão da realidade e a apropriação dos meios de produção da ciência, suas bases?

3ª) Por que a construção da pedagogia socialista afirma o trabalho como base central do estudo científico da realidade viva?

Sobre a especificidade da forma científica de conhecimento

Essa questão nos remete a elementos de teoria do conhecimento, necessários para pensar a tarefa formativa da escola e particularmente a educação científica das novas gerações. Orienta-nos a concepção de conhecimento e de ciência do materialismo histórico-dialético, porque ao dialogar com o desenvolvimento histórico da compreensão geral da humanidade sobre o conhecimento, ela nos ajuda a entender o que é essencial na ciência. E as finalidades sociais emancipatórias dessa concepção nos ajudam a trabalhar com nossas finalidades formativas, articulando as diferentes tarefas educativas da escola.[2]

Pode-se afirmar que as *características constitutivas* da especificidade da forma científica de conhecimento se referem, articuladamente, às suas *finalidades*; ao *método* de produção do

_____

2 Sínteses mais amplas da teoria do conhecimento produzida especialmente por K. Marx e F. Engels, nos seus próprios processos de estudo sobre a sociedade capitalista, nos ajudam na composição dessa nossa síntese. Foram referências principais: Barata-Moura (1997); Havemann (1967) (partindo das Ciências Naturais); Netto (2011, 2020). E indicamos para aprofundamento a coletânea Marx e Engels (2020), especialmente a Parte I, "História e método", p. 25-116.

conhecimento e à lógica de *sistematização* e de *exposição* do conhecimento produzido. Buscamos destrinchar essas características, sem entrar aqui em um segundo nível de especificidade, sobre aspectos distintivos do método de estudo dos fenômenos naturais e sociais. Aqui nos move o desafio de trabalhar pedagogicamente a *unidade* no diverso,[3] pela própria necessidade formativa de um currículo escolar mais integrado.

–   A finalidade epistemológica da ciência, em todos os seus âmbitos de estudo, é a busca progressiva do que é essencial nos fenômenos que compóem a realidade viva. Busca que visa chegar à compreensão do seu fundamento. E chegar ao "fundamento da coisa", para o conhecimento científico, se refere a apreender o que é "permanente no fluxo dos fenômenos" (Havemann, 1967, p. 120). Isto quer dizer, entender a lógica interna aos fenômenos, sejam naturais, sejam sociais; suas relações constitutivas, o que rege seu movimento e as tendências de seu desenvolvimento e sua transformação. É isso que fizeram Marx e Engels em seus estudos que destrincharam a lógica de funcionamento do modo de produção capitalista, pela apreensão do fundamento da constituição do capital como relação social de produção. É isso também que faz a ciência da Agroecologia hoje, buscando destrinchar o fundamento das diferentes formas de agricultura, já podendo se valer do conhecimento científico articulado sobre o trabalho humano produzido por Marx e Engels e pelos continuadores de seus estudos.

–   Razóes epistemológicas se movem por finalidades sociais. A busca do conhecimento científico, como de todas as formas de conhecimento, é sempre humanamente interessada e socialmente determinada. São as necessidades objetivas de compreensão, seja para mover-se melhor na realidade, seja para saber quais são as possibilidades de transformá-la, que leva o ser humano

---

[3]   Considere-se que nossa formação nos inclina (e limita) a pensar sob maior influência da teoria social, embora tentemos ensaiar algumas incursóes nas ciências naturais.

à ação de conhecer. E a busca do conhecimento é determinada pelas circunstâncias históricas de como e quem pode realizá--la. A ciência, como todo conhecimento, não se constitui como um "saber de redoma", recatadamente isolado do seu horizonte ideológico, pairando "acima do universo histórico e social concreto em que se origina". A especificidade do rigor exigido por essa forma de conhecimento não é uma "extraterritorialidade cômoda". Ao perguntar pela realidade objetiva, o ser humano é também mediado por ela, "pelas contradições que a atravessam e estruturam". E é orientado por determinadas finalidades sociais e políticas. O rigor implica não mascarar essas finalidades e assumir suas determinações. Daí a afirmação de Marx de que a apropriação rigorosamente científica do funcionamento da sociedade capitalista torna-se uma arma revolucionária para a classe trabalhadora, porque lhe mostra e lhe abre para "itinerários de transformação". Em Marx, a cientificidade do conhecimento não se realiza no conhecer em si; implica uma práxis transformadora (Barata-Moura, 1997, p. 123-125).[4]

— O conhecimento é possível, em suas diferentes formas, pela capacidade do ser humano de compreender as coisas que maneja, a realidade em que se insere, sua própria vida. Mas para chegar ao conhecimento do fundamento ou da "essência da coisa", é preciso fazer o caminho, nunca muito fácil, "da aparência para a essência, da essência mais simples para uma essência cada vez mais profunda" da realidade que se busca conhecer (Havemann, 1967, p. 51). A ciência se tornou historicamente uma atividade humana específica porque aparência e essência não coincidem, ou como diz Marx, não imediatamente coincidem.[5] A percepção sensorial de um fenômeno não basta para compreendê-lo

---

[4] E sua frase bem conhecida ao responder se um de seus livros era "científico": "... o livro é científico, mas não [é] científico no sentido do governo prussiano" (*apud* Barata-Moura, p. 125).

[5] Tornou-se célebre a frase de Marx: "toda ciência seria supérflua se a forma de manifestação [o que aparece] e a essência das coisas coincidissem imediatamente" (Marx, 2017, p. 880).

em seu fundamento. É necessário um método específico de estudo para entender o que não aparece.

- Mas se não coincidem, aparência e essência nunca se desligam. As coisas são o que parecem; mas não são apenas o que parecem; e às vezes o que parecem não é o que essencialmente são. Porém, não há como chegar ao essencial senão a partir de como "a coisa se mostra", porque o que ela mostra, ela também é. A ciência, nesta concepção, busca apreender, pois, a unidade dialética entre aparência e essência da realidade que estuda, captando a lógica do movimento dessa unificação. Para chegar a isso é preciso sempre partir da própria "coisa".

- É pelo pensamento que o ser humano busca a essência, mas a essência buscada é da própria realidade viva. O pensamento não cria a realidade ou sua essência. A realidade objetiva, material, existe independente de a conhecermos, embora o conhecimento tome parte da própria realidade à medida que faz dela seu objeto, podendo recriá-la na forma de uma imagem mental.[6] Por isso não se chega – nem se visa chegar – a uma "essência absoluta": porque a realidade não é estática e sim dinâmica; ela se movimenta e se transforma, assim como o pensamento, que é parte da realidade. "A 'essência' não é uma propriedade ou um patrimônio que se tem, é um ser que se exerce..." (Barata-Moura, 1997, p. 58). E esse movimento do ser compõe a essência a ser desvelada.

- Para chegar ao fundamento das coisas e dos processos é necessário, essencialmente, apreender as relações que os constituem: conexões internas a cada fenômeno e ligações dos fenômenos entre si. As "coisas" são também relações, mas tanto os vínculos inte-

---

6   Para aprofundamento cf. especialmente nas sínteses de Barata-Moura e de Havemann a contraposição da visão materialista-dialética em relação às diferentes visões idealistas e materialistas mecanicistas de conhecimento. Em Havemann, uma reflexão específica sobre as influências contraditórias do materialismo mecanicista sobre o desenvolvimento da ciência, em particular das ciências naturais.

riores entre seus elementos constitutivos como as ligações entre os fenômenos são exatamente o que não nos aparece. As relações precisam ser desentranhadas das coisas pelo pensamento que se debruça sobre elas.[7] E isso vale tanto para os fenômenos naturais e as "coisas" em geral como para os processos sociais; para os grandes e os pequenos campos do real.

— Nessa concepção de conhecimento, é próprio da ciência ou mais, da "consciência científica", a capacidade de apreender – reconstituir no pensamento como ideia concreta – as relações reais que permitem entender como e porque uma realidade se forma, se realiza e se movimenta (Barata-Moura, 1997, p. 93). As relações entre os fenômenos podem desvelar as conexões internas a cada fenômeno e as conexões internas podem pôr à mostra relações entre os fenômenos que não se percebem imediatamente. Porque os fenômenos efetivamente são ou se "revelam" em ação e interação.[8]

— As relações expressam determinações, ou seja, os limites dentro dos quais um fenômeno ou um processo pode se desenvolver. Apreender as determinações é também compreender as possibilidades do surgimento do novo, as tendências de movimento da realidade. Porque as relações incluem contradições, oposições internas a cada fenômeno e entre fenômenos, e são as contradições que definem as possibilidades de transformação. Se tudo não estivesse prenhe do seu oposto, como dizia Marx, nada poderia transformar-se. E se o desenvolvimento das coisas não envolves-

---

[7] Daí aquele desabafo de Marx: "suei sangue e água para encontrar as coisas mesmas, isto é, seu encadeamento", suas relações. Em carta a Engels comentando o trabalho recém-concluído do livro I de *O capital* e a continuidade da obra, em 24 de agosto de 1867 (Cf. Marx e Engels, 2020a, p. 217).

[8] Em Havemann, 1967, p. 123, vemos um exemplo com base nas ciências naturais: "Os quanta de luz são formas admiráveis de interação entre fenômenos naturais. Os que possuem massa em repouso têm pelo menos a possibilidade de existir durante um certo momento em seu próprio tempo, mesmo sem exercer qualquer ação. Mas verdadeiramente reais [...] só são na medida em que atuam [...]. Mas, nesse caso, já não são os mesmos, e em circunstâncias que também se modificaram". Cf. o conto de Ana Primavesi para explicar esse fenômeno às crianças, "Bimbo, Bea e Bam: os quantinhos de luz" (Primavesi, 2016, p. 63-76).

se continuidades e descontinuidades não haveria o novo, o que ainda não existe. Mas sem compreender, pela atividade do pensamento, o que tem a possibilidade de existir, não se consegue projetar a construção intencional do novo.

– Apreender as relações permite mirar a totalidade concreta (e sempre dinâmica) de que os fenômenos e processos reais tomam parte. Totalidade é uma categoria teórica, de organização do pensamento, que permite apreender o "todo orgânico" que a realidade materialmente fundada é, ou seja, nem caótica nem aleatória; tampouco fechada, imóvel e absolutamente previsível.[9] Cada fenômeno, cada processo do real precisa ser compreendido como parte de uma totalidade em que está inserido e como essa totalidade, por sua vez, participa de uma totalidade maior que a inclui e permite entendê-la em outro âmbito de relações. Pensemos, por exemplo, nas relações entre solo, planta e alimento e nas ligações internas que definem o solo vivo, o desenvolvimento da planta e o que faz saudável um alimento consumido pelo ser humano.[10] Essa é uma totalidade que precisa ser constituída pelo pensamento para que se entenda o fundamento da agricultura. E somente inserindo essa totalidade menor na totalidade maior, a da lógica das relações sociais de produção, se consegue entender como a lógica da produção capitalista na agricultura incide de modo destrutivo nessas relações metabólicas e porque o faz.[11]

---

[9] "Em si, o real e o concreto não são um todo caótico, arbitrário e/ou aleatório: constituem uma totalidade articulada e concreta (um 'todo orgânico') que só se revela como tal ao pensamento na síntese a que este se alça mediante a atividade cognitiva. É essa atividade cognitiva que, na sua síntese, reproduz o concreto real como concreto pensado ('concreto mental'), e o faz como uma modalidade de 'apropriação do mundo' (mundo = pressuposto efetivo). Há várias modalidades (artística, religiosa etc.) de o cérebro humano ('a cabeça pensante') apropriar-se do mundo...". Marx, de cujo método de conhecimento está tratando, se dedicou principalmente à apropriação teórica (científico-filosófica) do mundo (Netto, 2020, p. 314-315).

[10] Como na expressão sintética de Ana Primavesi: "solo sadio – planta sadia – ser humano sadio" (Primavesi, 2016, capa).

[11] Desde Marx e o objeto de seus estudos: "A moderna sociedade burguesa não é simplesmente um 'todo' formado por 'partes' funcionalmente integradas. Antes,

– Estudar a realidade partindo do ponto de vista da totalidade é um dos principais distintivos da concepção materialista-dialética de ciência. O fundamento está na totalidade concreta. E daí a necessidade de entender como uma totalidade vai se constituindo historicamente. A compreensão científica das relações sociais capitalistas, por exemplo, requer o estudo histórico sobre como o capital – como forma histórica de relação social de produção e em seus diferentes momentos constitutivos – vai subordinando à sua lógica todos os elementos e dimensões da vida social e vai extraindo dela os órgãos que lhe faltam para tornar-se um sistema orgânico (Harvey, 2018, p. 53).[12] É assim que o sistema capitalista se torna forte, porque orgânico, e frágil pela imbricação entre contradições de diferentes âmbitos da vida social.

– Uma totalidade é, afinal, um sistema de relações. É a visão sistêmica que permite à ciência compreender a estrutura dos fenômenos e processos reais, sua lógica de funcionamento e desenvolvimento e, portanto, as leis (o que é permanente no fluxo) que os regem. Mas aqui é preciso um alerta: as visões idealistas e mecanicistas de sistema têm hegemonizado muitos âmbitos da

---

é uma totalidade concreta macroscópica e inclusiva, de máxima complexidade, constituída por totalidades de menor complexidade. Nenhuma dessas totalidades é 'simples'; o que as distingue é o grau de complexidade e a modalidade das suas articulações e interações com o 'momento predominante' [a produção material da vida social], de que podem resultar relações subordinantes e/ou subordinadas..." (Netto, 2020, p. 321-322).

[12] Harvey raciocina a partir do que Marx afirmou já nos *Grundrisse*: "É preciso considerar que as novas forças produtivas e relações de produção não se desenvolvem do nada, nem do ar nem do ventre da ideia que se põe a si mesma; mas o fazem no interior do desenvolvimento da produção existente e das relações de produção tradicionais herdadas, e em contradição com elas. Se no sistema burguês acabado cada relação econômica pressupõe a outra sob a forma econômico-burguesa e, desse modo, cada elemento posto é ao mesmo tempo pressuposto, o mesmo sucede em todo sistema orgânico. Como totalidade, esse próprio sistema orgânico tem seus pressupostos, e seu desenvolvimento na totalidade consiste precisamente em subordinar a si todos os elementos da sociedade, ou em extrair dela os órgãos que ainda lhe faltam. É assim que devém uma totalidade historicamente. O vir a ser tal totalidade constitui um momento de seu processo, de seu desenvolvimento" (Marx, 2011, p. 217).

ciência, tornando-se uma ferramenta teórica avançada, e cada vez mais sofisticada, de impedir, não impulsionar, a compreensão das possibilidades de transformação da realidade. Em muitas de suas vertentes, tanto das ciências naturais como sociais, o sistema de relações, apreendido do real, é convertido em leis absolutas, funcionando como um esquema fechado que se impõe à realidade: "se é assim que a realidade funciona, o que nos cabe é ir ajustando o que se desvia de suas leis para que tudo continue como deve ser". Essa inversão idealista e mecanicista ocorre quando se desliga as relações da materialidade viva em que estão as contradições,[13] mascarando ou deixando de mostrar a luta que movimenta e transforma a realidade.

– Na concepção materialista-dialética da totalidade como sistema, buscam-se as leis, expressão do fundamento, mas tendo como pressuposto que elas podem ser afetadas e mesmo contrariadas pelas circunstâncias diversas que intervêm na realidade. Nessa concepção de ciência é especialmente relevante a noção de *tendência*. Nos termos de Marx (*apud* Barata-Moura, p. 123), a tendência é entendida como "uma lei cuja execução absoluta é detida, retardada, enfraquecida, por circunstâncias que a contrariam". As leis que podem ser abstraídas do fluxo permanente do real são sempre "leis tendenciais" não porque sejam apenas hipóteses a verificar – daí não se poderia considerá-las "leis" –, mas porque a materialidade viva, natural e social tem em sua concretude movimentos que podem contrariar sua lógica, incluindo aqueles produzidos pela ação humana que incide sobre ela. O sentido de compreender essa lógica é para que se tornem conhecidas as condições objetivas e as possibilidades reais de uma intervenção transformadora consciente. E isso se refere

---

[13] Para aprofundamento desta análise, cf. Barata-Moura (1997), especialmente o cap. I "O sistema como relação. Marx", p. 23-66. E sobre o papel da teoria de sistemas nas ciências naturais cf. Levins e Lewontin (2022), especialmente o capítulo "Dialética e teoria de sistemas", p. 139-167.

tanto aos fenômenos e processos da natureza como aos da vida social, ainda que de forma distinta.[14]

— A ciência avança, assim como nossa compreensão sobre ela, quando se entende que o conhecimento que apreende a estrutura fundamental dos fenômenos e processos nem esgota tudo o que eles são e nem os conhece de uma vez só e para sempre. Isso fica compreendido somente se o sistema de relações não se desliga da materialidade que visa explicar. A relação dialética entre a visão de sistema e a historicidade do ser real não pode ser perdida.[15] Porque o real sempre produz algo novo e que surpreende a ciência estabelecida.[16] Algo que opera na ordem do acaso ou que revela relações que ainda não tínhamos conseguido apreender. Esse é o movimento que faz avançar o conhecimento científico. Não se

---

[14] "O processo histórico se diferencia do processo natural, dos processos que se realizam na natureza, graças à sua originalidade. Nesse caráter original e definitivo do curso histórico reside uma das principais dificuldades para determinar as leis desse curso. É também um dos motivos principais das dificuldades [...] para reconhecer as possibilidades de transformação dessas relações sociais, de modo que, sem ferir as leis imanentes da sociedade, mas pelo contrário, por meio de sua ajuda, possamos conscientemente provocar uma transformação e o desenvolvimento constante dessas relações" (Havemann, 1967, p. 131-132).

[15] "Um sistema de conhecimento da natureza e da história que abrange tudo e que finaliza tudo de uma vez por todas está em contradição com as leis básicas do pensamento dialético; entretanto, isso de modo algum exclui, antes inclui, a possibilidade de que o conhecimento sistemático da totalidade do mundo exterior avance a passos gigantescos de geração em geração" (Engels, 2015, p. 53). Engels está tratando da visão de sistema de Hegel, seu grande mérito e no que precisou ser superado pela dialética materialista, porém nos ajuda a compreender sua própria concepção de conhecimento.

[16] "Se na realidade não surgisse permanentemente algo de novo, algo que anteriormente não existia, que surgira apenas como possibilidade e como tal se desenvolvera, então não poderia igualmente existir desenvolvimento, transformação progressiva dos fenômenos. Não poderia haver a evolução de protozoários a vegetais, a animais e ao homem [ser humano]. Não haveria qualquer processo no mundo se tudo fosse uma continuação do já existente. O mundo em que vivemos não é uma simples continuação do passado, mas é a transformação do que já passou, permanente produção do novo, do não existente. É esse um dos sentidos da afirmação de Lao-Tse [representante de uma tradição oriental antiga de pensamento dialético]: 'É preciso influir sobre o que ainda não existe'." (Havemann, 1967, p. 124).

pode abrir mão de buscar entender a lógica estruturante dos fenômenos nem absolutizar o que já foi compreendido. Quanto mais
consciência se tiver dessa dialética, mais avançará a compreensão
da realidade.

– A produção do conhecimento científico, nessa concepção, exige
e ao mesmo tempo exercita o pensamento dialético, ou seja, uma
forma de pensar que é capaz de tornar consciente o caráter dialético da realidade, seu fluxo movido por contradições, suas transformações quantitativas e qualitativas, suas determinações. Esse
modo de pensar é muito antigo na história da humanidade, mas
seu desenvolvimento histórico ficou subsumido nas formas mecanicistas de ciência que certas formas de sociedade tornaram dominantes.[17] Somente conhecemos o essencial dos fenômenos reais
quando conseguimos apreendê-los em seu movimento, o que requer um raciocínio dialético. E isso vale tanto para os fenômenos
naturais quanto sociais, sendo o "livre movimento da matéria [...]
parte da nossa cognição" (Foster, 2005, p. 317).[18]

– A ciência tem uma forma própria de sistematizar – apresentar
de modo sistemático – e comunicar os resultados do processo de
produção do conhecimento, sua forma de apropriação da totalidade do real. Vimos na tarefa educativa anterior que, na forma
artística de apropriação da realidade, a totalidade é expressa a
partir da escolha adequada de situações ou da composição de fi-

---

[17] Heráclito, filósofo pré-socrático, considerado um dos primeiros representantes
do pensamento dialético ocidental (antes foi citado Lao-Tse, da tradição oriental), afirmava a luta dos contrários como a mãe de todas as coisas, e dizia: "Tudo
flui, tudo se encontra em permanente movimento" (*apud* Havemann, 1967, p.
158).

[18] "O próprio Marx tirou de Epicuro a concepção materialista de que a natureza só
é percebida por meio dos nossos sentidos à medida que ela 'vai passando', ou seja,
num processo temporal; daí o 'livre movimento da matéria ser parte da nossa
cognição, tanto quanto nós somos parte da natureza e a percebemos sensorialmente, e em conformidade com os conceitos que nós abstraímos desta percepção
sensorial. [...] 'O livre movimento da matéria', escreveu Marx, 'nada mais é que
uma paráfrase do método de lidar com a matéria: isto é, o método dialético'..."
(Foster, 2005, p. 317).

guras singulares "típicas", capazes de nos fazer sentir ou a pensar sobre como a realidade é. Na ciência predomina a forma de sistematização analítica, ou seja, a totalidade vai sendo abstraída e apresentada por partes nem sempre ou nem em todos os domínios e processos chegando ou visando chegar a uma compreensão sintética do todo. Mas as sínteses teóricas parciais ajudam a compor uma concepção unitária do mundo – uma "filosofia ativa" que passa a orientar as pessoas sobre questões da vida concreta assim como orienta a própria produção do conhecimento, mesmo que nem sempre se esteja consciente dela.[19]

– A sistematização teórico-científica tem a forma de generalizações feitas a partir de diferentes experiências. Ela inclui o uso e a formulação de conceitos, categorias, princípios, leis, em certos domínios enunciados na forma de "axiomas".[20] A lei da conservação da energia e o princípio da entropia, que permite à ciência da Agroecologia explicar um dos fundamentos da insustentabilidade ecológica da agricultura industrial, são exemplos de sistematizações científicas que nos vêm especialmente dos domínios da Física, assim como o mais-valor (ou mais-valia), que nos veio da crítica científica da Eco-

---

[19] Na concepção que estamos trabalhando, trata-se de uma filosofia ativa, "exatamente na medida em que não é um sistema de princípios gerais, e sim um método dialético consciente que compreende o mundo como uma unidade, a despeito de sua contraditoriedade, que não é um sistema universal, e sim uma concepção do mundo. Ela vive em todos nós, transforma-se de acordo com nosso conhecimento, cresce com nossa força de transformação do mundo, é ativa e não só interpreta o mundo como opera e resolve os problemas na medida em que os apreende concretamente..." (Havemann, 1967, p. 168-169).

[20] Tendo por referência as ciências naturais, Havemann define os axiomas como afirmações ou proposições, formuladas a partir das generalizações empíricas, "leis da experiência" (Havemann, 1967, p. 71), que se tornam tão evidentes que não precisam mais ser demonstradas; são aceitas como "verdades universais" que então servem de premissas para deduções sobre o real ou para a continuidade da produção do conhecimento. Segundo ele, com base nas formulações de sua época, as teorias científicas "se empenham em axiomatizar seus conhecimentos e [...], em última análise, somente quando conseguem fazê-lo é que seus objetos e contextos respectivos são de fato cientificamente apreendidos" (Havemann, p. 196). Atualmente, a palavra "axioma" tem um uso mais restrito a determinados campos da ciência, como a matemática, por exemplo.

nomia Política, é uma categoria teórica que permitiu a formulação da lei que explica a exploração do trabalho nas relações sociais de produção capitalista. É preciso, porém, ter o pensamento aberto para formas culturalmente distintas que a sistematização ou as generalizações empíricas podem ter, por exemplo, quando se chega à apropriação científica da realidade sem que se tenha a sistematização escrita – forma historicamente consolidada de comunicação dos resultados da investigação científica – como referência para apresentar ou comunicar essa apropriação.

– De qualquer modo, há um "fio de navalha" de concepção que precisamos entender. Para determinadas visões de ciência, chegar a uma teoria que explica os fenômenos, sejam naturais, sejam sociais, e mesmo "axiomatizar os conhecimentos", é a grande finalidade do desenvolvimento da ciência, seu ápice. Não é essa a visão materialista-dialética de ciência. Aqui se entende que a sistematização teórica é um dos elos no processo de produção da ciência: ela nem começa nem termina nela e, por isso mesmo, ela é sempre relativa. "As leis não dizem o que realmente acontece ou acontecerá, mas apenas indicam o que pode acontecer", a depender das condições objetivas que ativem o fenômeno nas determinações apreendidas para a formulação de cada lei. Mas tão logo uma ciência chega às suas sínteses teóricas, costuma surgir uma situação surpreendente. Seus enunciados teóricos são, portanto, apenas "o resumo dos domínios da realidade apreendidos até determinado momento, mas de modo algum [...] o resumo de toda a realidade" (Havemann, p. 197). Quando tomados em si mesmos, esses enunciados passam de "leis da experiência" a "necessidades lógicas", como se fossem "uma verdade evidente" que prescinde de qualquer investigação empírica. "Na realidade, não existe qualquer princípio que não possa ser negado pela experiência".[21] E

---

[21] Note-se que isso vale também para os fenômenos naturais. "Uma série de leis naturais que consideramos férreas, imutáveis, na realidade não são eternas e imutáveis, mas têm, elas também, uma história, sendo também parte integrante de processos históricos, modificando-se com o desenvolvimento do mundo" (Havemann, 1967, p. 84). O contexto desta afirmação é a discussão sobre a relação da

a absolutização das leis científicas é um viés idealista presente, contraditoriamente, no próprio materialismo mecanicista. Mas as leis, os princípios, as categorias, podem ter a forma e ser estudadas como sínteses parciais de compreensão que orientam a continuidade do estudo; sínteses assumidas então como pressupostos e não como premissas rígidas, menos ainda como sistemas teóricos fechados que não precisem mais do crivo da relação com a "processualidade histórica real" (Netto *apud* Marx e Engels, 2020a, p. 29).[22] Ressalte-se: esses pressupostos não são hipóteses sem verificação empírica e passíveis de qualquer revisionismo idealista;

---

medida do tempo e os processos reais da natureza. "A velocidade do tempo, hoje, talvez não seja a mesma velocidade de épocas anteriores da história do cosmos."

[22] Marx no estudo do sistema capitalista, até chegar à apreensão de sua totalidade concreta exposta em sua obra magna, *O capital* (livro I publicado em 1867), foi fazendo diferentes sínteses que lhe permitiam passos adiante as reafirmando ou revisando. Um exemplo destacado por José Paulo Netto como síntese conclusiva de praticamente 15 anos de investigação científica é a passagem posta no prefácio da obra *Para a crítica da Economia Política* (1859): "O resultado geral a que cheguei e que, uma vez obtido, serviu-me de guia para meus estudos pode ser formulado, resumidamente, assim: na produção social da própria existência, os homens [seres humanos] entram em relações determinadas, necessárias, independentes de sua vontade; essas relações de produção correspondem a um grau determinado de desenvolvimento de suas forças produtivas materiais. A totalidade dessas relações de produção constitui a estrutura econômica da sociedade, a base real sobre a qual se eleva uma superestrutura jurídica e política e à qual correspondem formas sociais determinadas de consciência. O modo de produção da vida material condiciona o processo em geral da vida social, política e intelectual. Não é a consciência dos homens que determina o seu ser; ao contrário, é o seu ser social que determina sua consciência. Em uma certa etapa de seu desenvolvimento, as forças produtivas materiais da sociedade entram em contradição com as relações de produção existentes ou, o que nada mais é do que a sua expressão jurídica, com as relações de propriedade no seio das quais elas se haviam desenvolvido até então. De formas evolutivas das forças produtivas que eram, essas relações convertem-se em entraves. Abre-se, então, uma época de revolução social. A transformação que se produziu na base econômica transforma mais ou menos lenta ou rapidamente toda a colossal superestrutura" (Marx, 2008, p. 49-50 *apud* Netto, 2011, p. 50-51). Note-se que leituras idealistas mecanicistas de passagens como essa dificultam sobremaneira o conhecimento concreto da realidade a que elas depois permitiram chegar. E já na época em que foram elaboradas, desvios de interpretação tiveram que ser explicados e contrapostos por Marx e Engels.

submetidos à sistemática verificação, serão alterados se evidências da prática real viva exigirem a revisão.

Pensemos, por exemplo, no próprio processo de conhecimento de Marx sobre as contradições fundamentais do sistema do capital, que o fez postular – como tendência – que uma revolução socialista viria primeiro nos países de capitalismo avançado, porque ali as contradições estariam mais explosivas. Quando foi surpreendido pelos primeiros indícios do processo revolucionário russo – que depois teve seu momento mais forte em 1917 –, isso contrariava a tendência, o que o levou a se debruçar sobre essa nova realidade empírica para entender se ela implicava alguma revisão do seu postulado teórico. Por sua vez, a lei – tendência histórica – que formulou sobre serem as crises econômicas inerentes à lógica de desenvolvimento do capital foi se confirmando historicamente, o que não exime os pesquisadores de analisar a particularidade e singularidade histórica de cada crise ou do ciclo de contradições do processo de acumulação que hoje aponta para uma crise do sistema do capital, sem precedentes.

– Do ponto de vista formativo, principal objetivo desta nossa síntese, pode-se entender, então, porque estudar leis, princípios ou conceitos soltos, mesmo que efetivos produtos da elaboração científica, e ainda estudá-los em cada disciplina científica isolada, descolados da realidade material a que se referem, não apenas dificulta como pode impedir a compreensão da realidade e a apreensão da lógica da forma científica de conhecimento, exatamente porque o ser real, seu objeto, fica subsumido. Ao mesmo tempo, isso nos chama atenção para que sínteses de compreensão científica da realidade a que já se tenha chegado, em diferentes domínios do conhecimento, também são bases da ciência a serem apropriadas. E terão sentido formativo mais efetivo se desveladas nas relações constitutivas de sua produção. Esse acesso ao conhecimento acumulado, inclusive do que precise ser alargado ou confrontado, é passo da produção da ciência e, portanto, deve sê-lo da educação científica. Implica aprender a discernir quais conhecimentos ajudam a avançar no estudo da realidade viva, mesmo que produzidos sob visões de mundo que precisem ser contrapostas. Marx era exemplar nesse discernimento e também nisso tem muito a nos ensinar.[23]

– Voltemos ao começo de nossa síntese para ir finalizando este tópico. Nas diferentes formas de conhecimento existe uma ação comum: a busca do essencial, que começa por se saber distinguir o principal do secundário; supõe "aprender a ver" (Havemann, p. 53), abstrair do real o que permite identificá-lo e compreendê-lo; implica apreender, no que se está buscando conhecer, a unidade no diverso. Essa busca, de que parte a atividade humana de fazer ciência, é progressiva e processual, porque não se chega ao essencial de uma vez, e porque essa busca é algo que se aprende.

– O processo de conhecer avança de razões imediatas e cotidianas para dimensões mais amplas, e o conhecimento científico pode ser entendido – e intencionalizado formativamente – em diferentes níveis de aprofundamento. Em qualquer forma simples de construção de conceitos, ou na própria origem da linguagem, é preciso avançar da apreensão sensorial das coisas a generalizações que permitam identificá-las em palavras. A operação envolvida no surgimento da linguagem é exatamente a de apreender a unidade no diverso: o essencial que permite chamar de "árvores" a tantas e diversas plantas, por exemplo. A abstração que permitiu chegar ao conceito de árvo-

---

[23] Como nos ajuda entender J. B. Foster sobre o caminho de estudo de Marx: "Epicuro, segundo Marx, havia descoberto a alienação da natureza; mas Hegel revelou a alienação dos seres humanos do seu próprio trabalho, e daí tanto da sociedade quanto da relação especificamente humana com a natureza. Marx forjou seus insights com o conhecimento crítico obtido da economia de Ricardo, da química de Liebig, e da teoria evolucionária de Darwin, numa filosofia revolucionária que visava a nada menos que a transcendência da alienação em todos os seus aspectos: um mundo de liberdade humana e ecológica racional com base terrena – a sociedade de produtores associados" (Foster, 2005, p. 350). Marx estudou e fez a crítica de todos eles, aproveitando as contribuições de cada um na sua elaboração própria.

re não nos dá, pois, o conhecimento sobre cada árvore concreta, na singularidade que a diferencia das demais, mas permite que, além de reconhecer o que é e o que não é uma árvore, nos voltemos com esta base essencial para estudar cada uma delas. Precisamos entender, porém, que descrever o essencial – de uma situação, de um fenômeno, de uma ação – não é ainda chegar à "essência da coisa". Os conceitos são abstrações necessárias para compreender a realidade, porém somente trazem a parte ou dimensão dela necessária em determinado contexto de compreensão e comunicação.

– A apreensão sensorial dos fenômenos reais é o primeiro passo, em qualquer forma de conhecimento. "Processos reais no tempo e no espaço são a fonte de nosso conhecimento". No conhecimento científico, o próximo passo é conseguir identificar o que se percebe, descrever o que acontece e buscar informações sobre o histórico desse fenômeno, o que ocorreu antes, próximo ou distante no tempo. Porém, para a ciência, não basta conhecer o que ocorre e ocorreu; a essência mais profunda a ser buscada é "por que ocorreu, por que foi possível" (Havemann, p. 109).[24] Esse é o próprio sentido "essencial" da ciência: compreender o fundamento das coisas e dos processos. Quando o objetivo social é o de transformar mais radicalmente uma realidade, maior é a necessidade de compreender a "essência da coisa", para que se reconheçam os focos prioritários e as possibilidades reais de mudanças. Sabendo-se que é diferente entender um fenômeno que está materialmente longe de nós e entender algo que se maneja ou que se vive; ou entender um fenômeno que, mesmo distante, nos afete mais diretamente. Quanto mais abrangente e complexa a totalidade de que se trate, tanto mais o processo de conhecimento se torna difícil, exigindo paciência, humildade, disciplina e rigor. E um rigor capaz de reconhecer os

---

[24] Desde as ciências naturais: "Em nossos compêndios e exposições científicas se exprime aquilo que encontramos de duradouro, de permanente na natureza, exatamente aquilo que é possível". É de Hegel o legado do princípio dialético do conhecimento que processamos agora em uma visão materialista-dialética: descobrir "as leis que determinam o real significa reconhecer aquilo que é possível" (Havemann, p. 109).

limites postos pela realidade viva à forma científica de compreensão de algumas de suas dimensões ou de toda a sua abrangência.

— Em todos os níveis de aprofundamento, o caminho da ciência – ou da cientificidade do conhecimento – envolve alguns passos essenciais que vão da apreensão sensorial e percepção da coisa ao conhecimento concreto dela – da "coisa" como ela imediatamente aparece aos nossos sentidos à "coisa" concretamente pensada. Em resumo, esses passos são os seguintes:

• sempre é necessário partir da própria "coisa", dos fenômenos reais, vivos, tal como eles nos imediatamente aparecem e podem ser apreendidos pelos nossos sentidos – o que se vê, se ouve, se cheira, se apalpa, se sente –, lembrando que todos os sentidos, mesmo os físicos, são humana e socialmente trabalhados;

• a partir da percepção sensorial, é preciso passar ao trabalho paciente e minucioso de buscar desentranhar os elementos e as relações que constituem e movem as coisas como processos; trata-se de um procedimento analítico necessário que pode variar conforme a natureza e os aspectos do objeto estudado,[25] porém sempre supõe a capacidade intelectiva da abstração "que permite extrair de sua contextualidade determinada [...] um elemento, isolá-lo, examiná-lo" – elemento que no real não é abstrato, porém, se torna quando retirado da totalidade de que é parte (Netto, 2011, p. 44);

• essa operação de análise envolve o uso e a formulação de conceitos e categorias teóricas; uso de conceitos que o desenvolvimento anterior da ciência já produziu, e que o uso no estudo de determinado objeto pode alterar o sentido; e formulação das "categorias do ser", isto é, as que expressam o modo de ser da realidade que está sendo estudada (Netto, 2011, p. 46), são próprias a ela; essas categorias que, mesmo abstratas e, portanto, podendo ajudar a

---

[25] "Na análise das formas econômicas, não se pode utilizar nem microscópio nem reagentes químicos. A capacidade de abstração substitui esses meios" (Marx, *O capital*, livro I, *apud* Netto, 2011, p. 44, nota 11).

compreender outras realidades, são elas mesmas, históricas, isto é, são alteradas ao longo do tempo;[26]

• apreendidos os elementos e as relações, e formuladas as categorias do ser, é preciso retornar ao objeto real, empírico, agora buscando compreendê-lo ou apreendê-lo concretamente,[27] quer dizer, em suas determinações e tendências, partindo dos pressupostos firmados no passo analítico, mas sempre no movimento em espiral aberto às "surpresas" da realidade viva e à continuidade da investigação;

• por fim, é necessária, então, uma forma de exposição da síntese de compreensão do objeto até o ponto em que se conseguiu che-

---

[26] Um exemplo a partir das categorias usadas e formuladas por Marx na compreensão do fundamento da sociedade capitalista: ele usou a categoria dinheiro, de uso comum com o sentido de "meio de troca" e no processo de análise de como o dinheiro opera na sociedade capitalista, entendeu que além de meio de troca, opera como "equivalente geral", "medida do valor", "meio de acumulação", "meio de pagamento universal". Por sua vez, "trabalho assalariado" (hoje expressão de uso comum) foi uma categoria que criou explicando a natureza do trabalho sob relações sociais de produção capitalistas, o que ajudou a entender formas sociais anteriores de trabalho (cf. Netto, 2011, p. 48). Para o aprofundamento da compreensão sobre as "categorias do ser" e o método de estudo, cf. Marx (2011), tópico "O método da economia política", p. 54-61 – também na coletânea Marx e Engels, 2020, p. 71-81.

[27] Na síntese clássica de Marx sobre o método que construiu pelo estudo do modo de produção capitalista: "O concreto é concreto porque é a síntese de muitas determinações, isto é, unidade do diverso. Por isso, o concreto aparece no pensamento como o processo de síntese, como resultado, não como ponto de partida, embora seja o verdadeiro ponto de partida e, portanto, o ponto de partida também da intuição e da representação. [...] [O] método que consiste em elevar-se do abstrato ao concreto não é senão a maneira de proceder do pensamento para se apropriar do concreto, para reproduzi-lo mentalmente como coisa concreta [aqui criticando a visão idealista de que o pensamento é que cria a realidade concreta]. [...] O todo, tal como aparece no cérebro pensante, que se apropria do mundo da única maneira em que o pode fazer, maneira que difere do modo artístico, religioso, prático de se apropriar dele. O objeto concreto permanece em pé antes e depois, em sua independência e fora do cérebro ao mesmo tempo, isto é, o cérebro não se comporta senão especulativamente, teoricamente. No método também teórico [da Economia Política] o objeto – a sociedade – deve, pois, achar-se sempre presente ao espírito, como pressuposição (Marx, 2008, p. 260-262).

gar; trata-se do "concreto pensado", produto do pensamento que retorna ao objeto real, depois de passar pela análise, significando ou expressando a efetiva apropriação científica do real; esse concreto pensado passa a ser um guia para continuar o estudo,[28] em um processo que tende a ser infinito.[29]

— Observe-se que esse caminho metodológico de produção do conhecimento científico que apresentamos é ele próprio uma síntese teórica a que se chegou a partir da sistematização de um processo exemplar de produção da ciência com finalidades de "intervenção prática nos processo de transformação social" (Mészáros, 2009, p. 214).[30] Ele não diz tudo da realidade dessa produção em qualquer caso particular que se realize, porém, se torna pressuposto para todas as investigações científicas que tenham responsabilidade social. E aqui estamos afirmando que pode ser tomado como pressuposto para pensar a tarefa educativa da escola em relação à apropriação das bases da compreensão científica da realidade viva.

---

[28] "Nossa concepção da história [de Marx e de Engels] é, sobretudo, um guia para o estudo [...]. É necessário voltar a estudar toda a história, devem examinar-se em todos os detalhes as condições de existência das diversas formações sociais antes de procurar deduzir delas as ideias políticas, jurídicas, estéticas, filosóficas, religiosas etc. que lhes correspondem" (Engels *apud* Netto, 2011, p. 13).

[29] Diz Engels: "Os homens [seres humanos] encontram-se, portanto, colocados perante a contradição de, por um lado, conhecerem exaustivamente o sistema do mundo na sua conexão total [...] e de, por outro lado, nunca poderem, tanto pela sua própria natureza como pela do sistema do mundo [...], resolver completamente esta tarefa [...]. Mas esta contradição não reside apenas na natureza de ambos os fatores: mundo e homens [seres humanos], ela é também alavanca principal de todo progresso intelectual, e resolve-se diária e continuamente no infinito desenvolvimento progressivo da humanidade" (*apud* Barata-Moura, 1997, p. 56-57).

[30] Vale registrar a observação analítica de Mészáros sobre o papel central da prática revolucionária na concepção marxiana de ciência: com Marx, "pela primeira vez na história, uma teoria científica de mudança estrutural foi articulada e diretamente vinculada por seu fundador à realização necessária da tarefa histórica de criar um movimento revolucionário consciente capaz de instituir a propugnada estratégia de transformação global" (Mészáros, 2009, p. 214).

– Em nosso tempo, e partindo das nossas finalidades formativas, produzir ou apropriar-se da ciência é parte da luta contra as diferentes formas de alienação da realidade, e do combate aos dispositivos ideológicos, cada vez mais sofisticados, que buscam impedir o conhecimento do que é essencial, para que a lógica de vida social, que vai explodindo em contradições estruturais cada vez mais incontornáveis, ainda pareça eterna e imutável. Isso inclui entender "a natureza dual da ciência" que é, ao mesmo tempo, "parte da evolução genérica da compreensão do mundo pela humanidade" e "produto de uma estrutura social específica, que tanto sustenta quanto restringe a ciência, e a direciona para os objetivos de seus proprietários" (Levins e Lewontin, 2022, p. 167).[31]

Essa compreensão é necessária ao preparo político das novas gerações para *disputar a concepção de ciência*. E para o combate ao caminho insano que vem tomando a produção científica que serve aos interesses de "sobrevivência" do capital, tornando-a cada vez mais apologética – menos científica, portanto – de sua lógica insustentável e assustadoramente desligada das necessidades humanas reais que justificam a ciência como atividade humana e cujo sentido precisa ser resgatado com urgência.

Sobre o modo de estudar

A síntese que apresentamos no tópico anterior é nosso pressuposto para pensar *concretamente* a tarefa da Educação Básica em relação à apropriação das bases das ciências. As ideias que organizamos para este tópico são, então, outra síntese que precisará do crivo da experimentação prática e da discussão coletiva.

---

[31] Rolo (2022, p. 129-130) nos chama atenção que Marx foi o primeiro pensador a entrever essa dialética própria à produção científica no capitalismo: "uma atividade cindida entre uma dimensão civilizatória, de expansão do horizonte humano, e outra regressiva, que serve de alicerce para a manutenção da divisão da sociedade em classes".

Relembremos: apropriar-se das bases de compreensão científica da realidade implica compreender suas finalidades, epistemológicas e sociais, exercitar o método de produção da ciência e ter acesso e uma forma de aproximação aos conhecimentos científicos já sistematizados, priorizando o que é essencial para levar a vida adiante e para compreender a atualidade. E essa compreensão é condição para que se possa tomar parte ativa e consciente nas lutas e construção histórica de uma nova lógica de vida social.

Em uma abordagem ainda geral como a deste texto, tratar do modo de estudar é enxergar o caminho de realização desta tarefa educativa específica. Esse caminho precisará depois ser desdobrado pelos coletivos de educadores para cada etapa da Educação Básica e considerando as circunstâncias e as necessidades formativas de sujeitos concretos.

Usamos a expressão "modo de estudar" para que miremos nosso olhar nos *sujeitos que estudam* (os/as estudantes). E para chamar atenção, uma vez mais, que o plano de estudos da escola é uma totalidade que inclui as atividades de ensino, mas não se esgota nelas. O ambiente educativo no qual processos de estudo devem acontecer vai além dos limites do espaço formalmente escolar e, ao mesmo tempo, necessariamente inclui o que acontece – ou precisa acontecer – no tempo e nas relações que compõem o espaço da sala de aula.

Nas escolas "convencionais" – as que convêm ao sistema –, o costume é que o modo de "estudar" isole os/as estudantes da vida, de sua própria vida, mesmo quando às vezes se permita momentos de falar dela. Conteúdos são desligados dos fenômenos reais, e conceitos, noções e leis abstratas – quando se chega a esses conteúdos – são tratados como conhecimentos descolados da sua origem, seu processo de produção; algo a ser "aplicado", depois. No máximo se busca ilustrar as explicações dos conteúdos que precisam ser "vencidos", com exemplos de alguma maneira referidos na realidade, condição para seu entendimento mínimo – e agora contando com simulações de fenômenos no computador para substituir o contato com a realidade viva! Seja qual for a intenção desse modo de estudo, ele não permite a compreensão da vida, que é a finalidade essencial de estudar, e impede a apropriação da lógica e dos meios de produção do conhecimento científico.

Nossa principal afirmação, com base na concepção de ciência tratada até aqui, é que o *modo de estudar*, o jeito como se estuda no todo do ambiente educativo da escola, precisa ser intencionalizado para *reconstituir*, partindo de suas finalidades e em suas circunstâncias específicas, o *movimento dialético da produção da ciência*. A apropriação da forma científica do conhecimento, forma que não se desliga de seu conteúdo, necessita do exercício prático dos/das estudantes de seus passos essenciais, junto com o estudo teórico sobre as características constitutivas e as determinações sociais da produção científica. Essa apropriação se garante de modo processual ao longo das diferentes etapas da Educação Básica e considerando as idades e as possibilidades de cada local.

Isso parece complicado enquanto não se entende a lógica – o "fundamento da coisa" –, porém, vai se tornando simples à medida que o raciocínio apresentado no tópico anterior for compreendido como uma forma de organizar as atividades de estudo que compõem o dia a dia da escola. Sistematizamos a seguir quatro tipos de *atividades-processo* na direção de objetivar essa intencionalidade.

1º) Estudar fenômenos, situações e processos da realidade viva

Essa realidade viva se refere ao todo da natureza e da vida social, em seu movimento e sua interação; em suas contradições, transformações e também surpresas e sobressaltos. É tarefa educativa essencial da escola garantir que os/as estudantes realizem estudos investigativos que lhes permitam vivenciar a relação do conhecimento com as possibilidades de "melhorar a vida" (Krupskaya, 2017, p. 128).

Como vimos antes, a ciência – que honre este nome – sempre parte da "coisa", dos fenômenos e processos vivos. O primeiro passo de qualquer forma de conhecimento é a *apreensão sensorial* do que existe, do que acontece e nos aparece em nosso entorno, e até onde "nosso olho alcance", ou que nossos sentidos humanamente trabalhados permitam captar. Os sentidos e a capacidade de percepção a partir deles são algo da nossa natureza, mas algo que se pode humanamente, socialmente, cultivar, como também tratamos na tarefa educativa sobre a arte.

Uma escola que vise efetivamente democratizar o conhecimento não pode saltar sobre suas etapas constitutivas. No caso da ciência, a escola precisa garantir o exercício prático do *caminho da cientificidade do conhecimento*, dos passos essenciais que vão *da percepção sensorial dos fenômenos ao conhecimento concreto deles*, ou à compreensão essencial que se consiga alcançar em determinada atividade de estudo investigativo da realidade viva. E precisa intencionalizar na formação da visão de mundo dos/das estudantes a necessária relação entre ciência e vida: a vida socialmente produzida impulsionando o estudo científico e esse estudo ajudando a construir uma vida melhor para todos. Tal intencionalidade precisa da mediação analítica das condições objetivas da vida que temos.

Em um processo formativo, e ainda mais quando se pensa na formação desde a infância, é preciso considerar que cada passo no caminho à cientificidade do conhecimento é algo que não se aprende de uma vez só, e requer múltiplas atividades. Se dá ao longo da Educação Básica e continua depois. Aprende-se a ver, a ouvir, a identificar cheiros, sabores, materiais, texturas, a partir de atividades práticas que exijam o aguçamento dos sentidos humanos, a percepção do que existe, acontece. É só pensarmos na diferença entre o que vê, ouve, sente alguém que vive em uma floresta, sobrevive dela, e alguém que chegue uma primeira vez para "visitá-la". Aprende-se também a pensar sobre o que se percebe, a abstrair, a formular conceitos, a contar quantidades, distinguir o que é igual e o que é diferente, o essencial do secundário; a descrever o que se observa, a pesquisar nos livros a compreensão já produzida sobre determinados fenômenos, a sintetizar o que se compreende.

É essa processualidade do conhecimento que nos permite/ exige tratar de uma mesma realidade em diferentes momentos ao longo dos anos escolares, porque as características de cada idade e as circunstâncias e finalidades do estudo determinam o que será essencialmente aprendido, apropriado. E considerando-se sempre que os processos são mais importantes do que os resultados finais, isto é, se os estudantes vão chegar a uma elaboração científica; mas que do ponto de vista formativo, chegar a conhecer no essencial algo relevante, ainda que menos complexo, tem uma força maior.

Os tempos da escola, mesmo quando redimensionados, não permitem que se realize esse caminho com todas as questões da vida que precisam ser estudadas, compreendidas. Por isso, a seleção do que será objeto do exercício completo não pode ser arbitrária, e tampouco o processo será viável se organizado isoladamente por alguma disciplina. Aqui é necessária a discussão e a organização coletiva de toda a escola no planejamento desse exercício em cada ano, cada etapa e, progressivamente envolvendo os/as estudantes nessa discussão.

Os parâmetros da seleção são, uma vez mais, as finalidades educativas, a análise da atualidade, as características cognitivas das diferentes idades e as circunstâncias objetivas do entorno, a serem cuidadosamente inventariadas pelos coletivos da escola. É aprendizado igualmente coletivo ligar o interesse despertado pelo que acontece no entorno com o estudo sistemático dos fenômenos e processos mais relevantes; partir do que interessa sem ficar refém do imediatismo e do superficialismo volátil, posturas ideologicamente criadas para impedir o acesso da maioria ao conhecimento concreto.

O estudo necessário visa às totalidades em que cada fenômeno ou processo se insere, para que as relações se mostrem e sua lógica se desvele. Mas é preciso começar pelas totalidades menores, mais simples em sua complexidade, para que progressivamente se chegue ao estudo de totalidades inclusivas maiores. "É preciso que se conheça algo sobre o mundo real, e não, logo de saída, o mundo todo, a sua totalidade" (Havemann, 1967, p. 168).

Com crianças menores tende a ser mais fácil iniciar com exercícios de investigação de fenômenos naturais porque sua materialidade favorece o aprendizado da percepção sensorial, passo primeiro e essencial. Assim como crianças maiores ou jovens tendem a chegar mais facilmente a sistematizações teóricas. Mas em qualquer idade é preciso exercitar a percepção sensorial e alguma forma de sistematização, sem a qual não se compreendem palavras, conceitos, leituras. E sempre buscando abordar a interação entre aspectos naturais e sociais, presentes em qualquer fenômeno que integre a vida humana e que costumam ser artificialmente separados nos estudos escolares convencionais.

Precisamos nós, educadoras e educadores, entender a lógica ou o fundamento da escolha dos processos vivos a serem estudados. Pelas nossas finalidades sociais e educativas, um critério geral é escolher para estudo processos que permitam compreender a interação entre as condições naturais e as relações que constituem a natureza, e a vida social que se produz pela ação humana sobre essas relações; e de entender o ser humano como ser natural que se torna social pelo trabalho, ação especificamente humana que assume diferentes formas ao longo da história da humanidade. Adiante trataremos mais detidamente do lugar do trabalho no estudo das diferentes ciências, naturais e sociais.

Se nossa análise da atualidade põe como desafio o avanço da produção agroecológica, haverá dúvida sobre a relevância de estudar a vida do solo, das plantas, dos animais e suas relações? E de chegar progressivamente a estudar a complexidade do caminho da produção e do acesso aos alimentos ali onde vivemos, chegando a entender qual a lógica econômica que justifica que os preços dos produtos agrícolas de qualquer origem sejam definidos na Bolsa de Valores de Nova York, Londres ou Tóquio? Para compreender, afinal, por que ainda há tantas pessoas que passam fome no mundo?

Registre-se que da relação da práxis agroecológica com processos formativos nos vem um aprendizado prático fundamental, que é válido para outros campos do conhecimento: no estudo direto de fenômenos e situações reais da produção da vida mais facilmente se compreende a necessidade do *diálogo de saberes*, entendido como uma relação não hierárquica entre sistemas de conhecimento diversos, um princípio metodológico da Agroecologia a ser exercitado também na escola: o conhecimento acumulado de que nos precisamos valer no estudo direto dos processos vivos pode não vir apenas dos "livros de ciências" e incluir a memória cultural – oral ou já sistematizada por escrito – de quem lida com essa produção no seu dia a dia, aprendendo-se a articular ou confrontar em ato esses saberes. E a pensar sobre porque algumas perguntas que a vida real nos faz ainda não foram respondidas pela ciência.

Esse tipo de atividade-processo põe em ação pedagógica um pressuposto de concepção: a ciência é uma criação humana, histórica, cuja produção pode ser aprendida por todos os seres humanos que tenham disciplina, condições objetivas para se dedicar a ela e, como dizia Marx, não temam "cansar-se galgando as suas trilhas escarpadas" para ter "a oportunidade de chegar até seus cumes luminosos" (Marx e Engels, 2020a, p. 304).

Vale destacar, pensando em nosso quefazer pedagógico cotidiano, a importância de exercitar em atividades diversas, mesmo que simples, o estudo de fenômenos da realidade viva que exijam ou possibilitem o diálogo entre docentes das ciências da natureza e da sociedade, incluídas as linguagens, a dialogar entre si e com outros sujeitos do entorno da escola sobre a melhor forma de abordagem conjunta do mesmo objeto. Experiências que já se realizam nessa direção têm permitido pelo menos problematizar a visão de natureza e de sociedade que ainda predomina nos planos de estudo das escolas, bem como a abordagem fragmentada e cindida da realidade. Fenômenos reais somente podem ser compreendidos quando constituídos como totalidade e em suas relações com outras totalidades.

2º) Apropriar-se de conteúdos científicos relevantes, abordados de forma científica

Trata-se de conteúdos que sejam a expressão de sínteses de compreensão científica de questões da realidade natural e social, humana e socialmente relevantes, destrinchados no processo de produção do conhecimento de que resultam.

As questões podem ser as levantadas nos exercícios reais de investigação, portanto integrando o processo de estudo direto da realidade viva. Mas não podem ser apenas essas, porque o movimento completo da produção do conhecimento não tem como ser feito com todas as questões relevantes na formação de nossa infância e juventude e para as finalidades educativas gerais que temos.

Há um conjunto de conhecimentos produzidos pelas diferentes ciências ou disciplinas científicas que precisa ser acessado e aprendido, por meio do *ensino* das diferentes disciplinas ou áreas curriculares e por meio de *estudos independentes*, feitos em grupos e progressivamente expandidos, já como parte da auto-organização, pedagogicamente acompanhada, dos/das estudantes. Implicam disponibilidade de materiais variados de estudo e intencionalidade pedagógica para desenvolver habilidades de leitura e pesquisa desse tipo de material.

Conteúdos científicos abordados de forma científica. Parece apenas um jogo de palavras, mas essa se refere a uma distinção de concepção sobre questões centrais da seleção de conteúdos e da forma de ensiná-los que não dispense sua abordagem histórica e nunca os desligue da realidade viva.

Para as nossas finalidades educativas, o modo "convencional" de ensino concentra dois problemas graves. O primeiro é que muitos conteúdos ensinados na escola não são sínteses de compreensão científica da realidade; se os materiais usados para abordá-los tratam de fenômenos da realidade, o fazem pela mera descrição de aspectos, e nem sempre os essenciais, não gerando perguntas nem fornecendo chaves para compreender relações, fundamentos. Em muitos casos, sequer guardam relação com processos de produção científica, ainda que sejam apresentados como "conteúdos de ciências".

O segundo problema é que quando se chega a tratar de conteúdos científicos – na forma de axiomas, princípios, leis, conceitos, categorias, noções –, isso é feito descolando esses conteúdos do seu processo histórico de produção e da própria realidade material que buscam explicar. Essa forma de abordagem atrapalha a compreensão da realidade e a apropriação dos meios de produção da ciência. Nunca é demais reafirmar que essa compreensão e essa apropriação são um desafio formativo essencial à classe trabalhadora em luta, a iniciar na Educação Básica.

E aqui é preciso ficar alerta para o reducionismo e o rebaixamento formativo de certas orientações curriculares oficiais, mas também para bem-intencionadas "transposições didáticas" de conteúdos das ciências que, em nome de facilitar a aprendizagem, acabam deixando de fora o essencial a ser apreendido. O conteúdo não se desliga de sua forma, na ciência como em outros modos de conhecimento. A produção da ciência é uma atividade histórica: compreensões surgem em determinados contextos e para determinadas finalidades, consolidam-se, transformam-se. E esse movimento não pode ser perdido quando se ensina ciência.

A superação desses problemas é tarefa dos coletivos de educadores comprometidos com o direito humano dos/das estudantes à educação científica, e que lutam pelo seu próprio direito a ela. E aqui também a *busca do essencial* precisa ser aprendida em ato: estudando e discutindo o que é essencial dentre os conteúdos mais consolidados nos planos de estudo da Educação Básica e se tudo que é essencial à compreensão científica da realidade está ali. Frise-se que essa não é tarefa de cada docente sozinho, nem mesmo de cada escola isoladamente. A formação das novas gerações exige rigor máximo e responsabilidade coletiva. Para currículos escolares, vale bem aquele provérbio popular russo que Lenin gostava de usar: "meça sete vezes antes de cortar". Por isso essa é uma tarefa a ser realizada em processos sistemáticos de formação de educadoras e educadores.

O princípio que nos orienta sobre o que estudar é o da necessária apropriação da herança cultural da humanidade, nesse caso, da *cultura científica*. Não se faz nem se aprende ciência ignorando o que veio antes, o conhecimento que já existe; e sem compreender o próprio desenvolvimento histórico contraditório e as transformações da ciência. Mas essa apropriação precisa ter uma orientação crítica, valendo o mesmo dito sobre a cultura artística: "use o que puder", mas sem remorso de dispensar o que efetivamente se mostre inútil ou um obstáculo real às nossas finalidades de emancipação humana.

Esse mesmo princípio nos remete a outro aprendizado necessário: a melhor forma de aproximação crítica aos conteúdos científicos é tendo acesso ao seu processo de produção e suas bases materiais, e não os tomando como verdades absolutas ou eternas, algo em que, como tratamos antes, nem seus formuladores, quando cientistas sérios, acreditam. Historicizar a produção científica é essencial na formação da postura necessária para chegar à cientificidade do conhecimento.

A abordagem científica dos conteúdos implica, pois, não fragmentá-los nem isolar produtos de processos. Eles precisam ser estudados explicitando ou desvelando os processos materiais que estão em sua gênese e qual o movimento histórico que expressam. Assim como os fenômenos da realidade precisam ser estudados em seu desenvolvimento histórico, contraditório, também as ideias, os conceitos, as leis científicas precisam ser estudadas nesse movimento. Esse princípio metodológico nos ajuda a desmistificar ou desfetichizar a ciência, trazendo lume às finalidades e aos sujeitos de sua produção.

Aqui também se trata de transformar em ação pedagógica um pressuposto de nossa visão de mundo: as ideias sempre "comportam um processo material de gênese" (Barata-Moura, 1997, p. 94), que precisa ser desvelado para sua apropriação consciente e crítica.[32] E se na escola isso não pode ser feito com todos os

---

[32] "Isto é, os princípios, as teorias, as representações da consciência, em geral, encontram na realidade objetiva [...] a raiz e a base fundamental de sua elaboração. É por isso que mesmo as categorias, apesar do nível elevado de generalidade ou de abstração em que se situam, jamais deixam de se constituir como 'expressão

conteúdos tratados, terá que sê-lo com aqueles que forem considerados essenciais para a compreensão científica da atualidade.

3º) Iniciar-se no debate crítico sobre a ciência a partir de sua análise histórica

Antes dissemos que a relação com a ciência vai ajudando a criar uma "filosofia ativa", isto é, uma visão de mundo que orienta a tomada de posição das pessoas diante das questões da vida. Essa filosofia diz respeito a diferentes dimensões de nossa matriz formativa, e ajudar a formá-la de maneira consciente e autocrítica é intencionalidade que permeia o conjunto das tarefas educativas. Aqui o destaque é para a necessidade de intencionalizar a formação de uma postura crítica sobre o conhecimento científico. Ela implica ir desenvolvendo o próprio modo de pensar científico, no sentido de que antes tratamos, de buscar compreender a realidade para além de como ela imediatamente se mostra ou do que nos dizem sobre ela. Isso nos vale para entender porque o conhecimento científico nos é essencial e ao mesmo tempo não pode ser absolutizado; ajuda a desfetichizar a ciência, pela análise das relações sociais reais em que é produzida.

O desafio formativo é aprender a discernir que conhecimentos chegam à cientificidade que nos importa, mesmo que produzidos com base em uma visão de mundo contraditória àquela que conscientemente assumimos, e quais, apresentados como científicos, na prática falseiam a compreensão da vida real, pela sua insuficiência ou pelos limites dos interesses a que servem. Esse discernimento é formação de tempo longo, e por isso uma

---

teórica do movimento histórico' de determinadas relações objetivas" (Barata-Moura, 1997, p. 94-95). Isso vale inclusive para os conhecimentos de Matemática que, embora trabalhem essencialmente com abstrações, não deixam de comportar processos materiais em sua gênese.

tarefa a ser iniciada já na infância, a partir de questões postas pela própria vida cotidiana na atualidade.

A formação de lutadores e construtores do nosso tempo exige distinguir a cultura científica a ser apropriada do uso apologético e ideologicamente manipulador da ciência, próprio da fase atual do capitalismo. Há principalmente duas visões ideológicas de ciência a combater. Parecem contraditórias, mas ao final servem aos mesmos propósitos políticos e estão no lado oposto de nossas finalidades de emancipação humana e de concepção da ciência. Estamos nos referindo à ideologia do *cientificismo* e à da *negação da ciência*, essa última, por vezes, resultado de uma crítica não dialética ao cientificismo.

O cientificismo é uma expressão da ideologia burguesa contemporânea que defende a supremacia da ciência sobre qualquer outra forma de conhecimento e fetichiza seus resultados, tirando-os do movimento histórico e apresentando sua produção como independente, autodeterminada e ideologicamente neutra. Portanto, uma instância superior que teria a autoridade sobre toda a sociedade por estar supostamente acima de interesses individuais e de classe. Essa ideologia científica tem quase a idade do capitalismo, sendo expressão das contradições da nova forma de relação entre ciência, tecnologia e indústria, inaugurada pelas relações sociais de produção capitalista:[33] quanto mais o sistema de produção de mercadorias se distancia das reais necessidades humanas e cria problemas à sustentabilidade da vida, mais precisa de dispositivos ideológicos para esconder as causas estruturais dos problemas. E tem usado a ciência para isso.

---

[33] "Somente a produção capitalista transforma o processo produtivo material em aplicação da ciência à produção – em ciência, posta em prática, mas somente submetendo o trabalho ao capital e reprimindo o próprio desenvolvimento intelectual e profissional." (Marx, K. *Manuscritos de 1861-1863 in:* Marx e Engels, 2020, p. 356).

O combate ao cientificismo é prioritário hoje porque, na fase atual de crise estrutural do modo de produção capitalista, em que suas contradições e seus problemas vêm mais facilmente à superfície, essa ideologia se difunde ostensivamente penetrando na visão de mundo mesmo daquelas pessoas críticas ao capitalismo. Ela difunde a crença de que todos os problemas da humanidade podem ser solucionados no âmbito da ciência e da tecnologia, excluindo do cenário as mudanças na estrutura social. E chega ao limite da distorção intencional da realidade – deixando, portanto, de ser ciência – para eternizar a lógica a que serve.

Um dos efeitos, talvez o mais grave, desta conformação ideológica é o limite estrutural posto ao trabalho de cientistas para que tomem parte da construção de alternativas reais ao sistema do capital, exatamente porque ele não é posto em questão e a produção científica fica subordinada às suas demandas de reprodução.[34] Essa visão ideológica está presente especialmente no âmbito das ciências naturais, pelo seu vínculo direto com as práticas produtivas dominantes e sua exigência de alienação social, mas ela compõe o circuito de produção de todas as ciências. Pode ser apreendida nos debates atuais sobre saúde, produção de alimentos, mudanças climáticas etc., sendo também a educação um dos campos recentes de invasão ostensiva e perversa do cientificismo.[35] Em nome da ciência se vai expandindo o uso

---

[34] "Há [...] um conflito crescente entre a necessidade urgente da nossa espécie de integração e democratização da ciência, e a economia e a sociologia do conhecimento mercantil que impede tal desenvolvimento. Podemos tentar meramente prever, detectar ou tolerar o resultado desse conflito. Ou podemos nos juntar à luta para intervir no que acontece" (Levins e Lewontin, 2022, p. 280).

[35] Para aprofundamento desta análise geral, cf. especialmente: Mészáros (2009), especialmente o cap. 1 "Orientação programática para a ciência", p. 19-25; Mészáros (2004), especialmente o cap. 4 "A ciência como legitimadora de interesses ideológicos", e cap. 5 "A ciência à sombra do complexo militar-industrial", p. 243-300; Levins e Lewontin (2022) e Rolo (2022).

de tecnologias digitais, por exemplo, que levam à automatização de comportamentos de crianças e jovens de modo a reafirmar o sistema, o tempo todo, inconscientemente.

Por sua vez, a ideologia do "negacionismo" da ciência ou do criticismo aos conhecimentos científicos em geral, como sendo a ciência a causadora dos problemas da humanidade, é o reverso da mesma visão que esconde as relações estruturais e ignora as contradições reais em que a produção científica se movimenta. Na sociedade atual, essa ideologia às vezes tem a cara do conservadorismo reacionário, que deseja o retorno aos preconceitos que o avanço da ciência ajudou a superar ao longo da história; ou a cara do pós-modernismo, que faz a crítica social relativizando o papel da forma científica do conhecimento em nome de um falso respeito à diversidade de saberes, com um tipo de crítica à supremacia da ciência que paira sobre as contradições da vida real em perigo. E quando denuncia corretamente o uso manipulador e destrutivo da ciência, acaba difundindo a ideia de que a ciência não é um campo que a classe trabalhadora deva disputar.

Nossos/nossas estudantes precisam entender que, sim, é possível viver sem ter a compreensão científica da realidade, mas se pode viver melhor com ela, desde que se possa ter acesso à ciência produzida para responder questões necessárias à vida. E essa é uma apropriação fundamental para a tarefa de lutadores e construtores. Por isso faz parte dessa tarefa confrontar as relações de subordinação da produção científica à lógica da mercadoria, o que implica disputar as finalidades sociais e a concepção de ciência, enquanto se vai apropriando coletiva e organizadamente de seus meios de produção.[36]

---

[36] E é preciso preparo para essa luta, porque a "verdade realista é que a ciência e a tecnologia não são jogadores bem treinados e em boa forma que, sentados

Trata-se de um tipo de conteúdo mais próprio para os anos finais da Educação Básica, pelo nível de abstração que exige e porque supõe alguma experiência prévia com as atividades-processo anteriores para que faça mais sentido. Porém, algo desse debate pode ser introduzido com as crianças sempre que o estudo dos processos vivos indique sua necessidade. É uma atividade introdutória que precisará ter continuidade nos níveis seguintes de escolaridade, aprofundamento *necessário* na formação inicial de educadores e educadoras para que esses elementos de análise possam ser tratados de maneira simples na Educação Básica.

Trata-se de um tipo de atividade-processo que pode ser realizado na escola de diferentes formas. Algumas proposições no sentido de esclarecer o raciocínio:

– Dedicar momentos específicos para que os/as estudantes sistematizem (registrem, organizem, discutam), em atividades individuais, em grupos e em classe, lições da experiência direta de estudos investigativos que estejam fazendo. É pedagogicamente muito significativo ter momentos em que cada grupo precise expor para outros o que observou, vivenciou, pensou, concluiu, podendo ser questionado pelos/pelas colegas e docentes, membros da comunidade. E com essa atividade se possa dialogar sobre os passos do aprendizado do fazer científico, e como esse fazer é direito formativo de todos.

---

nos bancos de reservas, ficam à espera do chamado dos treinadores socialistas esclarecidos para virar o jogo. Em seu modo real de articulação e funcionamento, estão inteiramente implicadas num tipo de progresso simultaneamente produtivo e destrutivo. Esta condição não pode ser consertada separando-se o lado produtivo do lado destrutivo para seguir apenas o primeiro. A ciência e a tecnologia não sairão de sua situação extremamente problemática por qualquer 'experiência de pensamento', por mais bem intencionada que seja – pela qual elas só participariam em investimentos produtivos e se recusariam a ter qualquer coisa a ver com a dimensão destrutiva de tais investimentos –, mas somente se forem radicalmente reconstituídas como formas de prática social..." (Mészáros, 2002, p. 265).

- Realizar leituras e estudos independentes sobre a história de algumas descobertas ou formulações científicas, sobre o trabalho de cientistas, seu processo de estudo, os erros, as dúvidas, as surpresas diante de novos fatos que desmentem o que já pensavam ter compreendido, sobre o que pensam das possibilidades e dos limites do conhecimento científico, sobre o contexto e as determinações sociais desse trabalho; o objetivo não é apenas ter informações históricas amplas, algo já importante para uma formação alargada, menos ainda reforçar a história da ciência como obra individual de "gênios"; o que se visa é firmar a visão da ciência como uma atividade própria do ser humano, sujeita às vicissitudes da vida; vida essa que também nos põe perguntas que ultrapassam a capacidade de resposta da ciência,[37] exigindo o diálogo entre diferentes formas de conhecimento. Esse tipo de estudo pode ser motivado por questões levantadas pelas próprias atividades investigativas que os/as estudantes realizem.

- Fazer estudos de história e exercícios de análise social da ciência[38] que possibilitem discussões sobre o caráter contraditório de sua produção no capitalismo: como ela pode ao mesmo tempo ajudar

---

[37] A vida "mostra uma diversidade que ultrapassa a capacidade de compreensão da análise científica" (Bohr, 1995, p. 6).

[38] O biólogo Richard Levins nos chama atenção para a necessidade de analisar o aspecto externo e interno da dimensão social da produção da ciência: "O aspecto externo se refere à posição social da ciência como uma indústria do conhecimento, possuída e dirigida para fins de lucro e poder, guiada por crenças compartilhadas, e executada principalmente por homens. Os modos de recrutamento e exclusão da ciência, as várias subdivisões em disciplinas, as condições-limite ocultas que restringem a investigação científica tornando-se inteligíveis apenas quando examinamos seu contexto social. [...] O [aspecto] interno refere-se às ideologias reducionistas, fragmentadas, descontextualizadas, mecanicistas (em oposição ao holístico ou dialético) e às políticas liberais-conservadoras da ciência. Os marxistas e outros críticos radicais sempre exigiram o alargamento do âmbito das investigações, colocando-as em um contexto histórico, reconhecendo a interconectividade dos fenômenos e a prioridade de processos sobre as coisas, enquanto a ideologia conservadora advoga uma precisão elegante sobre objetos circunscritos e aceitando condições de contorno sem refletir sobre elas" (Levins e Lewontin, 2022, p. 131-132).

a produzir e destruir a vida; como foi estabelecida a relação orgânica da ciência, especialmente das ciências naturais, com os processos industriais, e como essa relação, que primeiro ampliou a capacidade produtiva da sociedade, foi subordinando a produção científica às finalidades e à lógica da produção capitalista de mercadorias a ponto de torná-la uma força destrutiva, alimentando relações sociais que colocam a sobrevivência da humanidade em perigo;[39] como essa lógica exigiu criar um aparato institucional para a realização de pesquisas e popularizou a visão de que produzir ciência é uma tarefa exclusiva de "especialistas", que trabalham melhor se distanciados da vida real.[40]

— Escolher alguns temas mais próximos aos/às estudantes para levantar dados e fazer discussões sobre como se definem as agendas de pesquisa científica, porque certas questões importantes para a vida humana, por exemplo, relacionadas à saúde e à produção sustentável de alimentos, não são priorizadas,[41] ou são feitas em alguns países e não em outros; e para identificar práticas produtivas ou processos vivos que, por fazerem alguma forma de contraponto às relações sociais dominantes, também tensionam a pro-

---

[39] Tratando da relação da ciência com o complexo militar-industrial, afirma Mészáros (2004, p. 299-300): "Como resultado das novas exigências e determinações do capital, a ciência afastou-se de seus objetivos positivos e assumiu o papel de auxiliar a multiplicação das forças e modalidades de destruição, tanto diretamente, na folha de pagamento do complexo militar-industrial perversa e catastroficamente esbanjador, como indiretamente, a serviço da 'obsolescência planejada' e de outras práticas manipuladoras engenhosas, criadas com o propósito de manter o fantasma da superprodução longe das indústrias de bens de consumo. [...] A dominação da ciência pelo complexo militar-industrial é parte essencial da autorreprodução destrutiva do capital. Esta é a razão pela qual, no interesse da emancipação, a definição da responsabilidade social da ciência é hoje em dia particularmente importante".

[40] Cf. sobre isso Rolo (2022), especialmente o capítulo "Produção da vida e produção do conhecimento: a história de uma unidade perdida", p. 129-145.

[41] Cf., por exemplo, informações e análise sobre quem define as prioridades da pesquisa na área da produção agrícola no Brasil em Moura (2014), e sobre essa lógica e seus efeitos na área da saúde humana, cf. Levins e Lewontin (2022), especialmente os capítulos "O sonho do genoma humano", p. 303-339 e "O capitalismo é uma doença? A crise na saúde pública dos EUA", p. 379-405.

dução da ciência em outra direção – caso da agricultura de base agroecológica, por exemplo.

– Realizar debates entre os/as estudantes sobre questões polêmicas da atualidade que exijam pesquisa bibliográfica prévia e tomada de posição; discussões na forma didática de "quebra-consenso", "júri simulado", ou outras que estimulem a participação ativa; debates sobre, por exemplo, o uso de sementes transgênicas na agricultura, as manipulações genéticas em diferentes âmbitos da vida, a crise hídrica, a "medicalização" da vida, as mudanças climáticas e as soluções que são apontadas; os impactos das tecnologias digitais sobre a vida; as chamadas "guerras biológicas"; e discussões sobre as próprias divergências na visão de ciência etc.

4º) Desenvolver habilidades e capacidades cognitivas básicas

Essa é uma atividade-processo que distinguimos para destacar sua importância. Há habilidades e capacidades cognitivas que precisam ser garantidas e requerem intencionalidades e exercitação específicas, embora possam ser desenvolvidas junto às atividades anteriores. Algumas exigem mesmo atividades e momentos próprios de exercitação e aprendizagem, como ler e escrever, por exemplo.

Há, portanto, algumas habilidades e capacidades elementares, mas não óbvias, que estão ligadas ao conjunto das tarefas educativas que vem sendo tratadas ao longo desse livro e não podem ser descuidadas nem relativizadas por nada. Destacamos: leitura, escrita, cálculos simples e complexos usando medidas de quantidade e grandeza; localização espaço-temporal em diferentes ambientes; percepção das coisas pelos diferentes sentidos físicos; capacidade de estudar/trabalhar em grupo; organização de ideias para uma exposição ou discussão; concentração na realização de uma tarefa ou atividade – capacidade progressiva de manter o foco – especialmente importante hoje no contraponto aos apelos dispersivos e voláteis do mundo digital – e outras.

E há habilidades e capacidades específicas ao aprendizado da forma científica de conhecimento, conforme foi tratada no tópico anterior. Destacamos aqui: observação de detalhes em um todo; distinção entre o essencial e o secundário, em uma paisagem, situação, exposição, em um fato, texto etc.; identificação do que é comum e o que é diferente em contextos diversos; registro de observações; descrição de situações ou processos (oralmente e por escrito); sistematização de registros e descrições; organização de dados levantados sobre determinado assunto; uso dos livros para pesquisa de assuntos determinados; apreensão e construção de conceitos; distinção entre dados, informações e conhecimentos; pensamento temporal, distinguindo tempos da natureza, reversibilidade e irreversibilidade,[42] ciclos da vida humana, da produção social da vida, relação entre passado, presente e futuro; capacidade progressiva de pensar tudo que existe em sua temporalidade histórica e em relação.

Organizar essas habilidades e capacidades na forma de objetivos formativos a serem trabalhados a cada etapa é tarefa dos coletivos de educadores, bem como pensar intencionalidades pedagógicas adequadas às diferentes idades e que realizem a potência e as exigências presentes nos processos vivos de que participem os/as estudantes.

Sobre o lugar do trabalho nesse modo de estudar

Continuamos tratando de um modo de estudar que leve à compreensão da realidade e à apropriação das bases da construção do conhecimento científico. Esse tópico específico visa

---

[42] Vale aproveitar um provérbio polonês: "Pode-se transformar um aquário em sopa de peixe, mas não tem como uma sopa de peixe voltar a ser aquário". Por quê?

realçar uma das maiores contribuições da pedagogia socialista na realização dessa tarefa educativa: *pensar o trabalho como base central do estudo científico de fenômenos e processos da realidade viva*, natural e social. Estudar *o* trabalho e *pelo* trabalho é uma ação que, junto às dimensões formativas destacadas na tarefa da inserção dos/das estudantes em processos "de trabalho socialmente necessário", compõe o que já foi sistematizado como *método geral de educação pelo trabalho*.

Precisamos retomar alguns elementos da compreensão geral pressuposta nessa formulação pedagógica para entender o que sua realização prática envolve.

Como vimos no capítulo sobre a tarefa de organizar vivências de trabalho socialmente necessário, foi a teoria *científica* de Marx que, ao desvelar o fundamento, a lógica, das relações sociais de produção capitalista, nos forneceu ao mesmo tempo a chave da formulação sobre o *princípio educativo do trabalho*, por sua vez chave para pensar pedagogicamente a relação entre estudo e trabalho na escola – formulação da qual ele mesmo participou especialmente pelas indicações que fez sobre a *educação politécnica* como parte da educação geral que defendia para todas as gerações da classe trabalhadora, visando sua emancipação social e humana.

Por meio de diferentes procedimentos analíticos, e após longos e disciplinados estudos do acúmulo teórico das ciências naturais e sociais de sua época, Marx conseguiu desvelar a essência do trabalho humano, permitindo-nos compreender a complexa e dialética interação entre natureza e humanidade que o trabalho produz e expressa. A natureza age sobre o ser humano, que, como ser natural, é uma parte dela; e o ser humano age deixando sua marca na natureza e em si mesmo. O trabalho é a síntese material dessa interação: não há trabalho sem a relação ser humano e natureza; não há ação humana sobre a natureza fora de relações sociais; e toda produção humana tem em sua base processos naturais.[43]

Tudo aquilo que o ser humano produz com suas mãos é, ao mesmo tempo, um processo natural. Todas as coisas feitas por nós são objetos naturais, que existem e se movimentam independentemente de nossa consciência. Essas coisas não surgem por conta própria e sim como resultado de nossa ação – um computador, por exemplo, não existirá pela combinação espontânea dos minerais que são sua base natural. Mas podem ser feitas "somente porque sabemos aquilo que necessariamente atua na natureza. Desse modo, atingimos a liberdade de concretizar possibilidades que, sem a nossa compreensão, jamais se realizariam, embora continuem sendo coisas naturais, da mesma forma que todas as coisas desse mundo" (Havemann, 1967, p. 126-127).

Além disso, é muito importante compreender que o natural está no humano e o humano, que é sempre social, já está no natural sobre o qual trabalha. A natureza que está na base da produção já tem nela, na maioria das vezes, trabalho humano incorporado. Nos termos de uma das conclusões dos estudos de Marx: "Animais e plantas, que se costumam considerar produtos da natureza, não são apenas produtos talvez do trabalho do ano passado, mas, em suas formas atuais, produtos de uma transformação continuada por muitas gerações, sob controle humano e mediada pelo trabalho humano..." (Marx e Engels, 2020, p. 298).

---

[43] "Enquanto produz valores de uso, torna-se falso dizer que o trabalho é a fonte única da riqueza por ele produzida, isto é, da riqueza material. Pois, se o dito trabalho é a atividade que adapta a matéria a tal ou qual fim, subentende-se que a matéria lhe é necessária. A proporção entre o trabalho e a matéria é muito distinta nos diferentes valores de uso, mas o valor de uso contém sempre um substratum [...] natural..." (Marx, 2008, p. 64).

Para a nossa discussão sobre o *modo de estudar*, a compreensão materialista, dialética e histórica do trabalho humano nos diz várias coisas. *Primeiro*, que estudar o trabalho real é sempre estudá-lo em uma forma histórica determinada, a capitalista, por exemplo, e em determinadas particularidades, o trabalho agrícola ou o trabalho fabril situado no espaço e no tempo, por exemplo. E essas formas particulares de trabalho social podem conter traços de formas históricas anteriores ou novas – é o caso da agricultura camponesa hoje.

Segundo, nos diz que todos os processos de trabalho real podem ser estudados a partir dessa chave analítica: *que elementos e relações naturais estão em sua base; sob que relações sociais se realizam*; como se mostra a interação entre essas relações; que trabalho humano está incorporado nesses processos e, por sua vez, que conhecimentos sobre a natureza e a vida social estão incorporados nesse trabalho.

E, *terceiro*, nos diz que é esse o movimento de apreensão da totalidade que precisa ser feito nas atividades de estudo que visam chegar à compreensão científica do trabalho e do ser humano social que ele engendra. Pode-se ir das "coisas" aos processos de trabalho que elas detêm: tomar os alimentos que estão na merenda dos/das estudantes, por exemplo, e percorrer, pela investigação, todo o caminho até que cheguem à mesa de refeições da escola; e pode-se estudar os processos de trabalho em ato: uma produção agrícola específica ou o trabalho cotidiano de agentes de saúde, por exemplo.

Esse é o pressuposto que nos permite afirmar a força pedagógica potencial de tomar o trabalho humano como objeto e como "âncora" do estudo geral da realidade viva. Também na escola. Foi essa compreensão geral que levou a pedagogia socialista soviética a dar centralidade ao trabalho na organização do plano de estudos da "escola única do trabalho" (cf. Freitas, 2012, p. 337-341).

Essa centralidade foi materializada na orientação de estruturar o plano de estudos da escola básica a partir do raciocínio dialético *Natureza* <-> *Trabalho* <-> *Sociedade*, objetivado em colunas de organização dos conteúdos provenientes das ciências naturais e sociais a partir da chave do trabalho (N<-T->S), como forma de buscar reconstituir, pela lógica orientadora do estudo, a totalidade da produção da vida a ser compreendida (Freitas, 2009, p. 36). Trata-se de um modo de estudar que distingue analiticamente, mas não separa na compreensão concreta, os aspectos naturais e sociais da realidade viva. Esse é o fundamento da organização do plano de estudos pelo "sistema de complexos", cada complexo precisando conter a totalidade (N<-T->S) e incluir alguma forma de inserção dos/das estudantes em processos reais de trabalho vivo.[44]

Não por acaso, o método de fazer ciência de Marx – e de Engels, seu parceiro de pesquisa e elaboração – era uma crítica prática ao modo de produzir e estudar ciência que se consolidava em sua época, sob as determinações das relações sociais de produção capitalista. Modo que constituía "campos teóricos autônomos e voltados para si mesmos". Marx, nessa sua perspectiva

---

[44] "A atividade de trabalho das pessoas é aquele fundamento central ao redor do qual se concentra todo o restante. Na proposta [...] o programa para o estudo da atividade de trabalho ocupa a coluna do meio (no centro). [...] na coluna da esquerda é dado o programa para o estudo da natureza, o qual é pensado a partir do ponto de vista de sua importância para a vida da pessoa e para a sua atividade de trabalho. Finalmente, na coluna da direita é dado o programa para o estudo da sociedade, cuja abordagem se faz com o mesmo ponto de vista. O programa é planejado de forma que ele requer o estudo da vida e está perpassado pela atualidade." Essa foi a orientação formulada pela Seção Científico-Pedagógica do Conselho Científico Estatal da URSS em 1924, na forma de uma "carta metodológica" sobre o "ensino por complexos". Cf. Krupskaya (2017), p. 315; toda carta, p. 309-344. Orientação que depois foi sendo lapidada e recriada pelas escolas-comuna experimentais, a partir da autocrítica de suas tentativas práticas diversas (Cf. capítulo 7).

crítica, "rejeitava a oposição entre ciências naturais e humanas" (Mészáros, 2009, p. 114).[45] Tal oposição, aliás, continua presente hoje em muitas instituições formais de pesquisa e chega à escola, dificultando sobremaneira o diálogo pedagógico entre docentes das diferentes áreas, alienando-os do que é o objeto de estudo específico real de cada uma delas.

Não é incomum encontrar docentes da área de ciências da natureza, por exemplo, que não se dão conta de que é do conhecimento da natureza – seres vivos e não vivos – de que seus conteúdos tratam. A tal lista de conteúdos a ser "vencida" passa a valer por si mesma, desligada das finalidades a que deveriam servir, ou seja, o "estudo ativo da vida e sua transformação" (Pistrak *apud* Freitas, 2009, p. 49).

Não se trata de defender que o trabalho seja o único objeto de estudo da escola, no sentido de que todos os conteúdos de ensino tratem dele ou precisem se relacionar somente com os processos de trabalho em que estudantes estejam inseridos. A afirmação aqui é que o trabalho humano, por ser base da vida real das pessoas, da história dos povos, da humanidade, e pelos conhecimentos diversos que entranha ou permite apropriação, pode ser

---

[45] Já nos *Manuscritos Econômico-Filosóficos de 1844*, portanto bem antes de chegar à sua síntese de elaboração científica exposta em *O capital*, Marx afirmou prospectivamente: "a ciência natural perde a sua orientação abstratamente material, ou antes idealista, tornando-se a base da ciência humana, como agora já se tornou – ainda que em figura estranhada – a base da vida efetivamente humana; uma outra base para a vida, uma outra para a ciência é de antemão uma mentira; [...] Tanto a ciência natural subsumirá mais tarde precisamente a ciência do homem [humana] quanto a ciência do homem subsumirá sob si a ciência natural: será uma ciência" (Marx *apud* Mészáros, 2009, p. 214). E foi logo depois, ao lado de Engels, em pleno processo de formulação teórica da concepção dialética de história, que veio a célebre afirmação *d'A Ideologia Alemã* (manuscrito de 1846): "conhecemos uma única ciência, a ciência da história" (Marx *apud* Mészáros, 2009, p. 214). Já como compreensão de que os seres humanos "têm história porque têm de produzir sua vida, e têm de fazê-lo de modo determinado", sendo seu "primeiro ato histórico [...] a produção dos meios para a satisfação dessas necessidades" (Marx *apud* Mészáros, 2009, p. 213).

– nossa proposição é que seja – base organizadora do estudo dos fenômenos e processos vivos, tal como antes discutido. Trabalho humano materializado em processos reais de diferentes tipos de trabalho, situados e interligados no tempo e no espaço.

Isso porque o estudo de processos de trabalho vivo permite compreender cientificamente a interação fundamental entre os elementos e as relações naturais e sociais, base de conhecimento necessária para entender "todas as coisas desse mundo" e melhor levar a vida adiante. E o estudo sistemático de diferentes processos de trabalho permite chegar à *compreensão científica da produção em geral*, necessária na formação de lutadores e construtores: saber quais os combates essenciais e qual o fundamento da construção da nova forma social a ser empreendida. Essa é a finalidade essencial da *educação politécnica* em Marx, depois formulada como categoria pedagógica, o *politecnismo*, uma forma de organizar essa dimensão da educação geral ao longo das etapas do que nós chamamos hoje de Educação Básica (cf. Krupskaya, 2017; Shulgin, 2013; Pistrak, 2015). No próximo capítulo vamos tratar um pouco mais detalhadamente dessa categoria.

A forma de ligar estudo e trabalho na escola, especialmente pensando nesta tarefa de apropriação das bases da ciência, segue, no entanto, como construção pedagógica em aberto. Experiências de períodos históricos anteriores e ensaios de hoje ainda não permitiram chegar a conclusões mais acabadas sobre qual o melhor jeito de organizar essa ligação na prática, talvez pelas circunstâncias adversas que cada uma enfrenta ao confrontar o sistema dominante, de sociedade e de escola, ou porque a forma precisa mesmo dialogar com a realidade específica e particular de cada lugar. Mas essas experiências trazem lições muito importantes quando cotejadas com a compreensão teórica de seu pressuposto.

Uma *primeira lição*, organizativa e já consolidada, é que uma ligação concreta entre estudo e trabalho no cotidiano da escola, pelo seu caráter basilar e complexo, não é algo que se resolva nos limites de uma atividade ou outra ou de cada disciplina isoladamente. Isso, além de se tornar pedagogicamente pobre, é operacionalmente inviável. Essa é uma questão, pois, da organização geral do trabalho pedagógico da escola e de estudo e planejamento do seu coletivo de educadoras e educadores, incluindo a construção ou consolidação da relação orgânica entre a escola e seu entorno.

Uma *segunda lição*, desta vez metodológica, que ainda temos o desafio de consolidar na formação de nossas educadoras e nossos educadores, é que a chave dialética mencionada antes das relações N<->T<->S pode ser usada para estudar e melhor compreender as "coisas do mundo", de diferentes esferas e dimensões da totalidade da realidade viva, coisas próximas ou distantes, no tempo e no espaço. E essa chave ou lógica de estudo pode ser incluída nas diversas formas de organização curricular, desde que tenham por base a concepção de conhecimento e de educação que a orienta.

Um fenômeno que parece ser apenas do mundo da natureza, por exemplo, as sementes que plantamos na terra, a água que usamos, podem ser estudadas tanto em seus aspectos naturais como das relações sociais ou do trabalho humano nelas incorporado, e sua compreensão concreta precisa de ambos; para entender a natureza da semente, e porque ela é a base da matriz de agricultura, é preciso saber quem produziu as sementes, que tipo de modificações elas já sofreram pela ação humana; assim como no estudo da água e sua relação com a reprodução da vida, é preciso entender que caminho a água percorre, e em que relações sociais, até chegar (ou não chegar) nas nossas torneiras e como um bem natural pode se tornar um negócio (o hidronegócio) sob relações sociais capitalistas. Da mesma forma, fenômenos sociais como a internet, a produção cultural, a indústria de medicamentos ou a própria produção agrícola, por exemplo, precisam ser compreendidos nas relações que os produzem, o que inclui sua base natural, qual a "proporção de matéria" que tornou sua produção possível, que modificações no ambiente natural exigem e provocam.

Diferentes questões investigativas podem ser feitas para um mesmo objeto, partindo dessa chave das relações e da interação entre o natural e o social. Na escola isso requer superar o isolamento e a separação artificial entre as áreas do currículo, sem desconsiderar o acúmulo de conhecimentos sistematizado na forma de disciplinas.

Uma *terceira lição* se refere a distinguir entre *finalidades* da ligação estudo e trabalho quando se trate da educação geral, própria à Educação Básica, e quando se esteja no âmbito da educação profissional. Quando o objetivo principal é um preparo profissional, o centro do estudo está na capacitação para o exercício de determinado trabalho, que também pode ser pensado de forma mais ampla (multilateral) ou restrita (unilateral), dependendo das finalidades sociais que o orientem.

Quando se visa à Educação Básica, e em uma concepção que inclui a perspectiva politécnica, o centro do estudo está na compreensão científica de diferentes processos de trabalho, a capacidade de ligar teoria e prática e de entender a interdependência entre fenômenos da realidade natural e social (Krupskaya, 2017, p. 153). E se a decisão for combinar ou integrar um curso técnico específico à etapa do ensino médio, é preciso cuidado pedagógico redobrado para que o objetivo profissionalizante não se sobreponha ou substitua a finalidade educativa geral do método de estudo pelo trabalho.

A *quarta lição*, pedagógica e basilar, envolve a necessidade de incluir em todas as etapas da Educação Básica o *estudo multilateral de diferentes processos de trabalho vivo* presentes no entorno da escola. Essa expressão é de Krupskaya (2017, p. 113) e está no contexto de pensar a realização do politecnismo na escola básica. Ela nos parece valiosa para pensar hoje a diversidade de atividades práticas a realizar na escola ou por sua intermediação.

Esse estudo multilateral do trabalho integrará o conjunto de estudos de "fenômenos, situações e processos da realidade viva", de que antes tratamos. Um bom *inventário da realidade*, realizado pela escola e cotejado com os objetivos definidos para o ano escolar em curso, ajuda a selecionar os melhores processos para estudos investigativos do período. Seleção a ser feita a partir de critérios discutidos coletivamente pela escola e com a comunidade – ou com alguma organização coletiva que atue no seu entorno – levando em conta, por exemplo, sua força na vida social do lugar e um nível de complexidade que permita estudar mais facilmente a interação entre aspectos naturais e sociais.

O melhor é começar estudando atividades de trabalho de que os/as estudantes já participam ou possam inserir-se na forma de "trabalho socialmente necessário" organizado pela escola (cf. capítulo 2), porque essa participação permite perceber aspectos que uma pesquisa de campo mais distanciada não garante e porque visamos o aprendizado da ligação entre teoria e prática. Esse estudo pode ser intencionalizado para que leve à necessidade de estudar outros processos próximos ou distantes no tempo e no espaço, que então já contarão com essa referência primeira sobre que dimensões observar, que questões levantar etc.

O estudo multilateral de um processo de trabalho é a investigação específica de suas diferentes *dimensões* e a busca da compreensão das *relações* que o constituem ou permitem realizá-lo; suas finalidades, as conexões entre aspectos naturais e sociais próprias a ele e as relações com outros processos de trabalho e a totalidade da vida social que ele ajuda a mover e lhe determina. E do ponto de vista metodológico, como vimos, se o objetivo é a compreensão científica do trabalho e ao mesmo tempo o exercício do método de chegar a ela, o estudo precisará seguir os passos que vão do que pode ser sentido, percebido e descrito realizando/observando a prática desse trabalho até a sistematização da compreensão sobre questões levantadas por ele ou sobre a produção da vida em geral. Porém não nos parece demais relembrar que a inserção no trabalho e a percepção de diferentes aspectos de seu processo de realização também disponibilizam material para atividades relacionadas a outras tarefas educativas de que já tratamos, por exemplo, as relacionadas à auto-organização, à produção artística e à cultura corporal.

Pensemos nas possibilidades de estudo quando em uma determinada escola há estudantes que participam com suas famílias, por exemplo, de um trabalho associado de produção de alimentos em um sistema agroflorestal;[46] logo próximo há uma área de monocultivo que envolve o trabalho familiar dos donos da terra e a contratação temporária de trabalho assalariado; e na região funciona uma fábrica de móveis, ou outra, e há familiares e conhecidos dos/das estudantes da escola que trabalham como assalariados lá.

A escola pode organizar, em um determinado período e envolvendo diferentes grupos de estudantes, uma pesquisa etnográfica sobre cada um desses diferentes – e contraditórios – processos de trabalho, focando em determinados momentos ou pela divisão de tarefas entre os grupos, as diferentes dimensões.

Há uma dimensão *técnica e tecnológica* a ser apreendida, investigando, por exemplo, como o trabalho é feito, que materiais são manipulados – o que é da natureza, o que já é fruto de tra-

---

[46] Cf. sobre sistema agroflorestal em Monnerat e Santos (2017) e Franco (2021).

balho humano anterior –, que ferramentas ou maquinários se utilizam, qual o tempo da produção etc.

Na dimensão *econômica*, qual o valor de uso produzido, em que relações de troca seus produtos se inserem – mercado local e mercado mais distante –, custos de produção, renda de quem trabalha, destino e forma de circulação dos produtos etc.

Há ainda uma dimensão *histórico-geográfica*, em que se pode investigar as modificações da forma de realizar esse trabalho ao longo do tempo, as características do espaço geográfico em que acontece, a relação com outros processos de trabalho geograficamente próximos ou distantes etc.

E na dimensão *social e cultural*, é fundamental tratar de quais são as finalidades da produção, a forma de organização social do trabalho; como são as relações e a jornada de trabalho, como se dá o controle do tempo de trabalho, qual o tempo disponível para diferentes dimensões da vida, como são as relações de gênero e entre gerações no cotidiano do ambiente de trabalho, quais os efeitos da forma de trabalho sobre a saúde humana e hábitos cotidianos etc.

A análise do material levantado, além de levar a discussões e generalizações sobre cada processo investigado, permitirá um estudo comparativo entre eles, a partir da própria chave N<->T<->S; por exemplo, pode-se analisar a diferença de características e condições do solo em uma agrofloresta e uma monocultura, a diferença entre ser um assalariado permanente na fábrica e um assalariado temporário na propriedade agrícola. E as questões levantadas exigirão/permitirão esclarecimentos teóricos específicos ou relacionados à produção e à vida em geral; por exemplo, o que é o salário e qual sua relação com o lucro dos donos da terra, da fábrica; ou como as relações metabólicas que explicam a vida das plantas e dos animais também ajudam a entender o funcionamento do corpo humano; como a lei da conservação e da dissipação de energia está presente na forma de manejo do solo e no funcionamento das máquinas utilizadas na fábrica.

Por último, há uma *quinta lição*, de caráter pedagógico e político, relacionado com as finalidades educativas e sociais postas pela atualidade: a compreensão científica do trabalho a que precisamos chegar como classe trabalhadora não prescinde de *estudos teóricos específicos de ciências econômicas*, articulando conhecimentos especialmente de economia, história e geografia econômica. Estudos que precisam ser processuais, e por isso mesmo devem ser iniciados na Educação Básica, vinculados aos estudos investigativos de processos de trabalho vivo, e que deverão ter aprofundamento teórico em níveis posteriores de escolarização ou em outras atividades de formação política – "Antes de estudar *como* a teoria explica, deve [-se] saber bem *o que* ela estuda" (Pistrak, 2009, p. 424).[47]

E dentre esses conhecimentos, é preciso dar centralidade aos aportes básicos da "crítica da economia política", nas suas formulações primeiras (Marx e Engels) e na continuidade do estudo das relações de trabalho capitalistas na atualidade.[48] Além da perspectiva política assumida, é preciso considerar que a Economia Política, nessa abordagem crítica, é uma ciência de síntese, que tem o foco na economia, sem se desligar da totalidade (N<->T<->S), desenvolvendo-se a partir de diferentes ciências naturais e sociais – e no caso particular de Marx, temperados com uma sensibilidade literária (e artística em geral) que poucos

---

[47] Essa afirmação integra o capítulo da Parte II, "Ciências Econômicas", escrito pelo prof. R. M. Kabo, que sugerimos para leitura pela sistematização que faz da experiência da escola-comuna coordenada por Pistrak, nos anos de 1920 na Rússia soviética, de articulação do estudo empírico de processos de trabalho com o ensino das Ciências Econômicas (p. 423-437).

[48] Cf. especialmente para uso nos processos de formação de educadores as sínteses feitas por Rolo, 2022.

cientistas desenvolveram tão bem. Essa abordagem facilita o tratamento desfragmentado da realidade que é desafio formativo em todas as etapas de escolaridade e para além delas.

Entendemos, por fim, que as lições tratadas nos permitem reafirmar, uma vez mais, o lugar do trabalho na realização das tarefas educativas da escola e justificam o esforço coletivo de destrinchar pedagogicamente, e nas circunstâncias sobre as quais atuamos hoje, a ligação necessária, porque potente, entre estudo e trabalho vivos.

RECONSTRUIR A *FORMA* ESCOLAR PELO *CONTEÚDO* DAS TAREFAS EDUCATIVAS

Esta é a última das tarefas educativas da escola que nossa análise permitiu distinguir no todo do trabalho educativo modulado pelas exigências da atualidade e é o capítulo que finaliza este livro, sem pretender concluir a elaboração político-pedagógica sobre seu objeto e sim abrir discussões que possam continuá-la ou revisá-la.

Relembremos o caminho já feito e o raciocínio metodológico que não pode ser perdido. A concepção de educação que assumimos aponta para determinadas finalidades gerais do trabalho educativo da escola e para uma matriz formativa multilateral. A análise da *atualidade* permite definir as *finalidades educativas* concretas para cada processo, tempo, lugar, com seus sujeitos reais e suas necessidades formativas. Nosso método de análise põe em perspectiva histórica e dialética o entorno vivo da escola, na relação com a totalidade (natural e social) que o determina e de que ele toma parte. As finalidades sociais e educativas construídas a partir dessa análise dão o conteúdo à *matriz formativa* e nos permitem definir e compreender as *tarefas educativas* que devem orientar o quefazer pedagógico da escola na direção de suas finalidades educativas.

Cada uma das tarefas educativas de que tratamos nos capítulos anteriores fazem exigências à forma de organização social da escola, especialmente às relações de trabalho. Elas põem conteúdos que tensionam a forma escolar que institucionalmente conhecemos, produzida a partir de outras finalidades sociais e pela pressão dos conteúdos educativos que lhes correspondem.

Construir uma nova forma de escola é ação coletiva necessária para que os conteúdos das tarefas educativas, identificadas a partir do ponto de vista da classe social que tem a missão histórica de comandar o processo de superação das relações sociais capitalistas de produção, possam ser desenvolvidos sem tantas amarras. E, sobretudo, para que as tarefas não se fragmentem nem se realizem de modo aleatório ou em paralelo, e sim se interconectem em uma totalidade capaz de dar conta das finalidades sociais e formativas que definiram essas tarefas como essenciais em nosso tempo histórico.

Esse processo de construção precisa envolver todos os sujeitos da escola, especialmente porque se trata na prática de uma *reconstrução* que acontece no movimento mesmo de ir realizando o trabalho educativo. Não se pode parar a escola para que somente depois de se reconstruir sua forma ela volte ao funcionamento cotidiano. Como na metáfora da casa que precisa ser reconstruída sem que seus moradores saiam dela, a "vida deve continuar na casa escorada durante todo o curso da reconstrução", porque nesse caso "não é possível colocar abaixo o prédio existente e erigir outro com fundações completamente diferentes em seu lugar", ainda que seja necessário substituir toda a estrutura deteriorada que justifica os esforços de reconstrução

(Mészáros, 2021, p. 454).[1] E todos os moradores da casa precisam estar cientes do que vai sendo decidido alterar nela, enfrentando juntos os transtornos próprios de qualquer tipo de mudança estrutural.

Tratamos dessa reconstrução da escola como mais uma de suas tarefas educativas porque a participação ativa dos/das estudantes nela é não só necessária como ricamente formativa. É tarefa de natureza política e organizativa que dispõe material para o exercício real da sua auto-organização ao lado do coletivo de educadores. A esse coletivo cabe coordenar o processo de reconstrução e o preparo que necessitam inclui as intencionalidades que o tornem humanamente formativo para todos.

A questão que nos orienta para pensar a especificidade dessa tarefa educativa é a seguinte: *o que é necessário mudar no funcionamento da escola para que ela possa realizar em melhores condições as tarefas educativas antes tratadas?* Pergunta que pode ser formulada também em outros termos: qual a *forma escolar* que os *conteúdos* dessas tarefas educativas vão produzindo/exigindo, à medida que se realizam?

Alguns elementos de compreensão da relação dialética entre forma e conteúdo são necessários para entender porque é difícil transformar a forma escolar instituída, mesmo quando já se consegue inserir no trabalho educativo conteúdos que pressionam mudanças. Isso justifica considerar essa transformação como tarefa específica e então buscar analisar o conteúdo prático de sua realização.

---

[1] Mészáros aproveita uma história contada pelo poeta Goethe sobre a casa de seu pai, para analisar como será a "retirada da humanidade da perigosa moldura estrutural do sistema do capital" (Mészáros, 2021, p. 453-454).

Relação forma e conteúdo na especificidade da escola

A relação entre forma e conteúdo já motivou grandes discussões filosóficas e para bem além do âmbito da educação. Com base em uma concepção materialista e dialética, quando se discute a necessidade histórica de transformar ou mudar estruturalmente a *forma* de sociedade que temos, é exatamente para que caibam nela os novos *conteúdos* que as lutas sociais do nosso tempo e de todos os tempos produziram ou mostraram ser necessários para a realização de um projeto histórico baseado na igualdade social substantiva, na democracia de caráter socialista e no livre desenvolvimento das forças essenciais humanas de todas as pessoas.

Não pretendemos aprofundar o todo desse debate aqui. Tratamos algo da relação dialética entre forma e conteúdo quando abordamos a tarefa educativa relacionada à criação artística, exatamente porque ela é essencial para entender a especificidade formativa da arte e de seu modo de conhecer a realidade. Pensando nesta tarefa educativa que agora abordamos, há alguns elementos de compreensão geral a retomar frisando o caráter dialético, portanto não mecânico nem linear ou estático, dessa relação, entendido agora na especificidade da construção histórica da escola como instituição social.

Forma e conteúdo têm uma relação necessária e constituem uma unidade. Conteúdos são processos cuja realização concreta vai criando uma forma que permite que seu desenvolvimento ou transformação continue. *Não há forma sem conteúdo que a determine ou exija e não há conteúdo que se realize sem criar uma forma que lhe corresponda.* Mudanças no conteúdo determinam mudanças na forma que por sua vez incide sobre o conteúdo, ajudando ou colocando obstáculos ao seu processo de realização.

Mas a unidade entre forma e conteúdo é *contraditória* e se constitui em movimentos que podem ser diferenciados. Um conteúdo não corresponde a uma forma única. "O mesmo conteúdo pode estar em várias formas e, por sua vez, vários conteúdos podem estar em uma só forma". A contradição entre forma e conteúdo pode levar à destruição da forma antiga para que o conteúdo ganhe nova forma para seu desenvolvimento mais adequado. Mas existem "formas que não possuem mais qualquer conteúdo, e que, por isso, são consideradas fossilizações. Não obstante, continuam existindo" (Havemann, 1967, p. 204). Essa é uma questão que especialmente nos interessa: formas fossilizadas, ainda que sem conteúdos vivos que a exijam, "nos dificultam muito a encontrar novas formas para os novos conteúdos de nosso tempo" (p. 205) e projeto.

No caso da escola, temos que entender melhor quais novos conteúdos vão sendo inseridos e como algumas mudanças de forma que eles pressionam não deixam de reforçar traços estruturais que vêm de longe. Alguns até parecem fósseis, mas em determinados momentos recebem impulsos vivos que tornam ainda mais difícil sua superação.

Quando tratamos da escola, *conteúdos* se referem às dimensões e aos processos que compõem a matriz formativa assumida ou construída pelos sujeitos do trabalho educativo. A *forma* é essencialmente uma *estrutura de relações* criada ou exigida pelos conteúdos da matriz formativa. Uma escola em sua existência concreta é, essencialmente, um feixe de relações sociais, nas quais forma e conteúdo sempre se imbricam. A diferença entre tempos e movimentos da transformação de conteúdos e formas e a presença simultânea de vários conteúdos com traços de formas distintas tende a produzir contradições que, quando se tornam antagônicas, exigem superação.

Tratamos dos conteúdos próprios a uma determinada matriz de formação humana ao abordar cada uma das tarefas educativas anteriores. Conteúdos que produzem/exigem determinados traços da forma escolar, sobre a qual agora trataremos especificamente.

A forma escolar se constitui de *relações sociais* cuja materialidade garante o funcionamento do dia a dia da escola. São as relações de trabalho, as relações de gestão, os diversos rituais cotidianos, a organização de tempos e espaços considerados educativos, a estrutura de avaliação, a burocracia escolar – tudo que envolve registros e fluxos obrigatórios de papéis (agora predominantemente na forma digital) dentro do sistema educacional.

Vale logo observar que é a cristalização de uma determinada forma de escola que nos acostumou a pensar nos conteúdos escolares no sentido restrito de "conteúdos de ensino" e a prestar mais atenção apenas às relações que acontecem no espaço instituído para o ensino na escola, que é a sala de aula.

Mudar a lista formal dos conteúdos das disciplinas que se ensina, embora possa gerar tensões, principalmente quando se está sob a vigência de bases curriculares padronizadoras como hoje, não requer transformações nos traços principais da forma escolar. O ensino é um exemplo de conteúdo que pode estar em diferentes formas de escola. Na forma escolar dominante, esses conteúdos podem começar a pressionar mudanças quando o ensino se orienta por uma concepção de conhecimento que exige a relação teoria e prática para a sua própria realização. Porque isso implicará tempos, espaços e relações para além da sala de aula e para além da escola.

A forma escolar dominante, com seus traços estruturantes, é uma construção histórica própria de uma determinada forma de sociedade e de uma época, as mesmas que produziram a hegemonia do modo escolar de educação, a ponto de que muitas pessoas tomem educação e escola como se fossem palavras sinônimas. Essa forma de escola foi desenhada como parte do sistema do capital, com os conteúdos necessários para que ajudasse a constituir e, logo, a reproduzir sua lógica de produção da vida social.

A invenção da escola como instituição social é anterior à sociedade capitalista. E o próprio sentido etimológico do termo "escola" – do grego *scholé,* que significa "ócio" – indica sua origem como um lugar pensado para quem dispõe de "tempo livre" para estudar, o que na época queria dizer destinada a filhos e filhas das classes que podiam viver sem trabalhar ou, mais precisamente, que viviam do trabalho de outros.

O capitalismo instituiu a escola pública "para todos", ou seja, aquela que poderia receber jovens e crianças oriundas de famílias da classe trabalhadora. Segundo estudiosos da história social da escola (cf., por exemplo, Vincent, Lahire, Thin, 2001), a função primeira da instituição recém-criada não foi "transmitir saberes formais" e sim manter a "ordem pública" diante das "desordens" provocadas pelas expropriações e violências que tornaram possível a instauração das novas relações sociais de produção.[2] E deveria ajudar a garantir a dominação da nova classe dominante, a burguesia, com conteúdos formativos que pudessem, aos poucos, diminuir o apelo a formas explícitas de repressão. Era preciso que as novas gerações aprendessem a obedecer a uma ordem social que afinal lhes prometia liberdade, igualdade e fraternidade entre todos.

No capitalismo, a escola precisou assumir finalidades educativas que não tinha antes, como a de garantir a apropriação

---

[2] Note-se que na fase atual de crise estrutural do sistema do capital, com seu correspondente aumento exponencial da desigualdade social, do desemprego crônico e da miséria, com as reações sociais que provocam, as escolas de tempo integral têm, para muitos que a defendem, a mesma motivação primeira de "manter a ordem pública", embora sim, a ampliação do tempo escolar é bandeira de quem defende mudanças que garantam a realização de finalidades educativas emancipatórias.

de conhecimentos ou saberes formais necessários ao funcionamento da economia capitalista e "familiarizar" crianças e jovens com as relações sociais que a sustentam e comandam (Freitas, 2009, p. 97).[3] São finalidades que não costumam ser apresentadas nesses exatos termos, embora em certos momentos históricos acabem sendo ditas de maneira explícita. Essa mudança estrutural da função social da escola exigiu novos conteúdos que produziram mudanças de forma, mantendo traços estruturantes da escola nascida sob determinações de outras formas de divisão de classes.

Por sua vez, a forma capitalista de escola vai sendo modificada, pelo próprio sistema, conforme as novas exigências formativas de cada período histórico e a partir da pressão social para que sejam inseridos nela novos conteúdos. Mesmo novas finalidades educativas podem ser aceitas, desde que as finalidades que a constituíram se mantenham e, portanto, sem que sua estrutura fundamental seja alterada. E, de preferência sem que essas relações sejam percebidas e, menos ainda, discutidas pelos sujeitos diretos do trabalho educativo.

O momento histórico atual, que integra a fase descendente do sistema do capital e coloca mais em evidência suas contradições internas, nos facilita compreender qual a "moldura estrutural" da escola a ser substituída para que conteúdos formativos, novos ou velhos, vinculados a finalidades sociais de superação do sistema, tenham uma força maior de desenvolvimento.

Entendemos que os conteúdos postos pelas tarefas educativas que afirmamos antes correspondem a uma nova forma escolar,

---

[3] Para aprofundamento da análise sobre a construção histórica da forma escolar capitalista cf. Vicent, Lahire e Thin (2001) e Freitas (2003 e 2009). Fizemos, a partir dessas referências, um ensaio de análise das transformações da forma escolar no âmbito da Educação do Campo que pode ser conferido em Caldart (2010).

superadora da que foi instituída pelo modo capitalista de produção da vida social. Por isso é fundamental analisar com rigor essa "moldura estrutural" para que o essencial do que deve ser preservado e do que deve ser transformado não nos escape no processo da reconstrução.

Há traços estruturantes da instituição escolar (conteúdo e forma) que são considerados imutáveis pelo sistema e, portanto, por todos que defendem mudanças na escola tendo como pressuposto (ou objetivo) que o sistema social não pode ou não deve mudar. Alguns desses traços constituem a forma capitalista de escola, mas não são próprios só dela, sendo herança ajustada de formas anteriores de sociedades de classe, ou seja, de sociedades caracterizadas pela desigualdade social substantiva e por relações de poder que a sustentam e legitimam.

Nossas análises de referência indicam quais são esses pilares básicos da forma escolar com a qual nosso trabalho educativo necessariamente se defronta e precisam ser superados, sempre considerando o sentido dialético da superação: ao mesmo tempo preserva, transforma e substitui.[4] Elementos sobre alguns desses traços estruturantes já foram mencionados nos capítulos anteriores, sempre que isso foi necessário para tratar de cada tarefa educativa. Aqui o objetivo é apresentar uma visão de conjunto que nos facilite apreender com maior nitidez os conteúdos da realização prática desta tarefa específica de transformação da forma escolar. Destacamos a seguir quatro desses traços.

---

[4] Considerando o raciocínio que faz Mészáros (2021, p. 235) em relação ao papel do Estado em assegurar que se mantenha inalterável a "subordinação estruturalmente enraizada do trabalho", que nos vale também para pensar as mudanças feitas ou propostas pelo sistema capitalista em tese visando superar a forma escolar atual: trata-se de uma "dialética atrofiada", de uma "superação fracassada", "em última instância insustentável, já que a preservação deve prevalecer a qualquer custo, em detrimento da vitalmente necessária superação".

1º)Um lugar apartado da vida

A escola foi concebida como um universo separado para onde são levadas as novas gerações com o objetivo de lhes garantir determinadas aprendizagens, principalmente aquelas formalizadas e codificadas pela linguagem das letras e dos números. Foi instituída com regras e organização do tempo e dos espaços para isso e com relações aparentemente autônomas e desvinculadas do mundo exterior (Vincent, Lahire, Thin, 2001, p. 37-38). Essa característica firmou como *traço estruturante* da escola desenvolver seu trabalho educativo desligando-se da vida real de seus sujeitos e dos aspectos naturais e práticas sociais de seu entorno. Um lugar pensado para manter uma "confortável" separação entre teoria e prática de modo que as contradições da realidade não "atrapalhem" a cognição e não coloquem questões que "desviem" a atenção do que se foi ali para aprender. É a finalidade que se tornou senso comum: a escola deve "preparar para a vida". Mas, para as finalidades de reprodução do sistema, deve fazer isso sem mexer com a vida concreta e, menos ainda, inserir-se nela.

A forma capitalista de escola mantém o traço, porém precisando lidar com contradições que nos tempos de hoje ficam mais explícitas: necessita da cisão entre escola e vida, porque não está entre suas finalidades que as contradições da vida real sejam percebidas e discutidas por quem se reúne em um mesmo lugar e poderia compreendê-las para atuar sobre elas coletivamente; e precisou instituir uma lógica de estudo que fragmenta os conhecimentos e os isola da realidade empírica a que se referem, de modo que tentativas de síntese, se ocorrerem, o sejam somente depois do tempo de escola, na cabeça de cada pessoa e já com suas mentes e corpos devidamente disciplinados. E isso porque não está entre as finalidades da escola capitalista que o conhecimento da totalidade da vida se realize e, menos ainda, para quem está em situação social propensa a buscar mudanças.

Mas isso, afinal, acaba atrapalhando uma adequação mais estreita e imediata dos conteúdos da escola às exigências da exploração capitalista do trabalho vivo ou do que se convencionou chamar de "mercado de trabalho". Hoje, as mudanças tecnológicas na forma de produção exigem um tipo de qualificação, mesmo para o trabalho precarizado, que o isolamento social da escola e a fragmentação do conhecimento dificultam sobremaneira. Por isso as atuais reformas educacionais passam a criticar aspectos da forma escolar, propondo mudanças na relação da escola com o mundo exterior e de organização curricular que sejam funcionais aos seus objetivos, mas sem que as novas relações saiam do controle político e sem que a separação entre escola e vida concreta seja estruturalmente superada.

No contraponto, e não por acaso, a ligação entre escola e vida tem sido um princípio orientador de todas as práticas que visam transformar a escola em uma direção humana e socialmente emancipatória.

2º) Oposição hierárquica entre trabalho manual e trabalho intelectual

Este traço e sua correspondente separação entre fazer e pensar, caracteriza as sociedades de classe de todas as épocas, com os ajustes de conteúdo exigidos em cada forma histórica das relações sociais de produção. A forma capitalista, à medida que inclui entre as finalidades da escola a preparação direta e indireta dos/das estudantes para o trabalho, precisa criar uma estrutura *dual* que reproduza nessa preparação a divisão social hierárquica do trabalho e o conteúdo da oposição entre trabalho manual e intelectual próprio desse modo de produção. Isso implica garantir que a qualificação e as condições distintas à realização de diferentes tipos de trabalho sejam percebidas como se fosse um traço natural da vida em sociedade.

O sistema dual materializa a "vocação" ou tradição elitista da escola de nosso tempo. Mesmo que no capitalismo a escola precise permitir a entrada de todos, ela é organizada para não ser igual para todos. O sistema oscila historicamente entre explicitar a dualidade tendo escolas diferentes para cada classe social ou disfarçá-la, encontrando mecanismos que permitam em uma mesma escola "itinerários formativos" diferenciados a estudantes oriundos de uma classe ou outra. E de preferência garantindo casos que comprovem que na sociedade capitalista a "mobilidade de classe" é possível e quem entrou na escola "destinado" ao "trabalho manual" terá seu destino modificado pelo seu "mérito" pessoal.

O conteúdo da oposição entre trabalho "manual" e "intelectual" vai se modificando conforme as mudanças tecnológicas na produção e as características da exploração do trabalho em cada fase do capitalismo. Hoje ela se define muito mais pelo grau de simplificação e precarização do trabalho executado do que pela exigência de maior ou menor uso da força física para realizá-lo. E a distinção formativa afeta especialmente a expansão ou restrição da matriz formativa, que será multilateral para algumas funções e estreitamente unilateral para outras e, sob medidas econômicas e políticas neoliberais, cada vez menos multilateral para toda a classe trabalhadora. As reformas do ensino médio costumam ser emblemáticas do sistema dual, ainda que a lógica esteja em todo o sistema educacional capitalista.

No cotidiano da escola, esse traço estruturante é reforçado quando se tenta tornar "invisíveis" certos processos de trabalho que mantêm a vida escolar funcionando, como se eles não integrassem o trabalho educativo. Note-se que tem sido contraponto de luta tratar o conjunto de trabalhadores da escola (quem faz limpeza, cozinha, quem realiza tarefas de secretaria, na biblioteca etc.) como educadores que de fato são.

O sentido principal da divisão hierárquica do trabalho que precisa ser reforçada e a desigualdade social que a determina e que ela reforça é o que, do ponto de vista do sistema capitalista, não pode mudar. Por isso, pensar uma escola pública com traços materiais e pedagógicos que a façam efetivamente igual para todos tornou-se historicamente uma luta de caráter socialista.

3º) Uma forma de gestão da vida escolar baseada em relações sociais hierárquicas e centrada no indivíduo

Reproduzir essas relações e cultivar o rechaço a formas coletivas de organizar a vida em sociedade são finalidades postas para a escola pelos sistemas sociais estruturados sob a desigualdade de classe e que precisam ter o primado do indivíduo isolado como suposto sujeito de tudo o que acontece. Esse padrão de sociabilidade vai sendo internalizado na escola a partir de uma forma de gestão cujas relações funcionam tornando-se "invisíveis" aos seus sujeitos diretos, a partir de regras impessoais que se impõem a todos, sem que se saiba e, com o tempo, nem se busque saber, quem as estabeleceu e quem criou os rituais para seu cumprimento.

Essas regras de funcionamento da escola se referem basicamente às relações de convivência e de poder e à forma de tomar decisões, inclusive aquelas relacionadas com aprendizagens dos conteúdos de ensino – sua seleção e como abordá-los – e aos procedimentos de avaliação. É próprio dessa forma de gestão que as decisões principais sobre seu funcionamento nunca sejam tomadas pelo conjunto de seus sujeitos diretos e que as relações de poder, internas e externas, que isso envolve sejam vividas como "naturalmente" dadas.

As referências de como estruturar a gestão da vida escolar a partir de relações hierárquicas vão sendo ajustadas conforme mudam as necessidades – principalmente as necessidades econômicas – do sistema. Os modelos que serviram para estruturar as relações de poder da forma escolar capitalista foram tomados de instituições pré-capitalistas porque consideradas muito próprias à finalidade primeira de "garantir a ordem pública": a Igreja institucional e o Exército: hierarquia, disciplina, obediência, doutrinação. Mas sem que essas referências ficassem explícitas ao ponto de provocar revoltas em nome da própria nova ordem social burguesa.

Na fase atual do capitalismo, as reformas educacionais que pretendem "modernizar" a escola, e vem sendo operadas pelo sistema, passaram a ter como modelo a própria empresa capitalista com suas relações sociais hierárquicas e sua lógica de metas de "produção", avaliação de "resultados" e sua concepção atualizada de organização "racional" do trabalho. Inclui a própria presença direta de empresas econômicas no ambiente das escolas, à medida que se tornam mais um ramo de seus negócios (privados).

Esse novo modelo de gestão da vida escolar atende simultaneamente a diferentes objetivos do sistema capitalista:

– familiariza mais diretamente as crianças e jovens com a lógica econômica capitalista, já no seu formato neoliberal atual;

– quebra o isolamento social da escola sem ter que vinculá-la à vida concreta, trazendo para o interior da escola as relações mercantis e de concorrência individual que precisam ser aprendidas cada vez mais cedo;[5]

– aumenta exponencialmente o controle sobre o trabalho educativo por depender menos do jeito próprio de cada pessoa desenvolver

---

[5] Lembremos que na fase ascendente do capitalismo algumas pedagogias burguesas mais avançadas propunham que a escola exercitasse em seu interior relações e rituais próprios da democracia liberal em construção, como forma de ajudar a acelerar sua implantação no todo da sociedade (cf. capítulo sobre a auto-organização e também Shulgin, 2022).

suas tarefas pedagógicas, o que podia levar a uma contestação, consciente ou inconsciente, da lógica prevista – possibilidade que reformadores empresariais de hoje afirmam como causa do insucesso de reformas educacionais anteriores.

Estamos hoje experimentando os primeiros efeitos do uso de mecanismos de controle cuidadosamente fabricados para "amarrar todas as pontas": a padronização de conteúdos e materiais formativos pela Base Nacional Curricular Comum (BNCC) e suas pré-determinadas metas de aprendizagem, uma nova base nacional da formação de docentes padronizando a preparação para implantar a BNCC, um sistema de avaliação externa que padroniza também os critérios de avaliação interna de estudantes e educadores, o uso de tecnologias que condicionam tempos, procedimentos e comportamentos, com a consequente diminuição drástica da criação pedagógica pessoal e coletiva.

O disciplinamento de "corpos e mentes" hoje pode ser garantido por mecanismos sutis e até mais incisivos de manipulação, como por exemplo, o uso ostensivo de tecnologias digitais. Mas sempre que as personificações do sistema considerem necessário, certos "fósseis" podem receber impulsos vivos, como é o caso das iniciativas de militarização das escolas ou pelo menos o apelo a doses concentradas de disciplina militar ou eclesiástica, para que seus sujeitos realizem sem resistência a lógica econômica neoliberal em que se busca inserir diretamente as escolas.

Destaque-se o que para o sistema é, afinal, imutável: finalidades educativas não devem ser discutidas, as relações precisam continuar sendo hierárquicas e as decisões, sejam políticas, sejam pedagógicas, não podem ser tomadas pelos próprios sujeitos da escola, menos ainda por alguma forma de organização coletiva que se atrevam a constituir. E a disciplina precisa de alguma forma ser garantida, na preparação física para o trabalho, nos comportamentos, nas emoções, ideias e formas de expressão.

A contradição latente é que o processo de reprodução das relações sociais que esse modo de gestão visa é tanto mais eficaz quanto seus executores acreditem estar decidindo algo sobre suas regras ou pelo menos sobre como cumpri-las. E quando essa lógica não chegue a ser percebida por quem a vivencia. A ostensividade atual da lógica tende a criar cada vez mais dificuldades para o próprio sistema e podem ser convertidas em luta e resistência ativa do conjunto dos sujeitos diretos da escola. A progressiva retirada do protagonismo pedagógico de quem tem a tarefa cotidiana de educar e a precarização crescente desse trabalho vai impedindo a própria realização da função social geral da escola, e isso pode se tornar explosivo. Chama barbárie ou luta!

4º) Tratar o tempo do ensino e o espaço
da sala de aula como o todo da escola
Isso vale formalmente e apenas para a atuação dos sujeitos diretos, não do sistema, como se percebe pelos traços anteriores. Essa aparência inclui tornar o ensino o foco (formal) da avaliação, interna e externa à escola. A razão se refere a uma lógica de funcionamento que visa impedir que se tome consciência das relações sociais que constituem e sustentam os traços anteriores, notadamente as relações de trabalho e as relações de poder. Ajuda a fazer parecer que o cotidiano da escola é regido por relações e tempos não determinados socialmente nem historicamente construídos, para que não sejam pensados como transformáveis. Mas a atual ostensividade das mudanças de gestão, bem como os "fósseis" revitalizados de que tratamos no traço anterior, tornam mais difícil manter a invisibilidade também desse traço. É importante ter em conta, positiva e negativamente, que a maioria das memórias e dos depoimentos sobre vivências escolares não tratam dos aprendizados formais do espaço de sala de aula.

A análise desses traços estruturantes da forma escolar capitalista nos ajuda a entender melhor as tensões enfrentadas para realizar as tarefas educativas próprias às nossas finalidades sociais e nos trazem lições importantes para pensar o rumo da tarefa educativa de transformação da forma escolar.

Ter um lugar em separado para a educação da infância e juventude permitiu tomá-la como objeto específico e produziu conhecimentos necessários sobre o desenvolvimento humano nos diferentes ciclos etários, que valem para além da escola e precisam ser considerados na modulação das suas finalidades educativas concretas. A compreensão da especificidade da educação escolar é acúmulo social a ser preservado, acompanhando os movimentos de nosso tempo histórico. Mas apartar a escola da vida tem impedido aprendizados que consideramos fundamentais para nossas finalidades sociais e educativas e, portanto, é traço da forma que precisa ser superado.

Já temos experiência e elaboração pedagógica suficientes para saber que a especificidade do trabalho educativo da escola não justifica nem implica cortar seu vínculo com as práticas sociais que sustentam e configuram a vida de seus sujeitos. Ao contrário, é a vida real que permite problematizar a própria concepção de infância, de juventude e de escola que acabou prevalecendo nas teorias pedagógicas de marca burguesa e que não confere com as crianças e jovens da vida real e suas necessidades de formação humana.

Também aprendemos, e o sistema capitalista foi o que nos ensinou com maestria, sobre a importância de intencionalizar o cultivo de determinadas relações sociais na escola. Se essas relações têm a força de ajudar na reprodução das relações capitalistas de produção, podem ser construídas de modo a exercitar as relações que as lutas sociais em que nos inserimos pretendem instituir no conjunto da sociedade. Mas uma diferença para as nossas finalidades de emancipação humana é que essa construção não é camuflada e terá que ser consciente e coletiva.

Outra diferença fundamental é que não se trata de ajudar a reproduzir um sistema, e sim de participar da construção de um *novo* sistema, aberto e dinâmico. Para a nossa posição é vital compreender que "as relações sociais não dependem da vontade dos indivíduos e dos reformistas". Se as relações intencionalizadas na escola não estiverem ancoradas em processos materiais de uma totalidade mais ampla, corremos o risco de repetir a crença ingênua de reformistas de diferentes matizes políticos que agem como se pela educação escolar se pudesse "alcançar um futuro melhor" e a própria "felicidade humana" (Pistrak, 2018, p. 149). Não é essa concepção de história que nos orienta na abordagem das tarefas educativas da escola.

Frise-se, a escola em si não tem a força material para a criação de novas relações sociais ou de corrigir os problemas estruturais de um sistema social, mesmo em crise. O sentido real, que pode se converter em força material, de exercitar na escola relações sociais portadoras de futuro é se essas relações forem aquelas que estão sendo construídas fora dela, em processos de reconstrução da vida – mesmo que não dominantes – com os quais a escola aprende e pode ajudar para que sejam experimentados pelas novas gerações pelo exercício continuado e pedagogicamente acompanhado.

Precisamos, portanto, prestar especial atenção para o conteúdo formativo que vai sendo apropriado pelas nossas crianças e jovens nas relações que constituem o ambiente educativo da escola em que trabalhamos, seja a herdada da qual ainda não nos despojamos, seja a nova que vamos construindo. E isso vale também para as relações necessárias ao trabalho pedagógico com o conhecimento, tal como abordadas especialmente nas tarefas educativas sobre arte e ciência.

Esse aprendizado nos permite compreender com mais rigor porque uma "escola de ensino" não nos basta. É porque na realidade ela nunca bastou para as finalidades de qualquer sistema. Um ensino "de qualidade" é sim fundamental, porém ele não é o todo do esforço educativo necessário para formar a nova geração de lutadores e construtores, assim como não basta para formar quem reproduza o sistema e combata quem lute para transformá-lo.

O ensino de conteúdos de natureza teórica, mesmo quando selecionados e abordados de maneira crítica e séria, não nos basta porque as atividades de ensino, e menos ainda quando presas em salas de aula fechadas e isoladas do mundo – ou agora, pior ainda, presas na armadilha das "telas virtuais" – não permitem, por si sós, a compreensão da *atualidade* e a capacidade de *agir consciente e organizadamente* sobre ela.

Pensemos: como formar lutadores e construtores em uma escola que aprisiona os/as estudantes entre quatro paredes com pouquíssima interação real entre si e com seu meio, e sem protagonismo algum? Se nem a reprodução do sistema exige somente essa dimensão, como bastaria para transformá-lo?

E em nossa concepção de educação, a própria qualidade do ensino somente se produz na relação entre conhecimento e vida concreta. O ser humano é um ser de *práxis*, afastado dessa condição pelas relações sociais alienantes que dominam a forma de sociedade que temos e, por isso mesmo, a necessidade de intencionalidades pedagógicas nessa direção.

Reconstrução prática da forma escolar

A análise feita sobre a relação entre forma e conteúdo, cotejada às mesmas práticas e discussões político-pedagógicas que nos permitiram sistematizar as tarefas educativas da escola, nos ajuda agora a identificar marcos da reconstrução prática da forma escolar que essas tarefas exigem para a sua realização efetiva e sistemática. Tratemos dos principais, e, como nas outras tarefas, observando que será a análise das condições de cada local que permitirá dar concretude às ideias gerais além das quais não se consegue chegar em um tipo de sistematização como esta.

1) Estruturar a forma de relação da escola com a vida do entorno

Todas as tarefas educativas de que tratamos até aqui exigem relações com o entorno vivo da escola. E isso porque elas têm como pressuposto a vida escolar construída em conexão com a totalidade dos processos de produção e reprodução da vida de que seus sujeitos tomam ou podem tomar parte.

No tópico anterior analisamos como, na lógica da forma escolar que serve às finalidades do sistema capitalista, essa relação, quando posta, não o é nos termos desse pressuposto que nos orienta. E os conteúdos das relações formais entre a escola e a chamada "comunidade escolar" que essa lógica inclui não têm como dar conta das exigências de nosso projeto social e educativo. Por isso a tarefa dessa construção não pode ser subestimada nem em importância nem na complexidade das relações que ela envolve.

As práticas que temos tomado como referência nos ensinam que, se não houver uma intencionalidade específica para construir forma e conteúdo dessa relação, a tendência é de manter o distanciamento – social, político e formativo – entre a escola e seu entorno, entre escola e comunidade. Mesmo escolas públicas conquistadas com lutas coletivas tendem a assumir, "com o passar do tempo, dimensões, características e sentidos que se tornam estranhos aos que as conquistaram..." (Lima, 2016, p. 60). E isso tem a ver com a própria noção de "público" que o sistema tornou hegemônica, como se uma escola sendo pública não pudesse ser *apropriada* pelos sujeitos que constroem a vida social em torno dela, dentro dela. Nessa visão, a escola é *posta* em um lugar, não é *do* lugar, como território constituído por um meio natural, por sujeitos e relações sociais.

Sem quebrar essa tradição inventada não há como superar a ruptura histórica estabelecida entre escola e vida. É preciso, entretanto, despojar-se da forma escolar que a isola da vida social de seus sujeitos diretos sem negar a natureza da escola como instituição social que trabalha com finalidades educativas que vão além de interesses particulares e imediatos do território em que se insere. Uma escola pública é um *bem social comum*[6] que é de todos e precisa atuar pelo bem de todos, o que só é efetivamente garantido quando ela se vincula a um projeto histórico que tem a igualdade social substantiva como pressuposto, de concepção e de finalidade de luta e construção, e que converta interesses particulares de pessoas e grupos em interesses sociais.

Destaque-se que essa compreensão e esse vínculo podem não estar postos à comunidade ou ao conjunto de famílias de origem dos/das estudantes com as quais trabalhamos. A escola, a depender do estágio organizativo em que se encontre e da formação política a que especialmente educadoras e educadores tenham acesso, pode ajudar a garantir essa compreensão pelas discussões e já pela realização prática de atividades em comum.

---

[6] Como afirmamos em outro lugar: "Entendemos que, assim como bens naturais, terra, água, ar, devem ser tratados como bens comuns, há bens sociais com a função social de garantir direitos humanos, que também precisam ser tratados como bens comuns. Isso quer dizer que não devem ser vendidos e, portanto, não devem ser privatizados. Porque quando se tornam mercadorias, sempre visam primeiro o "bem" de seus donos, de quem as vende. A escola é um bem público a que todos devem ter acesso em igualdade de condições. Em formas de sociedade ainda baseadas na desigualdade social substantiva, esse acesso somente pode ser garantido pela ação do Estado, sem terceirizações privadas de nenhuma ordem. Sem privatizações nem meias nem inteiras, nem disfarçadas de "parcerias público-privadas". E o Estado somente age nessa direção quando pressionado pelo povo" (Caldart, 2023, p. 3).

Desde nossas referências, entendemos por *entorno* da escola "o meio geográfico onde ela se situa", que combina um meio natural com processos, bens e relações sociais que seus sujeitos estabelecem com esse meio natural, entre si e com a escola, a partir especialmente de estudantes e suas famílias. Em muitos casos, especialmente nas escolas do campo, mas não só, a escola se insere em *comunidades*, no sentido mesmo de grupos com vida social em comum, dispondo de núcleos de moradias e unidades de produção cooperativa que podem ter uma proximidade física maior ou menor entre si. Também integram o entorno da escola aspectos que podem estar fisicamente mais distantes dela, mas influenciam a vida social das famílias, como locais de trabalho em comum ou processos que afetam o meio natural e suas relações sociais (Caldart, 2017, p. 165).

Uma escola pode receber estudantes de diferentes lugares ou comunidades e, nesse caso, precisa de alguma forma de relação com todas elas. Isso complexifica as relações. Na prática, porém, sua inserção orgânica terá que ser em uma comunidade particular, porque há relações que acontecem onde se está. Esse é o caso da interação com o meio que permite compreender a vida natural em seu fluxo, suas transformações contínuas. Também é o caso das relações sociais cotidianas, da inserção coletiva de estudantes em processos de trabalho social, da interação com todas as gerações que vivem ali, suas referências culturais e a memória das lutas e do trabalho que lhes trouxe até aqui. Entretanto, há relações que, por levarem as pessoas para fora desse local, permitem entendê-lo melhor exatamente pela visão em perspectiva.

A tarefa de *estruturar* as relações da escola com seu entorno se refere ao desenho organizativo dessas relações, para que elas possam se realizar com sistematicidade e solidez, superando formas casuais ou aleatórias e, sobretudo, para que sejam conduzidas em uma direção coletivamente discutida.

Há um detalhe de compreensão que merece ser sublinhado. A palavra "entorno" remete a um sentido contraditório com o qual é necessário trabalhar. Ela em si indica o distanciamento que visamos superar: parece afirmar que é preciso entrar em relação com algo do qual a escola não toma parte, apenas está ao seu "redor". Mas ao mesmo tempo essa palavra nos chama atenção para a especificidade da escola como instituição social que, em qualquer sistema, tem finalidades que extrapolam os interesses locais, interesses esses que precisam ser trabalhados em perspectiva social mais universalizante. Por isso, pelo menos sob a visão que nosso tempo histórico alcança, não se trata de diluir o papel social específico e ao mesmo tempo mais amplo da escola, e sim de realizá-lo nas conexões adequadas às finalidades sociais emancipatórias que temos.

As decisões sobre a moldura estrutural das relações entre a escola e seu entorno ou a forma organizativa e política que assumam dependerá das circunstâncias locais. Assim como a decisão de quem começa o processo e por onde. Quando a escola se insere em uma comunidade que tem vida social coletivamente organizada ou há organizações coletivas atuando no seu entorno e com a compreensão sobre a função social da escola, a tendência é que "a comunidade puxe a escola". Em outras circunstâncias, será a escola a fazer os primeiros movimentos de aproximação.

De qualquer modo, práticas que têm se desafiado nessa construção nos ensinam que há passos que compõem esse caminho de relação que não podem ser contornados ou secundarizados. *A escola (toda) precisa conhecer seu entorno e o entorno (seus sujeitos sociais) precisa conhecer a escola.* Esse é um *passo necessário* e a depender das circunstâncias desde as quais se comece o processo, ele terá que ser mesmo o primeiro. Práticas aqui tomadas como referência resultaram na criação de uma ferramenta metodológica para melhor organizar a realização desse passo. Trata-se do chamado *inventário da realidade* – ou outros nomes que a ferramenta já possa ter recebido.

Inventariar significa fazer um levantamento objetivo do que existe e acontece ali, materialmente, socialmente, culturalmente de modo a se conhecer as necessidades e possibilidades do lugar em que a escola se insere e em outros lugares que ela terá relações, seja pela origem dos/das estudantes, seja pela incidência na sua vida. Organiza-se um roteiro para facilitar o trabalho de campo, do qual participam educadores e estudantes, e que serve também para sistematizar as informações que vão sendo recolhidas ou atualizadas a cada ano letivo. Nesse roteiro geralmente se contemplam os aspectos naturais e a base geográfica do lugar, as características das pessoas/famílias que ali vivem, suas histórias de vida, suas relações culturais, os sistemas produtivos e as relações econômicas que ali se desenvolvem, os processos e relações de trabalho, as relações políticas e as organizações coletivas que existem, as lutas sociais de que seus sujeitos participam, os conflitos ou tensões de natureza diversa percebidos na vida local etc.[7]

Quando pedagogicamente preparada, a realização coletiva do inventário além de recolher material que permite ir discutindo as possibilidades de relação da escola com seu entorno – será ela própria educativa, por exigir o diálogo entre os diferentes sujeitos da escola e da comunidade, a auto-organização de estudantes e educadoras, assim como pode garantir aprendizados sobre métodos de pesquisa e trabalho de campo.

---

[7] Cf. sobre a ferramenta do inventário, incluindo uma sugestão de roteiro, em Caldart (2017, p. 163-182). E sobre possibilidades metodológicas de uso cf. Farias, Finatto, Leite (2022) e Silva *et al.* (2023), no prelo.

A forma de realizar o inventário também pode ajudar para que a comunidade ou as famílias dos/das estudantes conheçam a escola. Porém, como para muitas famílias e mesmo comunidades coletivamente organizadas a escola é vista como um local impenetrável, não sendo "seu lugar", o que temos aprendido é que para confrontar a marca cultural do distanciamento nada melhor que elas conheçam a escola participando dela, começando com determinadas atividades que possam ser realizadas em conjunto.

Em escolas que conhecemos, essa aproximação começou a propósito de discutir coletivamente o projeto político-pedagógico da escola (PPP), não como documento formal, mas como processo de debate e tomada de decisões sobre a vida escolar, começando justamente pelas finalidades sociais e educativas da escola (cf., por ex., Silva, 2016; Lima, 2016). Em outras, são organizações coletivas ou movimentos populares atuantes no entorno que fazem a mediação entre escola e comunidade a partir de demandas específicas que exigem atuação conjunta e desencadeiam processos que extrapolam os interesses apenas locais (cf., por ex., Ribeiro *et al.*, 2017).

Outro passo fundamental nessa construção se refere às discussões coletivas necessárias para que se chegue a uma compreensão comum sobre *a direção das relações a serem firmadas*, o que ajudará a orientar a própria análise do material levantado nos inventários. Essa direção precisa ser de mão dupla: a inserção da escola em seu entorno vivo ajudando na realização das tarefas educativas – decorrentes de finalidades sociais e formativas, ampla e coletivamente discutidas; e essa inserção contribuindo na superação de desafios presentes no entorno, especialmente aqueles próprios de processos de reconstrução da vida social, sempre mais formativos para todos.

O desafio é converter o entorno da escola em seu meio de vida, ambiente e relações "metabólicas" em que se desenvolve sua vida social. E isso tanto para intencionalizar pedagogicamente atividades dos/das estudantes fora da escola, derrubando "muros e cercas", como para recolher material educativo que torne possível a ligação das tarefas que realiza no seu interior – e, sim, algumas delas em separado –, incluída nelas a dimensão do ensino em sala de aula. Reitere-se: pela especificidade do trabalho educativo da escola, um dos critérios de escolha das atividades e de análise do material levantado nos inventários é o de sua força potencial para gerar necessidades e possibilidades de conhecimento e compreensão da atualidade.

Por sua vez, para o entorno, o desafio é poder contar com uma escola que atue como um *centro cultural* capaz de fortalecer ou, em algumas circunstâncias, ajudar a constituir uma vida social mais rica e formativa de que a vida escolar tome parte. E isso a partir do trabalho social de estudantes e educadores em diferentes dimensões e processos que tenham incidência real nas questões da vida ali. Um parâmetro para saber como se vai avançando nessas relações pode ser sintetizado com termos tomados de Pistrak (2018, p. 138): que o interesse de todos pela escola e pela educação das crianças seja tão grande que se torne impossível ter empreendimentos sociais significativos à comunidade sem que apareça imediatamente a pergunta sobre como a escola pode, de alguma forma, ajudar.

Trata-se de um passo que merece ser destacado porque implica disposição mútua ao diálogo, avanços e acordos processuais de compreensão e paciência pedagógica de todas as partes para não sucumbir a tentações imediatistas e pragmáticas e para que não se desvie o foco do trabalho educativo da escola e o papel social que pode ter no fortalecimento de processos portadores de futuro. Lembremos que a disposição ao diálogo implica cada parte (seus sujeitos) tratar de questões que foi levada a pensar que não lhes dizem respeito.[8]

Nunca será demais reafirmar que, dada a centralidade do trabalho na constituição da vida social e de cada pessoa, ele deve ter lugar correspondente nas relações que a escola vai construindo com seu entorno e dentro dela. Quando se afirma a escola como centro *cultural*, se pensa na materialidade própria ao seu trabalho específico e que tem, por sua natureza, um caráter processual, de formação de tempo longo, que firma ideias, valores, comportamentos, conhecimentos, visão de mundo, cultura. O objeto desse trabalho cultural, porém, há de ser o todo da vida em suas relações fundantes.

Para chegar a essa forma de relação orgânica entre escola e entorno há *outro passo imprescindível,* que é a realização de atividades concretas que a materializem e ampliem processualmente o conhecimento e reconhecimento mútuo dos papéis de cada parte. Entendemos que a categoria sociopedagógica do *trabalho socialmente necessário* (TSN) é a que mais nos ajuda a entender o conteúdo concreto dessa relação. Tratamos detalhadamente sobre ela na tarefa educativa da inserção necessária de estudantes em processos de trabalho social emancipatório, com exemplos de como ele pode ser de diferentes tipos e envolver dimensões diversas (cf. cap. 2).[9]

A noção de TSN, elaborada no âmbito da teoria pedagógica, ajuda na compreensão do duplo movimento a ser garantido na relação da escola com seu entorno e impede que simplificações e

---

[8]   Como se pergunta Matilde em sua pesquisa: "Por que o debate educacional não chega até a cooperativa, e os debates da cooperativa não chegam até a Escola?" (Lima, 2016, p. 85).

[9]   Cf. também em Christoffoli *et al.* (2020), sugestões pedagógicas sobre como pensar a relação escola e comunidade para o exercício da cooperação com as crianças pequenas.

pragmatismos diminuam o potencial formativo dessa relação. A escola não pode estar a serviço da comunidade para qualquer tarefa. Assim como a comunidade não está à disposição da escola para qualquer coisa que ela mesma deva fazer. Destaque-se que essa é uma discussão que costuma ser tensa, mas que é enfrentada sempre que se busca construir essas novas relações, sendo necessária para que as finalidades sociais e educativas desse processo todo não nos escapem.

Nesse diálogo necessário, nenhuma parte pode perder de vista que se está tratando da educação das novas gerações, e isso exige a adequação das atividades às necessidades e às características próprias de cada fase da vida. E que as finalidades econômicas de determinados processos em que as crianças se inserem não podem se sobrepor às finalidades educativas dessa inserção.

Cabe aqui reforçar que atividades simples ou complexas de trabalho social, efetivamente necessário, pontuais ou duradouras, podem ser realizadas na direção de estruturar a forma de relação da escola e seu entorno. O inventário da realidade, por exemplo, que a escola faz principalmente para seu uso pedagógico, dependendo do modo de fazê-lo, das relações que envolva com os sujeitos sociais, com as comunidades, pode se desdobrar em TSN para realização de pesquisas de campo demandadas à escola pela comunidade.

Um exemplo em experiências que conhecemos é a participação de estudantes em determinadas fases da análise de solos em seus aspectos biogeoquímicos, que além de necessária ao planejamento da produção, gera/exige de estudantes e educadores conhecimentos que, dadas as questões da atualidade, nem se pode cogitar que não sejam abordados pelo plano de estudos da escola.

Vale observar que há trabalhos sociais que podem não parecer necessários à comunidade ou não se entenda que devam ser realizados pelas crianças, e cuja realização acaba afirmando por si sua importância. Um exemplo disso é quando a própria escola orienta crianças e jovens a "escavar" e registrar a memória e os saberes das pessoas mais velhas que, por estarem sempre tão ocupadas em construir ou reconstruir a vida e sua reprodução material, nem sempre ou quase nunca nas condições mais favoráveis, são provocadas a se lembrar e não conseguem fazer registros, nem orais nem escritos, sobre o que fazem e o que já fizeram, sobre como chegaram com sua vida até aqui. Perguntar, registrar esses saberes também é uma forma de herdá-los, preservando e honrando seu legado.

Partindo das experiências das escolas do campo aprendemos quanto pode ser importante, social e pedagogicamente, envolver crianças e jovens no resgate desses saberes que podem ser sobre a interação entre ser humano e natureza, sobre finalidades e tecnologias de processos produtivos, sobre as lutas que levaram à construção da vida comunitária, as diferentes culturas e modos de vida. Parece algo singelo, porém pode ser vital – e efetivamente um "trabalho socialmente necessário" – para o avanço da construção de novas relações de produção recuperar formas de produção de sementes e de sistemas produtivos baseados na interação com os ciclos da natureza, exatamente o que foi deixado de lado pela lógica depredatória da agricultura capitalista. Do mesmo modo que é vital às novas gerações conhecerem as lutas sociais concretas de que sua vida atual é fruto e de que são herdeiras.

À medida que esses registros sejam socializados e discutidos, ajudam no reencontro coletivo com a *memória* da comunidade e a compreensão da *história* que ela integra, e podem desencadear outras necessidades e possibilidades de TSN. Mas para que esse potencial social, político e formativo se torne força real, esse resgate precisa ser feito de maneira organizada, com registros e formas de sistematização que o tornem disponível como conhecimento para toda a comunidade e a outros sujeitos envolvidos na reconstrução social e ecológica da agricultura, como do conjunto da vida em sociedade. O próprio material coletado nos processos de inventário precisa ser registrado e organizado de forma tal que fique à disposição de quem vai chegando à escola e da comunidade toda que pode identificar questões que lhes sejam imediatamente úteis.

Anote-se, aqui de passagem, que o registro e a sistematização desse próprio processo de reconstrução da vida escolar (conteúdo e forma), feitos pelos seus sujeitos e motivando análises e autocríticas, também podem ter uma incidência para além dos limites de cada escola e, portanto, precisam integrar o processo a qualquer tempo.

Junto com a realização desses passos anteriores, um último passo necessário a destacar é o da definição coletiva da *forma organizativa* das relações que as práticas vão construindo, de modo que o fluxo orgânico se firme. Especialmente aqui, a forma terá que se adequar à realidade de cada local.

O que diferentes práticas permitem levantar são as perguntas principais que precisarão ser respondidas: por quais instâncias organizativas se fará a discussão e a tomada de decisão sobre os trabalhos sociais da escola em cada período? Como organizar a participação conjunta nas atividades, quem participa e de que forma? Em comunidades organizadas coletivamente, a escola deve integrar as suas instâncias – por exemplo, quando há cooperativas ou associações de produtores no local, quem da escola deve participar e como? Quais instâncias da comunidade devem participar da escola e que tipo de decisão elas ajudarão a tomar? E, no caso da relação da escola ser com um conjunto de famílias sem vínculos organizativos entre si, como organizar essa relação? E qual o papel de conselhos escolares ou outros órgãos formais do sistema nessa estrutura de relações?

Em todos os casos, a forma escolhida precisa adequar-se ao conteúdo real das relações construídas ou pretendidas entre a escola e seu entorno, evitando a burocratização ou "fossilização" de estruturas ou procedimentos. E essa forma terá relação necessária com o próximo traço a ser tratado, que diz respeito à estrutura interna de gestão da escola.

2) Criar uma estrutura de gestão da escola que exija a participação de todos

Já tratamos da gestão democrática da vida escolar ao abordar a tarefa educativa da auto-organização de estudantes e a importância de sua participação real nos processos de gestão pensados para garantir o aprendizado da "arte de gerir coletivamente" (cf. cap. 3). Aqui nosso foco é a moldura estrutural que permite e exige tanto a participação coletiva dos/das estudantes como do conjunto de educadores e da comunidade na qual a escola se insere. Além dos aprendizados de uma vida organizada coletivamente, essa estrutura precisa garantir ou facilitar o vínculo da escola com o "fluxo da atualidade" (Shulgin, 2022, p. 127).

Há um pressuposto de concepção implícito na expressão "vida escolar" que precisa ser reafirmado para a abordagem das questões de gestão. A forma necessária às nossas finalidades sociais e educativas é aquela que permite que a *vida* aconteça na escola, nas suas relações, contradições e movimento. E viver inclui construir, criar, organizar, lutar, contestar, debater, dialogar sobre o que acontece dentro da escola como também sobre os desafios presentes no entorno, e fazer isso estudando e "entendendo toda a construção da república, do mundo" (p. 129).

Uma estrutura de gestão é composta de órgãos, instâncias e procedimentos pelos quais se processa a participação na tomada de decisões sobre diferentes aspectos da vida escolar e se garante o fluxo de relações para que as decisões tomadas sejam cumpridas. A forma escolar dominante se baseia em relações hierárquicas que exigem uma estrutura vertical de gestão, cada nível cumprindo decisões tomadas no nível acima. Nessa estrutura, estudantes ficam na base da pirâmide em que somente há decisões a cumprir e não mais a tomar – salvo a decisão de se rebelar contra o que lhes cabe cumprir, assumindo as consequências desse ato, que podem ser sua exclusão da escola, imposta ou induzida.

Observe-se que o avanço das medidas neoliberais de "modernização" da gestão da escola aos poucos coloca as educadoras e os educadores na mesma situação de não lhe sobrar decisões a tomar, apenas a cumprir. E às famílias se oferece o papel de "fiscais" do cumprimento de prescrições que não sabem exatamente quais são nem quem as decidiu, mas que precisam confiar serem decisões tomadas para que seus filhos tenham "um futuro melhor", o que no presente será medido pelas notas que eles e elas alcancem tirar nos sistemas de avaliação criados em outro lugar que pais, mães e estudantes – e mesmo educadores – não precisam se preocupar em saber qual é.

Quando o objetivo é a participação democrática de todos na condução do trabalho educativo da escola, é preciso criar uma *estrutura horizontal de gestão* em que decisões sobre a vida escolar sejam tomadas desde a base composta pelas mesmas pessoas responsáveis pela sua execução prática. Experiências já referidas aqui nos mostram que o processo de construção da gestão precisa acontecer "em uma estrutura orgânica que parte das pessoas até voltar a elas próprias" (Caldart *et al.* 2013, p. 181). E em uma forma de gestão institucional da escola em que todos os sujeitos sociais que atuam ali possam participar de suas instâncias, e do conjunto de discussões e tomada de decisões que esse nível de gestão implica e que vão além das relações cotidianas internas à escola.

Conhecemos diferentes práticas que têm ensaiado transformações da forma escolar na direção aqui tratada. Práticas mais próximas no tempo e no espaço.[10] E práticas de experiências históricas socialistas com as quais temos dialogado ao longo desse livro.[11] Elas nos permitem sistematizar alguns princípios organizativos básicos a observar na construção de uma estrutura de gestão baseada em relações sociais horizontais entre todos e na participação coletiva.

O primeiro princípio é o da *auto-organização coletiva da escola,* que supõe autonomia para a construção de sua estrutura interna de gestão, pensada como parte do processo pedagógico de realização de suas tarefas educativas. Precisa levar em conta

---

[10] Na experiência do Instituto de Educação Josué de Castro, por exemplo, o processo de gestão "parte das pessoas que participam em um Núcleo de Base até chegar às que participam em uma Unidade de Produção, em outro tempo e lugar dentro da escola", tendo o Encontro Geral como instância na qual todas as pessoas e processos se encontram (Caldart *et al.*, 2013, p. 181 – cf. também nessa página o desenho que ilustra esse movimento ascendente e descendente de gestão). Outro exemplo pode ser conferido em Farias *et al.* (2015), sobre experiências de gestão em Escolas Itinerantes do MST do Paraná, de ensino fundamental, que incluem como espaços de participação coletiva núcleos setoriais, comissão executiva e assembleia, articulados com tempos e espaços educativos do todo da escola (p. 153). Nessa experiência, os "núcleos setoriais" envolvem todos os/as estudantes em torno do trabalho, sendo compostos por estudantes de turmas diferentes que podem assumir "três funções específicas e complementares: uma, voltada [...] [à] particularidade do trabalho determinada pelo aspecto da vida pelo qual o núcleo é responsável; outra, voltada a discutir todas as dimensões da escola que perpassam a gestão da forma escolar por Complexos de Estudo; e por último, a função de articular os núcleos setoriais aliados aos objetivos de ensino das disciplinas que são demandadas ou demandam tarefas específicas assumidas pelos estudantes" (Caldart *et al.*, 2013, p. 155-156). Cf. sobre a mesma experiência analisada na relação com diferentes formas de organização estudantil em Leite e Sapelli (2021).

[11] Vale conferir especialmente a narrativa da experiência político-pedagógica da Escola-Comuna do período inicial da revolução soviética, que destaca aspectos e desafios importantes do cotidiano da gestão escolar baseada na auto-organização (Cf. Pistrak, org., 2009, especialmente o capítulo "Questões de autodireção", p. 245-276).

as características específicas da escola ou de uma rede de escolas que decidam trabalhar em conjunto, além da lógica de funcionamento do sistema de educação a que se vincule. E implica organizar os processos coletivos dessa construção.

Destaque-se que se trata de uma autonomia coletiva e não imune à incidência das relações que a escola necessita ou busca estabelecer e cultivar. Assim como a autonomia absoluta de um educador para conduzir seu quefazer inviabiliza o processo pedagógico pensado como totalidade, a autonomia absoluta da escola impede que tome parte de uma totalidade maior que ela mesma. Entretanto, uma escola subordinada a decisões tomadas fora dela e sem ela não constrói relações sociais efetivamente participativas. Participar – e se educar para participar – implica poder ajudar a decidir e aprender não apenas a executar o que foi decidido como assumir consequências do que se decide, justamente para melhor aprender a decidir.

O segundo princípio é basear a auto-organização da escola como um todo na constituição ou *auto-organização de coletivos específicos* aos diferentes sujeitos sociais do processo: estudantes precisam estar auto-organizados em seus coletivos, assim como educadores e a comunidade. Já aprendemos sobre os limites de uma democracia representativa e mais ainda quando a participação personalizada – pessoas "representando" outras pessoas – não tem o suporte de um coletivo. Também aprendemos que em uma democracia direta, que inclui momentos com todas as pessoas envolvidas (em assembleias, por exemplo), a participação não é real, efetiva sem que cada pessoa faça parte de um coletivo menor no qual as discussões têm maior fluência, as posições sobre questões são amadurecidas, as proposições são formuladas.

E isso vale igualmente para a auto-organização coletiva da escola que sustente sua possível participação em instâncias organizativas da comunidade, de movimentos populares aos quais se vincule e conduza as necessárias relações com os órgãos do sistema educacional formal que integra, mais ainda quando esse sistema precise ser confrontado.

E um terceiro princípio é o da construção de uma *estrutura organizativa aberta e dinâmica* que facilite as relações externas, com a comunidade, os movimentos populares com atuação no entorno, com outras escolas e instituições pedagógicas e, por suposto, que organize a relação com os órgãos e instâncias do sistema educacional que integra. Uma estrutura que não seja estática e se deixe ocupar pelos movimentos da atualidade e do processo formativo de seus diferentes sujeitos, especialmente dos/das estudantes, que podem implicar ajustes ou mudanças que o processo social e formativo exija.

Tratamos antes da relação com o entorno. Ela terá muito mais dificuldade de realização se a estrutura de gestão da escola não se abrir para a participação das instâncias comunitárias na tomada de decisões sobre a vida da escola e para a sua participação como coletivo escolar na vida da comunidade ou das comunidades com as quais estabeleça relações.

Note-se que há uma relação necessária entre processos de gestão e processos de trabalho. A base material necessária da gestão, como processo e como totalidade, é a participação de todos os sujeitos sociais da escola nos processos de trabalho que garantem a vida escolar a cada dia, e com a divisão de trabalho ou de tarefas própria à natureza do trabalho educativo e ao papel de cada sujeito no cotidiano da escola.

E vale observar que a democratização da gestão é um processo que envolve disposições e aprendizados humanos que não se resolvem apenas pela criação de uma nova estrutura. É condição para que uma estrutura participativa seja posta em movimento que se mude o costume de trabalho isolado e a postura de resistência ao trabalho coletivo, ainda muito comum na maioria das escolas. Especialmente educadoras e educadores precisam se dispor a trabalhar juntos para exercer seu papel de condução político-pedagógica desse processo. A estrutura precisa ter a forma capaz de instigar a disposição e acelerar os aprendizados da participação.

O isolamento que é marca histórica da escola em relação ao seu entorno é também marca cultural do trabalho de cada educador em relação aos seus pares – exacerbado ainda mais pelo ambiente concorrencial que se vem plantando na escola. Mesmo em escolas com discussões pedagógicas avançadas observa-se a dificuldade de romper com a prática de cada educador trabalhar sozinho, diante de problemas que poderiam ser resolvidos em comum e tarefas que poderiam ser repartidas. Essa marca do trabalho isolado tem dificultado a criação de redes autônomas de escolas para entreajuda e atividades formativas comuns.

A experiência de trabalho coletivo é condição de participação em processos de gestão democrática da escola em qualquer grau que ela possa ser conquistada, construída. E não tem outra forma de ter essa experiência: aprende-se a trabalhar junto trabalhando junto, de modo sistemático e fraternalmente autocrítico.

E é preciso *tempo organizado* para o progressivo aprendizado dessa forma de trabalho e participação na tomada de decisões, das simples às complexas.

3) Reorganizar os tempos da escola

As formas instituídas de relação com o *tempo*, ou a lógica de organização do tempo escolar, têm uma força material de incidência sobre a realização dos conteúdos formativos que às vezes nos escapa, exatamente pela naturalização (ou fossilização) do que foi instituído tão antes de nós que tende a sair do nosso foco de observação. Passamos a prestar atenção no tempo quando ele se torna obstáculo à realização de determinadas intencionalidades pedagógicas, por exemplo, quando períodos curtos de uma aula impedem saídas dos/das estudantes da escola para trabalhos de campo ou quando não conseguimos enquadrar processos em tempos rígidos da avaliação convencional.

É bem importante dar-se conta da amplitude e força do tempo como uma categoria que organiza a forma de abordagem de diferentes questões da vida da escola e para muito além dela: tempos de aprendizagem, tempos considerados "letivos", tempo de duração de um período de aula, tempo de recreio, tempo do "tema de casa", tempo de férias. Tempo da produção, tempo de trabalho, tempo de luta, tempos da vida, tempos da formação humana, tempo livre, tempos da história, das pessoas e da humanidade, tempos geológicos, planetários. Tempo, tempo, tempo, uma questão que nem a teoria social, tampouco a pedagogia, podem contornar.[12]

A forma de uso, controle e contabilidade do "tempo histórico humano" é uma das características estruturantes do sistema capitalista. Lembremos que a constituição e a expansão do capital, como forma histórica de relações sociais de produção, têm como base a exploração do *tempo* de trabalho. O capital torna-se cego "a todas as dimensões do tempo diversas da dimensão relativa ao trabalho excedente explorado ao máximo e o correspondente tempo de trabalho" que a realiza (Mészáros, 2007, p. 33).[13]

---

[12] "O tempo persegue a pedagogia, a docência, as didáticas, os currículos porque é estruturante das concepções de educação e de aprendizagem. Tempo linear, sequencial, passagem, percurso para o tempo único, valorizado, o futuro, a vida adulta, a maturidade... em nome dessa concepção de tempo, programamos, avaliamos, aprovamos, reprovamos, retemos, classificamos e segregamos ou aprovamos como exitosos os percursos de uma minoria" (Arroyo, 2011, p. 322).

[13] "Talvez a maior acusação contra nossa ordem social dada é que ela degrada o fardo inescapável do tempo histórico significativo – o tempo de vida tanto dos

A cegueira do capital é, na prática, uma forma de enxergar como cada dimensão e tempo podem tornar-se funcionais ao sistema e, sobretudo, como garantir que os tempos humanos não se mostrem à consciência das pessoas. Elas não podem perceber quais são os tempos da vida real para que não cogitem buscar ter controle sobre eles e, menos ainda, tentem transformar a lógica de vida social que os está regendo, degradando. E os tempos, assim como as relações, que não sejam de interesse econômico direto do capital precisam ser abordados, quando há necessidade de fazê-lo, de modo a impedir a consciência do tempo humano histórico e da temporalidade histórica do próprio sistema que, para manter-se, precisa parecer eterno.

Não por acaso um dos confrontos fundamentais entre a forma industrial capitalista e a forma agroecológica de produção de alimentos, por exemplo, se refere à relação com os tempos da natureza e os tempos do trabalho humano, próprios a essa produção. E também não por acaso a questão do tempo, sua falta, seu uso, sua organização, entra em necessária discussão quando processos de transformação estrutural da forma escolar são postos em movimento.

Na forma escolar instituída para atender a finalidade de inserção das novas gerações na lógica da produção capitalista, relações e tempos são constituídos e se mostram ou são tornados invisíveis conforme as necessidades dessa lógica em cada momento histórico. O tempo visível é aquele para o qual supostamente a escola existe: o tempo de determinadas aprendizagens ou da assimilação de conteúdos predefinidos, e que deve acontecer em tempos recortados e igualmente predeterminados.

---

indivíduos como da humanidade – à tirania do imperativo do tempo reificado do capital, sem levar em conta as consequências" (Mészáros, 2007, p. 33). Recomendamos para essa questão a leitura desse capítulo específico, "A tirania do imperativo do tempo do capital", p. 33-53.

Essa é a origem histórica da organização seriada da escola, outra das características estruturantes da forma escolar capitalista, mesmo quando já receba outros nomes, com sua correspondente noção de "dia letivo", como sendo aquele cujo tempo é dedicado exclusivamente às aprendizagens a serem garantidas em cada série, na velocidade modulada por exigências da preparação de "mão de obra" para as empresas capitalistas.

Vale observar que, tal como a lógica de aceleração artificial do crescimento de uma planta ou de um animal tira o gosto e reduz drasticamente o valor nutricional do alimento em que se tornem, as tentativas de acelerar os tempos de aprendizagem das crianças comprometem seu desenvolvimento humano saudável e multilateral. Pensemos: será mesmo para o bem das crianças que se tenta garantir em idade cada vez mais precoce a aquisição das habilidades formais da alfabetização?

Para as nossas finalidades, alterar a organização dos tempos da escola é necessidade de primeira ordem quando tratamos da transformação da forma escolar. Essa necessidade emerge sempre que se busca a realização das tarefas educativas essenciais da escola – por suposto, essenciais à formação humana, não ao sistema – e que envolvem a totalidade da escola e suas relações. E é como parte dessas tarefas que uma nova forma de lidar com o tempo nos ajuda a desnaturalizar a "tirania do tempo do capital" e a tornar consciente a temporalidade histórica de todas as coisas do mundo.

Pela experimentação prática de outra lógica, as novas gerações podem entender que os tempos da vida humana não precisam ficar presos a uma lógica de produção da vida social que, sendo histórica, pode ser transformada pelos seres humanos reais que a compreendem. Do mesmo modo que educadoras e educadores podem entender que não é própria dos tempos de educar, de aprender, a lógica de aceleração e padronização do tempo de preparação das crianças e jovens para a forma capitalista de trabalho.

Há *duas dimensões fundamentais da reorganização do tempo escolar* que merecem tratamento específico nessa tarefa educativa de transformação da forma escolar. E para pensar cada uma delas já temos à disposição categorias sociopedagógicas formuladas a partir do acúmulo de experiências diversas de transformação da escola, especialmente daquelas cujos sujeitos têm se desafiado a sistematizar e nos tornar mais acessíveis seus movimentos de construção.

Uma dimensão se refere às tentativas de *superação da lógica seriada e verticalizada do tempo escolar*, com sua correspondente centralidade de todo o processo, incluída a avaliação, não nos sujeitos humanos, mas no rol de conteúdos ou agora de metas de aprendizagem ou competências a serem garantidas em determinado tempo, desconsiderando os "tempos humanos de formação" (Arroyo, 2012).

Na síntese de Fetzner (2010, p. 89), a organização seriada da escola "prevê que as séries sejam formadas por um conteúdo que, diferente para cada uma, seja ministrado em um mesmo tempo para todos os estudantes de uma mesma série". A essa organização corresponde um tempo padronizado, conteúdos predefinidos e lineares entre as séries, avaliações padronizadas e uma didática que reduz o ensino a um docente "ministrando conteúdos" para um conjunto de alunos em um determinado tempo.

A seriação já foi objeto de críticas desde diferentes concepções pedagógicas e mesmo pelo sistema, especialmente quando os índices de reprovação e exclusão de estudantes da escola atingem patamares que se tornam disfuncionais às suas finalidades sociais. A palavra "série" passou a ter uma marca negativa, o que motivou em diversas discussões e políticas educacionais sua troca por outros termos como "anos", "etapas" ou outros, na maioria dos casos sem que a lógica de tratar o tempo da formação tenha sido alterada, tão entranhada que está mesmo entre quem faz a crítica das finalidades a que serve.

Há, no entanto, um acúmulo de variadas experiências de reorganização da lógica do trabalho escolar baseada nos tempos ou ciclos da formação ou do desenvolvimento humano. Mesmo com finalidades nem sempre convergentes, as diversas experiências nos ajudam a considerar a questão do tempo entre os aspectos fundamentais de transformação da forma escolar.

No Brasil, especialmente a partir da abertura dada pela LDB de 1996[14] para formas diversas de organização escolar, incluída a forma dos ciclos, essas experiências tomaram impulso, muitas delas já tendo merecido análises e sistematizações diversas sobre seus avanços, problemas e possibilidades. Algumas experiências têm sido realizadas em escolas isoladas ou grupos auto-organizados de escolas e outras já o foram em redes públicas de educação, a maioria delas focada no ensino fundamental.[15]

Não é nosso objetivo aqui analisar essas experiências e suas diferenciações, o que certamente merece ser incluído em nossos processos de formação de educadores.[16] Queremos aqui apenas chamar atenção para os *ciclos de formação*, já como categoria sociopedagógica que, formulada desde finalidades emancipatórias e baseada no respeito aos "tempos-ciclos humanos" (Arroyo,

---

[14] Lei de Diretrizes e Bases da Educação Nacional, também conhecida pela sigla LDBEN, que em seu artigo 23, objeto de muita polêmica na época de sua elaboração e depois, firmou como orientação legal: "A Educação Básica poderá organizar-se em séries anuais, períodos semestrais, ciclos, alternância regular de períodos de estudos, grupos não-seriados, com base na idade, na competência e em outros critérios, ou por forma diversa de organização, sempre que o interesse do processo de aprendizagem assim o recomendar".

[15] Uma experiência que se tornou referência desde finalidades educativas emancipatórias foi chamada de "Escola Plural", realizada pela Prefeitura Municipal de Belo Horizonte no final da década de 1990. Um aprofundamento sobre seus fundamentos pode ser encontrado em Arroyo (2011) especialmente no capítulo "Abrir tempos nos currículos para as vivências do tempo", p. 318-328.

[16] Cf. para aprofundamento, entre outros, Freitas (2003a), Fetzner (2010), Arroyo (2012).

2012, p. 733), nos ajuda no tratamento dessa dimensão da reorganização geral do tempo escolar.

Observe-se que mesmo experiências que não chegam a pensar a organização por ciclos em uma totalidade mais ampla de transformação da forma escolar incomodam o sistema, porque põem em questão a lógica sacralizada do tempo escolar, seus pressupostos e suas implicações, por exemplo, na lógica da avaliação escolar. É por isso que o avanço das reformas neoliberais na educação vai tirando a questão dos ciclos da agenda de debates sobre escola, da formação de educadores. Porque mesmo pensados a partir de diferentes concepções político-pedagógicas, os ciclos de formação não podem ser compatibilizados com opções estruturais de padronização curricular, estreitamente formativo, avaliação externa e baseada em testes censitários, concorrência entre estudantes e escolas etc. Foi exatamente para confrontar essa lógica desumanizante que os ciclos foram concebidos.

A forma de organização escolar por ciclos de formação se caracteriza pelo agrupamento de estudantes em idades aproximadas, "trabalhando cada idade como um coletivo, e não em separado, e priorizando o que os aproxima em vivências, saberes, culturas, identidades" e considerando educandos e seus processos de formação "como estruturantes dos agrupamentos e do trabalho de mestres e educandos" (Arroyo, 2012, p. 738-739).

Seu pressuposto, além do direito de todos a uma formação humana plena e de cada um a ser respeitado em seus tempos humanos de formação (Arroyo, 2011, p. 320), é de que agrupamentos por coletivos "que vivenciam determinado tempo" (Arroyo, 2012, p. 733) permitem melhor trabalhar na Educação Básica as necessidades formativas de cada grupo e suas vivências socioculturais específicas, interconectadas com as características do desenvolvimento de cada ciclo da vida humana – infância, adolescência, juventude, e também adultos e idosos na educação de jovens e adultos.

Essa concepção tem uma implicação necessária na reorganização do trabalho docente, exigindo a formação de coletivos de educadores também agrupados pela especificidade da atuação formadora em cada ciclo (Arroyo, 2012, p. 739). E o planejamento coletivo precisa incluir, além dos conteúdos de ensino, o "desenvolvimento possível (motor, afetivo, cognitivo) de acordo com as idades" dos/das estudantes (Fetzner, 2010, p. 93).

Entendemos que a discussão sobre os ciclos de formação deve ser retomada entre nós. Há lições a aprender das experiências realizadas e pressupostos de concepção a serem reafirmados. Para a realização prática dessa tarefa educativa de que agora tratamos, há, entretanto, uma nova formulação pedagógica a fazer que interconecte os tempos de formação com a totalidade do ambiente educativo da escola e especialmente com os traços de reestruturação da forma escolar que estamos analisando aqui.[17] Trata-se de um desafio próprio para os nossos processos coletivos e sistemáticos de formação de educadores.

A *segunda dimensão* de reorganização do tempo escolar é a da *organização do tempo de um dia escolar*, de modo a garantir a *variação organizada de atividades* relacionadas aos conteúdos formativos das diferentes tarefas educativas da escola, ampliando a noção restrita predominante sobre o que deve compor um dia considerado "letivo".

Temos, no círculo de experiências e discussões pedagógicas que nos guiam nesta elaboração sobre as tarefas educativas da escola, experiências ricas de reorganização do dia escolar em

---

[17] Cf., por exemplo, Gehrke (2010). E vale conferir experiências que têm buscado interconectar a organização por ciclos com o sistema de complexos de estudo e todos os componentes da matriz formativa que esse sistema envolve. Cf., por exemplo, Sapelli (2017), e Sapelli, Leite e Bahniuk (2019), especialmente o capítulo "Os fundamentos da proposta pedagógica do MST, os ciclos de formação humana e os complexos de estudo", p. 203-388.

tempos educativos como forma de organizar essa necessária variação de atividades, interligando tempos e espaços pedagogicamente planejados na direção das finalidades educativas e da matriz formativa que lhes corresponde.

Se inserir crianças e jovens em trabalhos socialmente necessários é tarefa educativa da escola, uma pergunta que surge é: "em que tempo"? Se o exercício da auto-organização e a participação ativa na condução da vida escolar também é tarefa educativa, qual o tempo que será dedicado a essas atividades e a aprendizados específicos para que elas se realizem – quando os/as estudantes aprenderão, por exemplo, como se prepara e se coordena uma reunião? Se o trabalho pedagógico com a arte envolve fruição e experiências de criação artística, como pode ficar restrito ao tempo de sala de aula? Se as crianças e jovens precisam aprender a fazer pesquisas de campo, a pesquisar nos livros, a ler e escrever textos diversos etc., como fazer isso na lógica de períodos de aula fragmentados em poucos minutos? E se a hora da "merenda" é tão importante para o cultivo de hábitos de uma cultura corporal saudável, ela pode ser tratada como tempo de "intervalo" em que educadoras e educadores não têm trabalho pedagógico a fazer?

Perguntas como essas precisam ser respondidas para que a escola realize suas tarefas educativas. E foram perguntas desse tipo que levaram educadoras e educadores a uma descoberta prática tão importante quanto simples: é preciso planejar as vivências formativas na escola para além do que acontece ou pode acontecer na sala de aula; e os próprios tempos de sala de aula podem ter uma forma diferente do que costumam ter. Essa descoberta deu origem à construção pedagógica da noção de *tempos educativos*.

Nem tudo o que precisa acontecer na escola como lugar de formação humana cabe no tempo e no espaço da sala de aula. E tudo o que acontece e precisa acontecer na escola, se for diluído em um todo desorganizado, pode se tornar refém de interesses aleatórios e levar a um tratamento pouco rigoroso de dimensões fundamentais do processo educativo, mesmo quando se afirme a importância de garantir todas elas.

Conhecemos experiências de escolas vinculadas a movimentos populares do campo, de percurso histórico recente, que organizam o dia escolar em diferentes tempos educativos. Algumas experiências que têm se tornado referência pedagógica partiram de desafios específicos da lógica de alternância entre períodos de presença direta dos/das estudantes na escola (Tempo Escola) e períodos de retorno às suas comunidades (ou famílias) de origem (Tempo Comunidade), forma iniciada entre nós pelas Escolas Família Agrícola que a converteram em uma pedagogia específica. Essa lógica acaba configurando o Tempo Escola de cada etapa como um tempo de "dia inteiro", em que dar atenção a "um leque maior de dimensões do processo educativo", incluindo as relações de convivência como objeto importante do processo pedagógico, se torna uma necessidade objetiva (Caldart *et al.*, 2013, p. 162).[18]

Atender essa necessidade leva a um progressivo dar-se conta de que a vivência cotidiana de diferentes tempos educativos, coletivamente decididos e planejados, além de potencializar o trabalho pedagógico da escola nas diferentes dimensões da formação humana, tem em si uma dimensão formativa fundamental, especialmente quando pensamos na formação de nossos estudantes como lutadores e construtores sociais. Trata-se da consciência do tempo, desnaturalizando tempos dados, aprendendo a lidar com as tensões de combinar tempos pessoais e tempos

---

[18] Sobre a lógica de alternância e a relação com tempos educativos na experiência do MST cf. Caldart *et al.* (2013), especialmente o capítulo "Escola e entorno, alternância e tempos educativos", p. 131-170.

coletivos e a usar criativamente o tempo disponível.[19] E esse processo ajuda na compreensão da temporalidade histórica.

Foi a multiplicação de experiências, em circunstâncias de tempo e espaço bem diversas, que acabou levando à construção dessa noção geral de *tempos educativos*, que hoje já pode ser considerada uma categoria sociopedagógica necessária para pensar a escola como totalidade educativa.

Note-se: quando se toma uma prática como referência para organizar outra prática em circunstâncias distintas, é necessário abstrair da experiência primeira o essencial da lógica para poder reconstruí-la de modo adequado a cada realidade. Dois aspectos foram identificados como essenciais nas experiências que deram origem à noção de tempos educativos: que o tempo do ensino em sala de aula seja um e não o único tempo vivenciado desde intencionalidades pedagógicas definidas a partir das finalidades e da matriz educativa da escola; e que os tempos sejam instituídos a partir de situações ou atividades que objetivamente se possa realizar em um dia escolar, conforme seja o número de horas que o componha e as condições do local. Não adianta, por exemplo, instituir um "tempo trabalho" diário se não há condições de inserir os/as estudantes em atividades ou processos de trabalho.

Escolas de "tempo integral" terão tempos educativos diários diferentes de escolas com turno único. Alguns tempos podem

---

[19] "Propositalmente, subdividimos o dia em vários tempos controlados cronologicamente, o que cria um impacto cultural gerado pelo exercício de controles de unidades de tempo exigidos pela interação social, em que o atraso de um atrapalha a vida dos outros [...]. Esse aspecto do desenho organizativo da escola requer participação ativa e divide com os estudantes a responsabilidade acerca do tempo. Ao tratar o dia desse jeito e descentrar as relações da sala de aula, exige-se uma organização mais densa, do coletivo e de cada pessoa, para se garantirem os tempos, para não gerar atrasos e também para dar conta das tarefas e metas planejadas em cada tempo, o que significa trabalhar cotidianamente em uma perspectiva mais ampla de formação" (Caldart *et al.*, 2013, p. 163-164).

ser semanais e não diários. E tempos podem ser alterados conforme exigências práticas de processos de trabalho socialmente necessário em que toda a escola se insira. De qualquer modo, a ampliação do tempo escolar, sem necessariamente implicar no desenho do tempo integral, é uma das exigências postas por todas as experiências que trabalham com a variação de atividades. Há experiências de ampliação diária de 1 ou 2 horas e outras de acréscimo de 2 ou 3 turnos a cada semana. E o tempo aula passando a ser organizado em períodos de 2 ou 3 horas cada um.[20]

Outra exigência é que a organização dos tempos educativos seja "avaliada, questionada, repensada permanentemente, para que não se congele e consiga manter a sintonia necessária com as dimensões de formação da escola" (Caldart *et al.*, 2013, p. 162). Isso porque a visão coletiva sobre a formação humana vai expandindo as dimensões a serem consideradas, e a compreensão sobre elas costuma avançar pelo desenvolver do processo de abordá-las, pelas necessidades formativas de cada grupo e as análises coletivas sobre novas exigências formativas da atualidade. Além disso, novos tempos instituídos também podem se tornar "fósseis" que dificultam o avanço do processo formativo.

Assim como a resistência de estudantes em realizar certos tempos não indica necessariamente que não sejam educativos. Ela pode decorrer de hábitos não desenvolvidos ou "maus hábitos" que precisam ser superados pela insistência no tempo combinada com acompanhamento pedagógico adequado. Com quantas reclamações já tivemos que lidar para manter um tempo diário de leitura que a "tirania do celular" tenta fazer parecer

---

[20] Cf. diferentes exemplos de tempos educativos em diferentes desenhos de ampliação do tempo escolar em Caldart *et al.* (2013), Farias *et al.* (2015), e Sapelli, Leite e Bahniuk (2019), especialmente o capítulo "Os fundamentos da proposta pedagógica do MST, os ciclos de formação humana e os complexos de estudo", p. 203-388.

"fora de moda" na formação da juventude? E quanto estranhamento, que depois se transforma em descoberta, nas experiências que instituíram o tempo "Reflexão Escrita" para registros e matutações pessoais sobre os principais acontecimentos do dia?

Destaque-se que há uma relação necessária entre tempos educativos e espaços físicos da escola que precisam ser organizados pedagogicamente. Quando se define um tempo se define uma atividade concreta, e é preciso definir em que espaço(s) da escola ou fora dela essa atividade pode ser realizada em melhores condições. E isso passa a exigir um olhar mais atento e com intencionalidades para além do tradicional espaço da sala de aula: há na escola uma biblioteca organizada para que nela sejam realizadas atividades? A cozinha da escola é um local em que atividades com estudantes podem acontecer? Há outras salas além da sala de aula que sejam mais próprias para a realização de oficinas de criação artística ou atividades de cultura física? Há um pátio externo organizado para atividades coletivas?

Além disso, os tempos educativos intencionalizados para vivências formativas dos/das estudantes põem exigências de reorganização da lógica do trabalho docente. Há necessidade de educadoras e educadores com tempo maior em uma só escola, de modo que possam acompanhar diferentes tempos educativos, também para extrair deles elementos para o necessário trabalho pedagógico com o conhecimento na sala de aula ou em outros espaços. Conhecemos experiências de escola que instituíram tempos educativos próprios aos educadores, como tempo pessoal de estudo e tempo do coletivo pedagógico para discussões dessas intencionalidades e para planejamento conjunto das atividades de diferentes tempos.Quase desnecessário dizer que isso atualmente implica um confronto direto com a lógica das reformas educacionais neoliberais em curso que precarizam e reduzem o tempo de trabalho docente.

4) Mudar a lógica de organização do plano de estudos da escola

Em nossa concepção, a escola é um lugar de formação humana pensada como totalidade que se vai compondo pela realização das diferentes tarefas educativas de que tratamos ao longo deste livro. Mas o que precisa ficar explicitamente firmado e compreendido é que nesse lugar a formação tem uma especificidade que não pode ser perdida ou diluída, e que se torna *organizadora da totalidade*: o trabalho pedagógico com o *conhecimento*.

Os fundamentos dessa compreensão nos permitem tratar cada tarefa educativa como uma totalidade (menor) em si que é parte da totalidade maior da formação humana e cuja realização vai bem além dos limites (físicos e pedagógicos) da escola. E, ao mesmo tempo, cada tarefa, entendida como parte da totalidade educativa da escola, precisa se realizar com base em atividades e processos que provoquem "uma necessidade, de alguma forma dirigida ao conhecimento" (Pistrak, 2018, p. 149).

Essa totalidade educativa da escola, como qualquer totalidade, não é algo dado ou que nos baste perceber que existe. Ela é uma construção, nesse caso, um verdadeiro esforço de criação pedagógica que intencionaliza o modo de ser da escola, sua forma de conduzir o trabalho educativo. A concepção materialista e dialética de conhecimento está na base dessa proposição. Ela foi abordada por nós especialmente junto às tarefas relacionadas à arte e à ciência (cf. cap. 5 e 6), duas formas de conhecimento que precisam ter prioridade na escola, porém sempre considerando que a realidade é mais ampla e complexa do que essas formas podem dar conta, e por isso elas próprias precisando dialogar com outras formas de conhecimento que a humanidade vai criando em sua luta permanente para a produção da vida e sua realização mais plena.

Na abordagem feita sobre cada uma das tarefas educativas anteriores, buscamos mostrar algumas conexões necessárias ou possíveis entre as diferentes tarefas na direção de construir essa totalidade e identificar conteúdos que precisam ser incluídos na programação de estudos da escola. É momento de frisar, então, que embora se possa ter uma primeira compreensão das tarefas em si mesmas, é preciso se apropriar da totalidade para a compreensão mais inteira de cada uma e seu lugar no trabalho educativo da escola – cuja realização prática reafirma o princípio do método dialético de que *o verdadeiro é o todo*,[21] nas conexões mais óbvias e nas que vão sendo descobertas pela criação pedagógica.

Nesta tarefa de transformar a forma escolar é necessário tratar sobre como materializar a construção dessa totalidade no *plano de estudos* da escola. E uma das razões para focar nele é que, na lógica do sistema educacional, o plano de estudos (geralmente sistematizado em um documento formal) é o que estabelece a direção do planejamento e da realização prática das atividades pedagógicas que compõem o "dia escolar".

Na lógica do sistema oficial, o plano de estudos geralmente é composto de uma lista de conteúdos, na política atual assumindo a forma ou sendo acrescido de competências e metas de aprendizagem, que as escolas precisam trabalhar em um cronograma pensado para cada ano ou semestre de cada etapa da Educação Básica. E pode incluir orientações sobre métodos de ensino e de avaliação. A base é cognitiva com ênfase crescente também em aprendizagens comportamentais que vão sendo adequadas às exigências de preparação para o trabalho no momento atual das relações capitalistas de produção.

A autonomia das escolas para organizar seu plano de estudos a partir das orientações gerais do sistema, prevista na legislação educacional, vem sendo diminuída à medida que

---

[21] Esta é a afirmação que abre a obra de Hegel *Fenomenologia do espírito*, publicada pela primeira vez em 1807.

avançam os mecanismos de controle sobre as escolas via Base Nacional Curricular Comum e testes padronizados de avaliação. Muitas secretarias de educação, municipais ou estaduais, elaboram planos de estudo para execução direta em todas as escolas de sua rede, sequer prevendo sua recriação ou reorganização local. Confrontar essa lógica de pontas cada vez mais bem amarradas e aprisionadoras do trabalho educativo está tanto mais difícil quanto é necessário para garantir que a formação humana se realize nas escolas.

Plano de estudos por vezes se entende como sinônimo de currículo escolar. Temos preferido contornar a polissemia que a palavra currículo acabou assumindo, discussão que não entendemos ser essencial na abordagem a ser feita aqui. E isso porque é exatamente uma noção alargada de estudo que precisamos firmar nessa visão necessária da totalidade do trabalho educativo. Para nós, o plano de estudos é um *plano de formação humana*, mediada na escola pelo trabalho pedagógico específico com o conhecimento, ele mesmo entendido para além de sua dimensão cognitiva estrita.

Tarefas educativas como a da inserção no trabalho e a auto--organização de estudantes tratadas como algo separado do plano de estudos, sendo esse plano considerado a orientação objetiva do trabalho escolar cotidiano, nos levam a cair na armadilha da lógica da forma escolar que buscamos transformar. Lógica que torna invisíveis certos conteúdos formativos, para que sejam trabalhados, quando interessa incluí-los, sem intencionalidades conscientes e coletivamente definidas.

A *forma* de organizar o plano de estudos da escola na direção dessa totalidade educativa e desde finalidades humanizadoras e socialmente emancipatórias não é algo suficientemente amadurecido nas experiências de escolas que conhecemos. Mas vamos compreendendo melhor o que precisa ser superado e firmando aspectos dessa construção apontados por práticas diversas que têm se desafiado nessa criação.

Um exemplo para entender melhor esse desafio. Na nossa abordagem da tarefa educativa de inserção das crianças e jovens em processos de "trabalho socialmente necessário", destacamos que essa categoria sociopedagógica foi usada porque ela faz uma síntese formativa mais complexa e abrangente do que a defesa da inserção no trabalho em si. E um dos elementos centrais dessa complexidade é exatamente tratar o trabalho como motor do conhecimento sobre a atualidade. Entretanto, para que a conexão pedagógica entre trabalho e conhecimento se realize, o trabalho precisa entrar no plano de estudos e os conteúdos de ensino não podem ser fragmentos de teoria que impedem a ligação entre teoria e prática.

A falta dessa conexão entre vivências de trabalho e conhecimentos sistematizados no plano de estudos da escola tem sido um dos limites recorrentes em práticas que buscam inserir os/as estudantes no trabalho ou mesmo dialogar na escola sobre o trabalho que já realizam sem a sua mediação. E uma das razões é que se tenta compatibilizar lógicas de estudo e concepções de conhecimento na prática incompatíveis: a lógica do princípio educativo do trabalho e a visão materialista e dialética de conhecimento que lhe corresponde, com a lógica de organização do plano de estudos baseada em uma visão positivista e cognitivista do conhecimento, vinculada a finalidades educativas pragmatistas e reducionistas da formação humana. E é preciso se dar conta dessa contradição para poder trabalhá-la.

Há *categorias sociopedagógicas* disponibilizadas pelo acúmulo teórico e prático da pedagogia socialista que podem nos ajudar na construção de uma nova lógica de organização do plano de estudos. *Complexos* e *Politecnismo* merecem destaque como categorias principais nessa direção.

Essas categorias nos vêm dos experimentos da pedagogia soviética da década de 1920, formuladas em relação com outras categorias de que já tratamos como "atualidade", "trabalho socialmente necessário" e "auto-organização de estudantes". Há textos diversos que abordam o processo dessa formulação e alguns que já sistematizam experiências próximas a nós, especialmente sobre os complexos, que ajudam nesse aprofundamento. Aqui vamos retomar elementos de nossa compreensão sobre elas, na direção de identificar passos práticos da tarefa educativa de transformação da forma escolar.

"Complexos *de Estudo*" é já uma adequação de nomenclatura em relação à formulação original da categoria, que introduzimos em experiências recentes, com a intenção de deixar à mostra justamente a dimensão organizadora da totalidade educativa a ser construída. Na elaboração pedagógica originária, os termos mais usados são "complexos" e "sistema de complexos".[22]

Os complexos se referem a uma forma de organizar o plano de estudos da escola entendendo-a como uma totalidade educativa. Sua base é a concepção materialista e dialética de conhecimento, e nela principalmente a abordagem marxista de ciência, e o trabalho como método geral de formação. Os complexos são propostos como *unidades básicas* de constituição do plano de estudos, pensados de maneira a orientar o dia a dia da realização das atividades da escola.

---

[22] Para aprofundamento de estudos sobre os complexos em nossos processos de formação de educadores, indicamos como leituras necessárias dessa formulação originária: Krupskaya (2017), especialmente o texto (escrito em 1925) "Sobre os complexos" (p. 125-129) e o anexo "Carta metodológica – primeira carta: sobre o ensino por complexos" (de 1924) (p. 309-342); Pistrak, (2018), especialmente o capítulo "O trabalho educativo" (p. 157-220) e nele em particular os tópicos "O programa de estudos e o 'plano da vida escolar'" e "O complexo" e "As habilidades e o complexo" (p. 161-207).

Na síntese de Pistrak (2018, p. 173), trata-se de construir um "sistema de organização do material educativo em complexos". Frise-se: uma "organização sintética de *todo* o material educativo na escola" e não apenas uma "técnica metodológica de organização de matérias" de ensino (p. 174). E uma forma organizada para indicar o caminho fundamental ao *conhecimento da atualidade*, a ser trilhado em todas as etapas da Educação Básica e de modo a se tornar compreensível a estudantes de diferentes ciclos etários (p. 190; 191).

Os complexos se referem sim à tarefa do ensino, mas não entendido em si mesmo e desligado do conjunto das tarefas educativas da escola e sim tratado como parte de totalidades mais amplas: a totalidade teórica e prática do estudo, que tem como finalidade a "compreensão da realidade viva" pelas crianças e jovens (Krupskaya, 2017, p. 125) e a apropriação progressiva do método de produção do conhecimento científico (cf. cap. 6); e a totalidade, ainda mais ampla, da formação humana de que a escola toma parte pelo conjunto das tarefas educativas que realiza ou pode realizar.

Na síntese do programa educacional soviético, complexo quer dizer "composto" e visa a apropriação da "complexidade particular de um fenômeno tomado da realidade e que reúne ao seu redor determinado tema central ou ideia". As relações são a "característica essencial do sistema de complexos, no entanto a essência da questão não está na ligação de disciplinas escolares, mas na ligação dos fenômenos que de fato encontram-se na vida, e no estudo destes fenômenos em sua complexidade, em suas interações, no estudo da correlação entre fenômenos". E o *trabalho* é o eixo central em torno do qual os diferentes componentes do plano de estudos se relacionam (*apud* Krupskaya, 2017, p. 313).

Os complexos não podem ser pensados, portanto, "somente para estudar" e sim precisam ser constituídos como "complexos de ação". Do contrário, serão apenas "complexos sentados", restringindo-se a um enfoque apenas "contemplativo" do estudo, exatamente o que sua proposição pretende superar. Na base de cada complexo precisa estar "uma determinada tarefa socialmente necessária, isto é, o trabalho" (Pistrak, 2018, p. 197), seu componente dinâmico, e que precisa ser abordado de forma a garantir o conhecimento da atualidade e a capacidade de ação organizada nela. Trata-se de uma compreensão que se realiza processualmente pela relação a ser trabalhada entre vários complexos e a apreensão das conexões entre os diferentes fenômenos da realidade viva sobre os quais o conjunto de complexos se debruça.

A ligação entre os complexos que decorra "diretamente da natureza do conhecimento de cada complexo" pode impulsionar "*generalizações* no estudo [...] que serão tanto mais amplas e completas, quanto maior for a idade das crianças" (Pistrak, 2018, p. 179-180). Por isso, um mesmo complexo pode ser trabalhado em diferentes anos escolares, porque ele não será exatamente o mesmo, à medida que novas conexões serão apreendidas e outras generalizações poderão ser feitas para bem além dos limites do objeto empírico do complexo, sem que precise se desligar dele.

Nessa proposição o complexo articula em uma mesma unidade do plano de estudos, fundamentalmente, o trabalho, os programas de ensino e a auto-organização dos/das estudantes, colocando-os em interação.

Politecnismo é outra das categorias sociopedagógicas formuladas no mesmo processo de construção da *escola única do trabalho*, pensada em ligação especialmente com o trabalho socialmente necessário, a auto-organização e o sistema de complexos. É uma categoria que nos desafia a pensar a relação orgânica entre o ensino e o conhecimento dos processos de produção.

O politecnismo desdobra, do ponto de vista pedagógico e pensando desde a infância, a formulação ponteada por Marx sobre a *educação politécnica* como um dos pilares da educação a ser garantida à classe trabalhadora visando sua preparação como construtora de relações sociais de produção que superem a exploração e a alienação próprias da lógica social capitalista.

A educação politécnica tem como centro a compreensão científica – no sentido marxista desse termo – dos processos de trabalho humano, da produção da vida em geral, especialmente em sua dimensão tecnológica e das relações econômicas, porém abrangendo a multilateralidade própria aos processos produtivos concretos, em seus componentes naturais e sociais. Uma abordagem que permita a quem trabalha apreender o que existe de comum entre diferentes processos produtivos, indo além do saber fazer estritamente técnico e incluindo o debate sobre finalidades da produção e o conhecimento sobre os diferentes modos de produção construídos ao longo da história da humanidade. Implica, portanto, uma intencionalidade específica de ligação entre teoria e prática.

A abordagem politécnica do trabalho visa à retomada pelos trabalhadores do controle coletivo sobre os processos produtivos que realizam. E como processo de formação de tempo longo visa estabelecer condições objetivas para que a classe trabalhadora assuma a condução coletiva do conjunto da produção ou de setores específicos em que conquistem essa possibilidade com suas lutas. Formação que começa na infância e envolve a escola.[23]

A noção de politecnismo permite pensar como o trabalho pode ser vivenciado e estudado processualmente na formação das novas

---

[23] Para sínteses de compreensão sobre a educação politécnica que dialogam especialmente com os processos produtivos do campo, cf. Caldart (2017) e Caldart e Frigotto (2021).

gerações em diferentes espaços sociais em que se insere.[24] Especialmente em Shulgin, um dos principais formuladores desse conceito, o politecnismo é pensado como um *"sistema* inteiro, uma rede de atividades para todas as idades" (Shulgin, 2013, p. 227), que deve ser introduzido nas escolas, mas que precisa envolver intencionalidades para além dela, nos ambientes de brincadeiras, nas bibliotecas, nas atividades culturais e nos próprios processos produtivos de que participa na família, nas cooperativas etc.

Na escola, trata-se de uma forma de organizar a entrada do trabalho socialmente necessário no plano de estudos, considerando junto com a dimensão do valor social de cada trabalho, definido pela relação entre a realidade local (antes inventariada) e as questões postas pela atualidade mais amplamente analisada – a necessidade de uma progressão de estudos específicos sobre o trabalho, a partir da inserção em diferentes tipos e níveis de complexidade de trabalho.[25]

Na sistematização de Pistrak (2015), um programa de estudos politécnicos é composto por dois eixos básicos: o *eixo do trabalho social da escola*, antevendo a lógica de inserção dos/das estudantes em diferentes tipos de trabalho e chegando progressivamente a processos produtivos mais complexos; e o *eixo de estudos científicos*

---

[24] Para o aprofundamento da compreensão sobre o politecnismo, orientamos a leitura de Krupskaya (2017), especialmente o texto específico "Sobre o politecnismo" (p. 149-154); Shulgin (2013) e Pistrak (2015).

[25] Na visão sistematizada por Pistrak (2015, p. 22-23), "nem tudo que a escola dá às crianças é abrangido pelo conceito de politecnismo". Mas o politecnismo se transforma em "um sistema de educação qualitativamente diferente para nossa escola. As características básicas do politecnismo deixam de definir o caráter da escola [a escola politécnica como um tipo de escola do trabalho] e tornam-se porta-vozes de um novo sistema de educação que se destaca por muitas qualidades e características novas. A escola politécnica torna-se uma escola que forma 'membros da sociedade comunista multilateralmente desenvolvidos'..." A "politecnização" da escola resulta na "ampliação excepcional do seu trabalho socialmente necessário em múltiplas ramificações".

sobre a produção em geral, projetados a partir das características da escola, por exemplo, que processos de trabalho estarão mais próximos de uma escola inserida no campo ou na cidade.

Na relação com o sistema de complexos, esse programa passa a ser um dos materiais educativos a considerar na construção de cada complexo que então incluirá elementos de cada eixo, especialmente desdobrando o foco do trabalho social da escola em trabalhos socialmente necessários que poderão se realizar em determinado período e com um grupo concreto de estudantes.

Essas categorias (complexos de estudo e politecnismo) – bem como o diálogo com experiências de transformação da forma escolar que conhecemos e com o raciocínio que nos levou a identificar as tarefas educativas principais da escola – nos permitem sistematizar *aspectos essenciais à lógica de organização do plano de estudos* da escola concebida como totalidade formativa. Pelo que entendemos até aqui, *esses aspectos são os seguintes*:

– A referência para a realização das atividades pedagógicas do dia a dia da escola passa a ser um plano de formação humana e não apenas um plano de ensino ou focado apenas na dimensão cognitiva do trabalho educativo. Nos termos de Pistrak (2018, p. 161), ele poderia ser chamado de plano da vida escolar, porque deve planejar e ser expressão da dinâmica das relações da vida acontecendo na escola e seu entorno. Esse plano organiza a realização prática do todo das dimensões e dos processos da matriz formativa multilateral firmada no projeto educativo da escola – a ser sistematizada no seu projeto político-pedagógico.

– O plano de estudos deve ser produto do planejamento coletivo da escola, envolvendo seus diferentes sujeitos, entre os quais os/as estudantes em formas de participação processualmente construídas a partir das possibilidades próprias de cada faixa etária. De qualquer modo, precisa ser de apropriação de todos. Se a comunidade não participar da discussão sobre o trabalho social da escola, ele não terá condições objetivas de ser posto em prática. Se os/as estudantes sequer souberem da existência desse plano, não serão sujeitos de sua realização e se perderá a possibilidade de instigar sua auto-organização e potencializar sua formação a partir dele. Mas, destaque-se, a coordenação da elaboração do plano e a sistematização das discussões feitas e decisões tomadas é uma responsabilidade primeira do coletivo de educadores.

— Pelas suas finalidades e características, não se trata de um plano com validade indeterminada, porque esse planejamento precisa acompanhar os movimentos da realidade toda, incluídas as necessidades formativas dos sujeitos, tanto as que vão emergindo no processo como as identificadas pelo fluxo de entrada e saída de estudantes. As experiências indicam que se trata de um planejamento anual da escola. Isso não significa que todos os componentes do plano mudem a cada ano; mas alguns mudam e, por isso, a composição do todo muda, as relações mudam, a dinâmica se altera acompanhando também as transformações nos sujeitos para os quais o plano se destina.

— Em nossa síntese atual, o "material educativo" a ser organizado pelo plano anual de estudos de cada escola, ou, em outros termos, os componentes do plano de estudos, são os conteúdos formativos postos pelas tarefas educativas que buscamos sistematizar neste livro, incluída esta de que tratamos agora. O plano inclui, portanto, decisões sobre: o trabalho social da escola a ser priorizado no ano e os processos de trabalho socialmente necessário dos/das estudantes que já se pode indicar desdobrando esse trabalho; objetos e intencionalidades para o exercício da auto-organização de estudantes e para a formação ou consolidação dos coletivos de educadores; elementos da cultura corporal que serão trabalhados com prioridade nesse período; os conteúdos relacionados à apropriação das bases da produção da ciência e da criação artística – sendo seu ponto de partida a orientação de conteúdos das disciplinas ou áreas que se tem como referência na escola, cotejada com os conteúdos de estudo identificados na abordagem de cada tarefa educativa e com o programa de estudos politécnicos caso ele exista ou esteja em construção; e os aspectos de reconstrução da forma escolar a enfatizar nesse período, por exemplo, uma revisão dos tempos educativos da escola.

- As decisões de planejamento terão por base: as necessidades formativas dos/das estudantes, identificadas no próprio processo de realização da primeira tarefa educativa de que tratamos referente ao acolhimento humano de seus sujeitos; os objetivos específicos e as características próprias do trabalho nas etapas ou ciclos de formação para os quais o planejamento está sendo feito; o material levantado no inventário da realidade local, examinado em perspectiva histórica; o acúmulo coletivo de análise da atualidade e de como ela pode ir sendo compreendida em seus diferentes níveis e em suas múltiplas determinações por estudantes das diferentes idades.

- O passo seguinte é organizar ou desdobrar essas decisões no tempo e por etapa ou ciclo da Educação Básica, conforme seja mais adequado à realidade particular de cada escola. O conjunto dos componentes e suas relações serão considerados nas atividades previstas para cada semestre ou trimestre destacando-se as atividades que poderão ser realizadas pelo conjunto de estudantes, por exemplo, alguns trabalhos socialmente necessários e sua auto-organização correspondente, e aquelas diferenciadas por etapa ou ciclo, como as atividades de ensino.

- A formulação teórica sobre politecnismo nos chama atenção para a necessidade de se ter na escola, como outro material educativo que pode ir compondo a organização do seu plano de estudos, um programa de estudos politécnicos projetando sua realização processual ao longo da Educação Básica. Esse programa não precisa ser uma construção solitária de cada escola. Pelas interlocuções necessárias com profissionais da área da produção, multilateralmente compreendida, o melhor é que seja feito por uma rede de escolas e com a mediação de organizações coletivas de trabalho que comunguem das finalidades sociais e educativas que justificam essa elaboração. Depois de construído, esse programa pode ir sendo ajustado e atualizado nas relações da escola com sua comunidade específica, porém não é um material que precise ser refeito a cada ano.

– Havendo à disposição da escola um programa de estudos politécnicos, no plano anual o eixo do trabalho social será desdobrado
em discussão com a comunidade, podendo partir do inventário
da realidade e as possibilidades de inserção dos/das estudantes
nos processos produtivos disponíveis no entorno, e outros tipos
de trabalho que possam acontecer dentro da escola (como os de
autosserviço, por exemplo); e o eixo de estudos científicos sobre
a produção porá foco no que pode ser garantido do programa a
partir dessa inserção em diferentes tipos de trabalho, visando conhecimentos para além dela.

– Organizar o todo do plano de estudos em um sistema de complexos é uma opção metodológica a ser considerada na discussão
sobre o processo geral de planejamento da escola, por se tratar
de uma criação pedagógica que toma a própria complexidade da
vida como referência de lógica para estudá-la. Essa forma ajuda
no confronto necessário à visão reducionista e pragmática de conhecimento que as relações sociais capitalistas de produção tornaram hegemônicas na educação, assim como no modo dominante
da própria produção da ciência. Mas nos permite fazer isso sem
cair nas armadilhas pós-modernas de nossa época, cujas críticas a
essa hegemonia – que se multiplicam à medida que os efeitos ne-
fastos do reducionismo ficam mais evidentes em diferentes esferas da vida real – não conseguem nos mostrar o caminho efetivo
de sua superação.[26]

---

[26] Como analisa o biólogo Richard Levins o estudo da complexidade vai se tornando "um problema teórico e prático que demanda atenção" (Levins e Lewontin,
2022, p. 466). A complexidade "tornou-se um jargão da moda nas discussões
sobre ciência, um reconhecimento de que a ciência fragmentada, reducionista e
a-histórica tem causado grandes desastres e deixa-nos despreparados para o res-
surgimento de doenças infecciosas, para a resistência das bactérias a antibióticos,
e a resistência aos pesticidas na agricultura, para enchentes como resultado da
engenharia de controle de inundações, para a emergência de hospitais com focos
de infecção, a ajuda alimentar levando à fome, o crescimento econômico dando
origem a novas formas de pobreza. A redescoberta da complexidade enfatiza a
incerteza, a não linearidade, a conectividade, a interação entre acaso e determi-
nismo, e a quase organização do caos. Em certo sentido, é tatear em direção à
dialética sem reconhecer a tradição Marxista" (p. 435, nota 5).

– Na opção pelos complexos de estudo, o plano será sistematizado em um número determinado de complexos a serem trabalhados a cada trimestre ou semestre. Os complexos passam a ser as unidades que compõem o plano de estudos, cada complexo considerando em seu planejamento a inclusão dos diferentes componentes do plano de formação, tendo o trabalho social da escola proposto para aquele ano como seu eixo organizador. Destaque-se que ter um eixo organizador que se refere à realidade viva é exatamente o que permite trabalhar os complexos em relação – um vai levando ao outro e todos vão permitindo destrinchar a complexidade da vida real a ser compreendida.

– Cada complexo precisa ter um conteúdo em si "socialmente significativo" e ser importante "para compreender a atualidade". O significado social se refere à incidência concreta na realidade local. E ajudará tanto mais na compreensão da atualidade quanto puder ser abstraído da realidade empírica que é seu objeto primeiro. Essa dialética entre sentido social e avanço do conhecimento geral se realiza principalmente pela relação – intencionalmente construída – entre os fenômenos que compõem o complexo e entre os complexos que vão sendo trabalhados como "uma série de elos de uma única corrente que conduz ao domínio da atualidade" (Pistrak, 2018, p. 177). A ligação entre os complexos permitirá chegar a generalizações progressivamente mais amplas a cada etapa de estudos e conforme avance a capacidade de abstração dos/das estudantes.[27]

---

[27] Uma forma de síntese dessa lógica feita por Pistrak pode ser retomada e aprofundada em nossas discussões e processos de formação: "Esquemática e graficamente, tudo isso pode ser representado da seguinte forma: o objeto concreto do complexo é representado por um círculo em uma determinada superfície. Se o estudo do complexo se limita apenas à superfície contida no círculo, nós teremos o primeiro enfoque. Mas, se o objeto em questão é ligado a outros por uma série de conexões, ocupa não somente a superfície imediata do seu círculo, mas através de uma série de conexões ocupa também a superfície de círculos concêntricos a si mesmo, com raios significativamente maiores que o seu, diríamos que o complexo tem uma periferia que nos afasta dos limites do objeto concreto dado e o relaciona com fenômenos mais gerais. Planejando uma série de complexos em

— E não podemos perder de vista que, na base de concepção dos complexos, o trabalho é a chave que permite ir selecionando fenômenos naturais e sociais mais essenciais para estudo na escola, uma baliza ligada à vida que nos pode orientar na vastidão dos fenômenos naturais e sociais que existem e no acúmulo de conhecimentos já produzidos sobre eles. Chave que foi construída pela pedagogia soviética para organizar o todo do plano de estudos da escola desde a centralidade do trabalho: N <- T-> S (cf. sobre essa chave no capítulo 6). Destaque-se aqui a sutileza de concepção a ser apreendida: não se trata de estudar no complexo apenas determinados processos de trabalho; trata-se, como método de conhecimento, de buscar compreender "todas as coisas do mundo" pela lente do seu processo de produção, ou seja, pelo trabalho; trabalho da natureza e trabalho humano; relações entre ser humano e natureza e relações sociais que a produzem ou produziram em um processo sempre temporal.

— Nas formas diversas de aproximação prática a essa forma de plano de estudos,[28] é a lógica dialética dos complexos de estudo que precisa ir sendo compreendida para que o essencial não seja perdido no caminho das recriações pedagógicas que consideram as condições objetivas de trabalho em cada local e a visão do todo educativo que vai sendo ampliado e compreendido a partir do movimento histórico próprio à nossa atualidade e da formação humana que se realiza sobre as suas contradições vivas.

---

uma determinada sequência, é preciso ter em mente que esta parte periférica dos complexos alargados deve se superpor parcialmente uma à outra, criando, dessa forma, uma ligação entre os complexos que não é artificial, mas que decorre diretamente da natureza do conhecimento de cada complexo..." (Pistrak, 2018, p. 179).

[28] Cf. a sistematização do processo inicial de construção da experiência pedagógica com complexos de estudo nas escolas itinerantes e algumas escolas de assentamento do MST do Paraná em Sapelli, Freitas e Caldart (2015). Para uma síntese de compreensão desde essa experiência cf. também Leite e Sapelli (2021). E sobre o início de planejamento nessa direção em escolas de ensino médio de assentamentos de reforma agrária do MST do Ceará, cf. Silva (2022).

– Arriscamos construir um exemplo baseado nas realidades de escolas que conhecemos para ajudar na compreensão dessa lógica. Ainda que não se consiga abarcar em um exemplo todas as relações que o sistema de complexos envolve, talvez nos ajude a pensar sobre ela. A ele:

a) Pensemos em uma escola do campo situada em um território com predomínio de trabalho camponês e que recentemente tenha iniciado um processo de reconstrução de sua matriz de produção, com os desafios de toda ordem que essa decisão coletiva envolve. A transição para um manejo agroecológico dos agroecossistemas locais será um processo de reconstrução ecológica e social que tende a se estender por vários anos e com uma multiplicidade de ações em esferas diversas da vida social. Essas ações exigem a participação de todos e a escola é chamada a dar sua contribuição.

b) Quando se começa a elaboração do plano de estudos, as instâncias de gestão coletiva da escola decidem que nesse ano o trabalho social principal da escola será contribuir na realização de um plano de plantio de muitas e diversas árvores em toda a extensão desse território, combinado com experimentos de manejo agroecológico na produção de alimentos, alguns deles destinados à cozinha da escola. Foi um plano construído entre as organizações populares que atuam no local. A meta é que todas as famílias de diferentes comunidades do entorno participem do processo e a escola pode ajudar para que esse planejamento chegue a famílias que não participaram diretamente das decisões.

c) Passo seguinte: a escola discute como desdobrar esse trabalho geral em diferentes trabalhos socialmente necessários (TSN) que poderão ser realizados ao longo do ano, discutindo quais precisarão ser feitos junto com adultos da comunidade, quais são próprios para todos os ciclos etários e quais precisam ser diferenciados por grupos de estudantes. Nessa fase de planejamento, a escola considera aspectos da realidade local que o inventário da realidade feito no ano anterior sistematizou e as discussões sobre as necessidades formativas dos/das estudantes de cada etapa ou ciclo diagnosticados nos processos internos de avaliação que a escola realiza sistematicamente. As definições sobre o TSN previsto para o primeiro trimestre são tomadas e se deixam indicações para o longo do ano, que depois serão analisadas a partir da dinâmica da realidade e as necessidades que o processo maior do trabalho social for apontando. Mesmo indicativas, essas decisões sobre o TSN servem para dar direção à composição dos complexos de estudo que serão as unidades básicas do plano de vida escolar desse ano.

d) Entra então o trabalho específico do coletivo de educadores que, se for grande, poderá distribuir tarefas, desde que ninguém perca a visão do todo. É necessário pensar na auto-organização da escola para garantir a realização dos TSN já definidos para a realização imediata e como se vai estimular a auto-organização dos/das estudantes para contribuir em cada tarefa prática que fique sob sua responsabilidade. E, sobretudo, é necessário estudar e discutir entre os docentes sobre a base de conhecimento envolvida nesse trabalho social da escola, o que poderá ser feito a partir de duas perguntas postas em relação: de que conhecimentos os/as estudantes precisam para melhor realizar com qualidade (social e formativa) as tarefas que assumiram e que aspectos dos programas de estudo das diferentes disciplinas ou áreas podem ser apropriados a partir da interação prática com esses processos de trabalho. Cada docente contribuirá nessa discussão desde sua formação anterior, incluídas as vivências práticas que já tenha com questões relacionadas ao plantio de árvores, à produção de alimentos, à agroecologia. E o coletivo poderá chamar outras pessoas da comunidade, ou que ali atuam, para ajudar no detalhamento dos passos do trabalho e como torná-lo um objeto de estudo.

e) Nesse processo é que vão sendo identificados possíveis complexos de estudo do trimestre ou já do semestre e ano – para garantir no planejamento uma visão de conjunto –, mesmo que depois essas decisões precisem sofrer ajustes. Lembrando que, para decidir sobre a construção de um complexo, é preciso considerar a força do seu motor material para organizar as atividades pedagógicas com os diferentes componentes do plano e suas relações. E lembrando também que cada complexo precisa conter na sua particularidade a totalidade da produção da vida, na chave metodológica N <- T-> S, como tratada antes.

f) Detalhemos isso um pouco mais. Digamos que as discussões entre escola e comunidade definam que, no primeiro semestre, a tarefa concreta da escola será a criação de um viveiro de mudas de árvores, que depois serão distribuídas para o plantio pelas famílias. Trata-se de um trabalho efetivamente necessário para a realização das metas de plantio. Essa tarefa da criação inicial do viveiro vai envolver um tempo de vários meses e poderá ou não continuar depois como uma tarefa regular de manter a produção de mudas. Ela envolve vários passos, tais como a análise conjunta de que plantas são próprias para plantio nessa região, como fazer a coleta das sementes, como preparar o terreno para a semeadura, organizar o viveiro, fazer a semeadura pensando que depois as mudas serão distribuídas, cuidar do viveiro, preparar as mudas para levá-las a campo etc.[29]

g) A responsabilidade pela tarefa toda do viveiro poderá ser o TSN de um grupo de estudantes com mais idade (do ensino médio, talvez) e realizada nesse tempo mais longo. Ao mesmo tempo, ela poderá ser desdobrada nas tarefas menores que o compõem e que poderão ser TSN das crianças do ensino fundamental desde os anos iniciais, em períodos de tempo menores, correspondentes a determinadas tarefas específicas do viveiro. Um grupo de crianças poderá trabalhar com adultos na coleta de sementes, indo a campo e ouvindo e registrando as histórias das famílias sobre como e porque guardam sementes. Enquanto isso, outro grupo de estudantes estará preparando o terreno para o viveiro depois de ter estudado sobre isso com a pessoa do setor de produção da cooperativa que vai acompanhar esse trabalho.

h) A construção prática do viveiro em si não é o complexo de estudo, assim como a coleta de sementes não o é; elas serão a

---

[29] Cf. um modelo de passos para a construção de um viveiro de mudas de árvores para reflorestamento em MST (2022), especialmente os capítulos "Semear o presente, respirar o futuro" e "Agroecologia é o caminho" (p. 58-103).

base material organizadora de complexos maiores ou menores, lembrando-se que, com crianças mais novas, o melhor é trabalhar com complexos que não exijam muito tempo de estudo em torno de cada um deles, mesmo que o TSN a ele vinculado continue até que a tarefa prática seja concluída ou a realidade exija. A produção de sementes poderá compor um complexo de estudos para toda a escola, mesmo para os grupos que não se envolveram diretamente na coleta de sementes, não só pela relação direta com o viveiro de mudas, mas pela sua relação com a produção de alimentos – que poderá constituir outro complexo – e por ser uma questão fundamental da atualidade, especialmente para entender as contradições presentes na agricultura.

i) A produção da água pode compor outro complexo trabalhado a partir da tarefa social do viveiro de mudas, já que um dos motivos locais para a decisão de plantar árvores foi o problema da escassez de água e a degradação de suas fontes. Nesse exemplo, fica fácil de entender que o estudo da água, conteúdo usual nos programas de ensino – o estudo das sementes é menos comum –, posto na relação com as tarefas práticas do complexo, exigirão que ela seja abordada bem além do usual conteúdo de suas características, utilidade etc. Ela terá que ser estudada nas suas relações vivas, por exemplo, buscando entender como a vegetação e a interação entre diferentes espécies de plantas incide sobre o fluxo da água local, como isso se conecta com a fertilidade do solo e o clima da região; assim como estudar a relação da água com a lógica de processos produtivos que podem provocar sua escassez ou sua baixa qualidade para a saúde humana – o que sistemas de irrigação implantados em grandes propriedades da região estão provocando na produção local de água? Esse estudo poderá gerar um novo TSN, que não tinha sido inicialmente previsto para os/as estudantes nesse ano, relacionado à recuperação e à proteção das nascentes dos córregos e riachos do entorno. E os estudos podem ir avançando para totalidades cada vez maiores: a água no viveiro de mudas, a água na produção de alimentos e como alimento, a importância da água na reconstrução ecológica de agroecossistemas, a mercantilização da água na forma capitalista de produção, os ciclos da água na vida do planeta e como questão da agenda ambiental do mundo, em sua relação com o todo das questões da natureza e a lógica do capital se relacionar com ela. Desse estudo e do anterior sobre as sementes pode ir emergindo a necessidade de estudar sobre agroflorestas e o que é um sistema agroflorestal de produção, organizando uma visita de campo onde já existam agroflorestas e identificando-se aspectos naturais e sociais da matriz de produção e do desenho de agroecossistemas sustentáveis que elas permitem entender.

j) Nesses exemplos, seja das sementes, seja da água, a totalidade que não pode ser perdida é a da reconstrução ecológica e social da matriz de produção, justamente a questão da atualidade que está movendo as ações em que a construção do viveiro de mudas se insere. Destaque-se: quanto maior a complexidade do trabalho social que a escola realize, mais possibilidades de envolver os conteúdos formativos das diferentes tarefas educativas da escola e maior o círculo de conhecimento da atualidade que vai envolvendo e as generalizações que vai tornando possíveis.

k) O passo seguinte à construção geral dos complexos será o coletivo docente estudar mais aprofundadamente os conteúdos de cada complexo para estabelecer linhas gerais das atividades de ensino que vão integrar a realização do estudo. A cada complexo corresponderá um planejamento específico, que poderá continuar sendo por disciplina ou área, desde que pensado nas relações com o todo dos fenômenos vivos em estudo. O conjunto de complexos passa a ser a referência principal para a organização do plano de trabalho de cada docente que vai precisar verificar como os conteúdos que estão nos programas de ensino podem ser trabalhados e se há conteúdos a serem acrescentados para ajudar no todo do complexo. Mas isso precisará ser feito com o cuidado pedagógico de evitar engessamentos ou relações artificiais. Quando o complexo sobre a água estiver sendo desenvolvido, isso não quer dizer, especialmente pensando nas etapas finais da Educação Básica, que todas as disciplinas precisem tratar de conteúdos sobre a água, mas todas elas deverão abordar conteúdos sintonizados com o trabalho social da escola daquele período e, sobretudo, com as questões da atualidade que ele pode ajudar a compreender. Pensemos em quantas atividades a disciplina de Educação Artística, para dar um exemplo que costuma apresentar dificuldades de conexão na composição de complexos, poderia pontear com as crianças e jovens para que entendam a importância das árvores na vida humana! E como não faria mal à especificidade formativa da arte se no período os/as estudantes estiverem lendo poemas com temática ecológica ou analisando pinturas de Van Gogh sobre o trabalho no campo.

l) Esse planejamento coletivo inclui pensar em atividades-síntese finalizando o estudo dos complexos do trimestre e, depois, de alguma forma concluindo o trabalho social da escola realizado no semestre ou no ano. São atividades de síntese porque intencionalizam construir uma visão de totalidade: na apreciação do que foi produzido ou no balanço projetivo das ações realizadas no círculo dos complexos trabalhados; na sistematização teórica (generalizações) que o coletivo de educadores e que cada grupo de estudantes em seu ciclo ou estágio formativo específico vai conseguindo fazer: o que compreenderam como principal ou essencial, por exemplo, sobre as relações naturais e sociais presentes na produção da água ou o que já descobriram ou aprenderam de importante na construção do viveiro de mudas até aqui. E qual a ligação com os próximos complexos de estudo que o coletivo de educadores já pode ir mostrando para motivar o trabalho de todos.

— Os elementos trazidos nesse exemplo nos permitem entender a importância de que o cotidiano do trabalho pedagógico com complexos de estudo tenha uma coordenação pedagógica específica atenta às articulações necessárias entre todas as partes em ação e especialmente que acompanhe a realização do TSN. Ao mesmo tempo, precisa de um planejamento de ensino organizado coletivamente. Não se trata de docentes trabalharem junto o tempo todo e sim de estarem conectados entre si na realização dos objetivos dos complexos, o que implica que de alguma forma tomem parte do trabalho social da escola e se disponham a compreendê-lo também teoricamente, em estudos coletivos que ajudem a superar possíveis limites de uma formação anterior mais reducionista.[30]

– A construção pedagógica dessa concepção de plano de estudos é, de fato, uma tarefa "complexa" porque ela põe em relação o que a visão positivista de mundo – e toda a herança que traz junto do pensamento ocidental avesso às totalidades – nos acostumou a ver e a pensar separado: a totalidade da vida, a totalidade da formação humana, a totalidade do conhecimento. Sem a base material da realidade, objetivada nos processos de trabalho humano vivo que interconectam fenômenos naturais e sociais (cf. sobre isso no capítulo 2), não há complexos de estudo, porque se perde a dinâmica da vida real. Mas sem uma adequada "escolha dos temas dos complexos, sua ligação sequencial, enfoque para o estudo e para generalizações sociais [se] esvazia toda a significação do sistema por complexos, mesmo com os melhores métodos de organização do trabalho" (Pistrak, 2018, p. 180). Por isso mesmo essa construção, se for a opção escolhida, precisa ser decisão coletiva de toda a escola, ponteada por coletivos de educadores dispostos a estudar, a analisar as circunstâncias locais, a lidar com as tensões da criação pedagógica e, sobretudo, comprometidos com a formação multilateral das crianças e jovens com quem trabalham – lembrando sempre daquele provérbio russo "meça 7 vezes antes de cortar" e prontos para lutar contra o que tente levá-los para uma direção formativa oposta.

Uma observação final, considerando os quatro marcos de reconstrução da forma escolar de que tratamos ao longo deste capítulo e especialmente esse último. A organização coletiva do trabalho das educadoras e dos educadores é condição para que

---

[30] "Talvez seja preciso não apenas romper as tradições existentes em cada disciplina isolada, mas rasgar também o invólucro das disciplinas separadas, o qual aprisiona o material educativo na escola" (Pistrak, 2015, p. 134).

essa tarefa educativa se realize envolvendo todos os sujeitos da escola e principalmente os/as estudantes. Nesse processo, a tarefa de cada educador não tem como se restringir ao tempo de sala de aula. Há necessidade de uma reorganização de seu tempo trabalho que considere os diferentes tempos educativos em que a escola passe a se auto-organizar, incluindo o tempo que lhes permita ir registrando e sistematizando as ações pedagógicas que vão sendo realizadas, para posterior análise e qualificação do planejamento seguinte. Por suposto, essa é uma forma de trabalho docente que precisa ser coletivamente conquistada e construída pelo conjunto dos sujeitos da escola. É luta que os/as estudantes assumirão junto se entenderem o que isso pode significar para a sua formação humana.

E essa organização coletiva do trabalho precisa ser construída sobre uma base fundamentada em processos de *autoformação coletiva e pessoal* que envolva os conteúdos formativos de todas as tarefas educativas da escola, conectando-as ao fluxo da atualidade. Com um planejamento feito em cada escola, porém que inclua a realização de atividades entre escolas e na relação com organizações de trabalho, movimentos populares e instituições sociais a que essas escolas se vinculem, o que ampliará significativamente o horizonte da formação e do planejamento do trabalho educativo. E esses vínculos fortalecerão também a capacidade organizativa e política de pressionar o sistema educacional para que esses processos possam ser garantidos como parte dos direitos sociais e humanos de quem trabalha com educação e das crianças e jovens que são a razão viva desse trabalho.

NOTA FINAL

Trabalhamos hoje sob determinações sociais que põem amarras para a realização imediata do todo de nosso projeto educativo. Elas são da mesma natureza dos obstáculos que se interpõem à construção de uma nova forma de vida social. E as dificuldades não tornam as mudanças menos necessárias.

Guia-nos um dos princípios da visão dialética do mundo: "as coisas são como são porque ficaram assim" (Levins e Lewontin, 2022, p. 200) e, portanto, podem ficar diferentes, se formos capazes de compreender porque as coisas ficaram assim e em que direção é possível fazê-las ficar de outro modo.

Aprendemos do percurso nosso e de outros que as transformações não acontecem por si e nem com a velocidade da nossa vontade ou pelo tamanho das urgências que as exigem. No caso da escola, já entendemos que ela nunca muda toda de uma vez nem de uma vez para sempre. Porque assim é a vida e assim é uma escola inserida no movimento de transformá-la. E que os processos de reconstrução não acontecem sem tropeços. Há avanços, recuos, momentos de estagnação e de efervescente criação. Às vezes os passos ficam tímidos e lentos, outras vezes se tornam contundentes e velozes.

O que não podemos perder, ou deixar que nos roubem, é a direção do passo que implica enxergar o todo de nosso projeto de construção. E um projeto precisa de concepções firmes, conscientemente compreendidas e defendidas. Abertas ao movimento da realidade, mas não às negociações e diplomacias impostas à prática em cada conjuntura. Em relação ao nosso projeto histórico e à nossa concepção de formação humana, de educação e de escola, vale-nos o princípio de Marx: "em teoria não se faz qualquer concessão" (Netto, 2022, p. 298).

A realidade dura que atravessamos hoje e as finalidades sociais e educativas que assumimos não nos permitem parar a construção do novo. No projeto e em cada prática. Arrancamos das lutas e da nossa organização coletiva a firmeza que nos mantém em movimento. E é o próprio movimento que vai nos mostrando como avançar cada passo.

Trazemos conosco o tempo em que se ouve com mais nitidez o clamor do poeta: "*Oh, vida futura! Nós te criaremos!*"[1] Essa convocação expande o sentido de continuar trabalhando por uma escola capaz de educar lutadores que saibam "*como construir uma nova vida*" (Krupskaya, 2017, p. 92). E isso não se aprende sem tomar parte dessa construção o mais cedo possível, apropriando-se do legado dos que viveram antes e nos trazem a força criadora do fundo dos tempos.

---

[1] Do poema "Mundo grande", de Carlos Drummond de Andrade, publicado em 1940, no seu livro *Sentimento do mundo*.

REFERÊNCIAS

ALVES, L. N., ASSUNÇÃO, I. e PAZ, T. "Diversidade sexual e de gênero". *In*: *Dicionário de Agroecologia e Educação*. São Paulo/Rio de Janeiro: Expressão Popular/EPSJV, 2021, p. 315-319.

ARELARO, L. R. "Gestão Educacional". *In*: CALDART, R. S., PEREIRA, I. B., ALENTEJANO, P. e FRIGOTTO, G. (orgs.). *Dicionário da Educação do Campo*. Rio de Janeiro/São Paulo: EPSJV/Expressão Popular, 2012, p. 381-387.

ARROYO, M. G. *Imagens quebradas*. Trajetórias e tempos de alunos e mestres. Petrópolis: Vozes, 2004.

ARROYO, M. G. *Currículo, território em disputa*. Petrópolis: Vozes, 2011.

ARROYO, M. G. "Tempos humanos de formação". *In*: CALDART, R. S., PEREIRA, I. B., ALENTEJANO, P. e FRIGOTTO, G. (orgs.) *Dicionário da Educação do Campo*. Rio de Janeiro/São Paulo: EPSJV/Expressão Popular, 2012, p. 733-740.

BARATA-MOURA, J. *Materialismo e subjetividade*. Estudos em torno de Marx. Lisboa: Avante, 1997.

BARBOSA, L. *As místicas do MST: aspectos formais, políticos e organizativos da construção estética do território*. Dissertação (Mestrado em Geografia) do Programa de Pós-Graduação em Desenvolvimento Territorial na América Latina e Caribe (TerritoriAL), Unesp, 2019.

BASTOS, M. D., STEDILE, M. E. e VILLAS BÔAS, R. L. "Indústria Cultural e Educação". *In:* CALDART, R. S., PEREIRA, I. B, ALENTEJANO, P. e FRIGOTTO, G. (orgs) *Dicionário da Educação do Campo*. São Paulo/Rio de Janeiro: Expressão Popular/EPSJV, 2012, p. 410-417.

BENTES, A. C. F. O modelo gancho e a formação de hábitos: tecnobehaviorismo, capitalismo de vigilância e economia da atenção. *Anuario Electrónico de Estudos en Comunicación Social "Disertaciones"*, 15 (2), 2022, p. 1-19.

BOHR, N. *Física atômica e conhecimento humano*. Rio de Janeiro: Contraponto, 1995.

BOSI, A. *Dialética da Colonização*. 3ª ed. São Paulo: Companhia das Letras, 1998.

BRASIL. *Guia Alimentar para a população brasileira*. 2ª ed. Ministério da Saúde, Brasília, 2014.

CALDART, R. S. *Educação em Movimento*. Formação de educadoras e educadores no MST. Petrópolis: Vozes, 1997.

CALDART, R. S. *Pedagogia do Movimento Sem Terra*. 3ª ed. São Paulo: Expressão Popular, 2004.

CALDART, R. S. A Educação do Campo e a perspectiva de transformação da forma escolar. *In*: MUNARIM, A., BELTRAME, S., PEIXER, Z. e CONDE, S. (orgs.) *Educação do Campo: reflexões e perspectivas*. Florianópolis: Insular, 2010, p. 145-187.

CALDART, R. S. Trabalho, agroecologia e educação politécnica nas escolas do campo. *In*: *Caminhos para transformação da escola* n. 4. São Paulo: Expressão Popular, 2017, p. 115-160.

CALDART, R. S. Concepção de Educação do Campo: um guia de estudo. *In*: MOLINA, M. C. e MARTINS, M. F. A. (orgs.) *Formação de formadores*. Reflexões sobre as experiências da Licenciatura em Educação do Campo no Brasil. Belo Horizonte: Autêntica, 2019, p. 55-76. (Coleção *Caminhos da Educação do Campo*, n. 9)

CALDART, R. S. *Função social das escolas do campo e desafios educacionais do nosso tempo*. Texto de exposição, maio de 2020.

CALDART, R. S. *Educação do Campo e Agroecologia: encontro necessário*. Texto de exposição, setembro de 2020a.

CALDART, R. S. *Pedagogia do Movimento: processo histórico e chave metodológica*. Texto disponibilizado eletronicamente em março de 2021.

CALDART, R. S. *Educação do Campo 25 anos: legado político-pedagógico*. Texto de exposição disponibilizado eletronicamente em janeiro de 2023.

CALDART, R. S., PEREIRA, I. B., ALENTEJANO, P. e FRIGOTTO, G. (orgs.) *Dicionário da Educação do Campo*. Rio de Janeiro/São Paulo: EPSJV/Expressão Popular, 2012.

CALDART, R. S. *et al*. *Escola em movimento: Instituto de Educação Josué de Castro*. São Paulo: Expressão Popular, 2013.

CALDART, R. S. Caminhos para transformação da escola. *In*: CALDART, R. S., STEDILE, M. e DAROS, D. (orgs.) *Caminhos para transformação da escola* n. 2: Agricultura camponesa, educação politécnica e escolas do campo. São Paulo: Expressão Popular, 2015, p. 115-138.

CALDART, R. S. Pedagogia do Movimento e Complexos de Estudo. *In*: SAPELLI, M. L. S., FREITAS, L. C. e CALDART, R. S. (org.) *Caminhos para transformação da escola* n. 3: organização do trabalho pedagógico nas escolas do campo: ensaios sobre complexos de estudo. São Paulo: Expressão Popular, 2015a, p. 19-66.

CALDART, R. S. (org.) Trabalho, agroecologia e estudo nas escolas do campo. *Caminhos para transformação da escola* n. 4. São Paulo: Expressão Popular, 2017.

CALDART, R. S. e FRIGOTTO, G. "Educação Politécnica e Agroecologia". *In: Dicionário de Agroecologia e Educação.* São Paulo: Expressão Popular/Rio de Janeiro: EPSJV, 2021, p. 368-375.

CARVALHO, C. A. S. e MARTINS, A. A. (orgs.) *Práticas artísticas do campo.* Belo Horizonte: Autêntica, 2016.

CEVASCO, M. E. "Prefácio". *In:* WILLIAMS, R. *Palavras-Chave* [um vocabulário de cultura e sociedade]. São Paulo: Boitempo, 2007, p. 9-20.

CHRISTOFFOLI, P. I. *et al. Guia da cooperação na escola.* Laranjeiras do Sul: Ceagro, dezembrode2020.

CORRÊA, A. L. R., HESS, B. H., COSTA, D. M. F. C., BASTOS, M. D., VILLAS BÔAS, R. L. e BORGES, R. A. Estética e Educação do Campo: movimentos formativos na área de habilitação em Linguagens da LEdoC. *In:* MOLINA, M. C., SÁ, L. M. (orgs.) *Licenciatura em Educação do Campo: registros e reflexões a partir das experiências piloto.* Belo Horizonte: Autêntica, 2011.

DELGADO, N. G. *"Commodities* Agrícolas". *In:* CALDART, R. S., PEREIRA, I. B., ALENTEJANO, P. e FRIGOTTO, G. (orgs.) *Dicionário da Educação do Campo.* Rio de Janeiro/São Paulo: EPSJV/Expressão Popular, 2012, p. 133-141.

DESMURGET, M. *Entrevista* de 30 de outubro 2020. Disponível em: :https://www.bbc.com/portuguese/geral-54736513. Acesso em: 2 set. 2022.

EAGLETON, T. *A ideologia da estética.* Rio de Janeiro: Zahar, 1993.

EAGLETON, T. *A ideia de cultura.* 2ª ed. São Paulo: Editora Unesp, 2011.

ENGELS, F. Problemas gerais da criação artística. *In:* MARX, K. E ENGELS, F. *Cultura, arte e literatura.* 2ª ed. São Paulo: Expressão Popular, 2012, p. 65-69.

ENGELS, F. *Anti-Dühring.* São Paulo: Boitempo, 2015.

ENGELS, F. Apêndice e notas suplementares ao Livro III d'O capital. I. Lei do valor e taxa de lucro. *In: O capital.* Livro III. São Paulo: Boitempo, 2017, p. 949-968.

ESTEVAM, D., COSTA, I. C. e VILLAS BÔAS, R. (orgs.) *Agitprop: cultura política.* São Paulo: Expressão Popular, 2015.

ESTEVE, E. V. *O negócio da comida.* Quem controla nossa alimentação? São Paulo: Expressão Popular, 2017.

ESTEVEZ, L. F. *Fora das imagens há salvação?* Disponível em: https://aterraeredonda.com.br/fora-das-imagens-ha-salvacao/?utm_source=newsletter&utm_medium=email&utm_campaign=novas_publicacoes&utm_term=2022-10-17

FARIAS, A. N. *et al.*Transformação da forma escolar e a formação de lutadores e construtores de uma nova sociedade. *In:* SAPELLI, M. L. S.,

FREITAS, L. C. e CALDART, R. S. (org.) *Caminhos para transformação da escola* n. 3: organização do trabalho pedagógico nas escolas do campo: ensaios sobre complexos de estudo. São Paulo: Expressão Popular, 2015, p. 143-164.

FARIAS, M. I., FINATTO, R. A. e LEITE, V. J. (orgs.) *Inventário da realidade e cartografia social*. Possibilidades metodológicas nas escolas do campo. Guarapuava: Apprehendere, 2022.

FETZNER, A. R. Ciclos e democratização do conhecimento escolar. *In*: CALDART, R. S. (org.) *Caminhos para transformação da escola*. Reflexões desde práticas da Licenciatura em Educação do Campo. São Paulo: Expressão Popular, 2010, p. 87-100.

FONTES, V. "Pedagogia do Capital". *In*: *Dicionário de Agroecologia e Educação*. São Paulo: Expressão Popular/Rio de Janeiro: EPSJV, 2021, p. 537-544.

FOSTER, J. B. *A ecologia de Marx: materialismo e natureza*. Rio de Janeiro: Civilização Brasileira, 2005. /São Paulo: Expressão Popular, 2023.

FRANCO, F. S. "Agrofloresta – Sistemas Agroflorestais". *In*: DIAS, A. P., STAUFFER, A. B., MOURA, L. H. G. e VARGAS, M. C. (orgs.) *Dicionário de Agroecologia e Educação*. São Paulo/Rio de Janeiro: Expressão Popular/EPSJV, 2021, p. 84-90.

FREIRE, P. Papel da educação na humanização. Resumo de palestra publicado em *Educação como prática da liberdade*. 4ª ed. Porto: Dinalivro, 1974, p. 7-21.

FREIRE, P. *Pedagogia do Oprimido*. 32ª ed. São Paulo: Paz e Terra, 1987.

FREITAS, L. C. *Crítica da organização do trabalho pedagógico e da didática*. 6ª ed. Campinas: Papirus, 2003.

FREITAS, L. C. *Ciclos, seriação e avaliação: confronto de lógicas*. São Paulo: Moderna, 2003a.

FREITAS, L. C. A luta por uma pedagogia do meio: revisitando o conceito. *In*: Pistrak, M. M. (org.) *A Escola-Comuna*. São Paulo: Expressão Popular, 2009, p. 9-103.

FREITAS, L. C. "Escola Única do Trabalho". *In*: CALDART, R. S., PEREIRA, I. B., ALENTEJANO, P. e FRIGOTTO, G. (orgs.) *Dicionário da Educação do Campo*. Rio de Janeiro/São Paulo: EPSJV/Expressão Popular, 2012 p. 337-341.

FREITAS, L. C. *A reforma empresarial da educação*. Nova direita, velhas ideias. São Paulo: Expressão Popular, 2018.

FREITAS, L. C. *A educação brasileira frente à crise do capital:* populismo autoritário, democracia liberal ou democracia socialista? Texto baseado na palestra proferida na reunião do Fórum Nacional de Educação do Campo, FONEC, em 7 de novembro de 2022.

FRIGOTTO, G. e CIAVATTA, M. "Trabalho como princípio educativo". *In*: CALDART, R. S., PEREIRA, I. B., ALENTEJANO, P. e FRIGOTTO, G. (orgs.) *Dicionário da Educação do Campo*. Rio de Janeiro/ São Paulo: EPSJV/Expressão Popular, 2012, p. 748-755.

GAIA, M. C. M. e ALVES, M. J. "Transição Agroecológica". *In*: DIAS, A. P., STAUFFER, A. B., MOURA, L. H. G. e VARGAS, M. C. (orgs.) *Dicionário de Agroecologia e Educação*. São Paulo/Rio de Janeiro: Expressão Popular/EPSJV, 2021, p. 771-777.

GÓGOL, N. *Almas mortas*. São Paulo: Editora 34, 2018.

GUHUR, D. e SILVA, N. R. "Agroecologia". *In*: *Dicionário de Agroecologia e Educação*. São Paulo/ Rio de Janeiro: Expressão Popular/EPSJV, 2021, p. 59-73.

GUILHERME, S. *Corpo telúrico dançante: da desterritorialização do corpo e da dança até o MST*. Dissertação (Mestrado em Geografia) do Programa de Pós-Graduação em Desenvolvimento Territorial na América Latina e Caribe (TerritoriAL), Unesp, 2019.

GULLAR, F. *Poemas escolhidos*. Rio de Janeiro: Nova Fronteira, 2015 (Coleção 50 anos).

HARVEY, D. *17 contradições e o fim do capitalismo*. São Paulo: Boitempo, 2016.

HARVEY, D. *A loucura da razão econômica*. Marx e o capital no século XXI. São Paulo: Boitempo, 2018.

HAVEMANN, R. *Dialética sem dogma*. Rio de Janeiro: Zahar, 1967.

KONDER, L. *A questão da ideologia*. São Paulo: Companhia das Letras, 2002.

KONDER, L. *Os marxistas e a arte*. 2ª ed. São Paulo: Expressão Popular, 2013.

KRUPSKAYA, N. K. *Acerca de la educación preescolar*. Havana: Editorial Pueblo y Educación, 1979.

KRUPSKAYA, N. K. *A construção da pedagogia socialista*. São Paulo: Expressão Popular, 2017.

LEITE, V. J. *Educação do Campo e ensaios da escola do trabalho: a materialização do trabalho como princípio educativo na Escola Itinerante do MST-PR*. Dissertação (Mestrado em Educação) do Programa de Pós-Graduação em Educação da Universidade Estadual do Oeste do PR – Unioeste, 2017.

LEITE, V. J. e SAPELLI, M. L. S. Escolas Itinerantes do MST/Paraná: ensaios da escola do trabalho e o desafio da ampliação da participação dos estudantes. *In*: ROMPATTO, M. E., CRESTANI, L. A. (orgs.) *Territorialidades Camponesas no Noroeste do Paraná*. Cascavel: FAG, 2021, p. 281-301.

LEITE, V. J. e SAPELLI, M. L. S. "Complexos de Estudo". *In*: *Dicionário de Agroecologia e Educação*. São Paulo/Rio de Janeiro: Expressão Popular/EPSJV, 2021, p. 237-244.

LEVINS, R. e LEWONTIN, R. *Dialética da Biologia*. Ensaios marxistas sobre ecologia, agricultura e saúde. São Paulo: Expressão Popular, 2022.

LIMA, M. O. A. *Contribuição para a construção do Projeto Político Pedagógico da Escola Antônio Carlos do assentamento Margarida Alves*. Dissertação (Mestrado em Saúde Pública) do Programa de Pós-Graduação da Escola Nacional de Saúde Pública Sérgio Arouca, Fiocruz, 2016.

LUKÁCS, G. Introdução aos escritos estéticos de Marx e Engels. *In*: MARX, K. E ENGELS, F. *Cultura, arte e literatura*. 2ª ed. São Paulo: Expressão Popular, 2012, p. 11-38.

LUNATCHÁRSKI, A. *Revolução, arte e cultura*. São Paulo: Expressão Popular, 2018.

MARIANO, A. S. e PAZ, T. T. *LGBT Sem Terra: rompendo cercas e tecendo a liberdade*. São Paulo: Ed. dos Autores, 2021 (Caderno de Diversidade Sexual e de Gênero n. 1).

MARTINS, A. S. e NEVES, L. M. W. "Pedagogia do capital". *In*: CALDART, R. S., PEREIRA, I. B., ALENTEJANO, P. e FRIGOTTO, G. (orgs.) *Dicionário da Educação do Campo*. Rio de Janeiro/São Paulo: EPSJV/Expressão Popular, 2012, p. 538-545.

MARTINS, L. R. *Van Gogh – pintura e trabalho*. Disponível em: https://aterraeredonda.com.br/van-gogh-pintura-e-trabalho/?utm_source=-newsletter&utm_medium=email&utm_campaign=novas_publicacoes&utm_term=2022-09-13.

MARX, K. *Contribuição à crítica da economia política*. 2ª ed. São Paulo: Expressão Popular, 2008.

MARX, K. *Trabalho assalariado e capital & Salário, preço e lucro*. 2ª ed. São Paulo: Expressão Popular, 2010.

MARX, K. *Cadernos de Paris & Manuscritos Econômico-Filosóficos de 1844*. São Paulo: Expressão Popular, 2015.

MARX, K. *Grundrisse*. São Paulo: Boitempo, 2011.

MARX, K. *O capital*, livro I. São Paulo: Boitempo, 2013.

MARX, K. *O capital*, livro III. São Paulo: Boitempo, 2017.

MARX, K. e ENGELS, F. *Textos de educação e ensino*. São Paulo: Moraes, 1983.

MARX, K. e ENGELS, F. *A Ideologia Alemã*. São Paulo: Expressão Popular, 2009.

MARX, K. e ENGELS, F. *Cultura, arte e literatura*. 2ª ed. São Paulo: Expressão Popular, 2012.

MARX, K. e ENGELS, F. *História, Natureza, Trabalho e Educação*. São Paulo: Expressão Popular, 2020.

MARX, K. e ENGELS, F. *Cartas sobre O capital*. São Paulo: Expressão Popular, 2020a.

MARX, E. e AVELING, E. *A questão da mulher:* de um ponto de vista socialista. São Paulo: Expressão Popular, 2021.

MATTOS, M. B. *E. P. Thompson e a tradição de crítica ativa do materialismo histórico*. Rio de Janeiro: Editora da UFRJ, 2012.

MÉSZÁROS, I. *Para além do capital*. São Paulo: Boitempo, 2002.

MÉSZÁROS, I. *O poder da ideologia*. São Paulo: Boitempo, 2004.

MÉSZÁROS, I. *A teoria da alienação em Marx*. São Paulo: Boitempo, 2006.

MÉSZÁROS, I. *O desafio e o fardo do tempo histórico*. O socialismo no século XXI. São Paulo: Boitempo, 2007.

MÉSZÁROS, I. *Estrutura social e formas de consciência*. A determinação social do método. São Paulo: Boitempo, 2009.

MÉSZÁROS, I. *Para além do Leviatã*. Crítica do Estado. São Paulo: Boitempo, 2021.

MONNERAT, P. F. e SANTOS, A. L. Educação e agrofloresta: conexão com a vida. *In*: *Caminhos para transformação da escola* n. 4. São Paulo: Expressão Popular, 2017, p. 19-36.

MOURA, L. H. G. Ciência e agronegócio: controle capitalista da pesquisa agropecuária nacional. *In*: CALDART, R. S. e ALENTEJANO, P. (orgs.) *MST Universidade e Pesquisa*. São Paulo: Expressão Popular, 2014, p. 77-107.

MST. *Caderno de Educação n. 13: Dossiê MST Escola*. Documentos e Estudos 1990-2001. São Paulo: MST, 2005.

MST. *Boletim da Educação* do MST n. 13. "Alimentação saudável: um direito de todos", dezembro de 2015.

MST. *Caderno de Educação em Agroecologia*. "De onde vem nossa comida?". 2ª. ed. Expressão Popular, 2016.

MST. *Gênero e sexualidade na escola do campo*. Curitiba, novembro de 2017 (documento produzido pelo "Coletivo de sexualidade, educação e saúde" do MST PR).

MST. *Cadernos de Agroecologia* n. 1, "Plantar árvores, produzir alimentos saudáveis", MST, 2020.

MST. "Literatura, sociedade e formação humana". *Boletim da Educação* n. 14. MST: São Paulo, julho de 2018a.

MST. *Desafios políticos e organizativos para a construção do debate sobre a questão étnico racial e a questão Agrária no MST*. São Paulo, 2018b (documento produzido pelo Grupo de Estudo sobre a questão étnico-racial e a questão agrária no MST).

MST. Por Reforma Agrária Popular: plantar árvores e produzir alimentos saudáveis. *Cadernos de Agroecologia*, v. 2. São Paulo: MST, 2022.

MUNHOZ, P. Música e Educação do Campo: o relato de um caminhante. *In*: CARVALHO, C. A. S. e MARTINS, A. A. (orgs.) *Práticas artísticas do campo*. Belo Horizonte: Autêntica, 2016, p. 163-184.

NERUDA, P. *Prólogos*. Rio de Janeiro: Bertrand Brasil, 2002.

NETTO, J. P. *Introdução ao estudo do método de Marx*. São Paulo: Expressão Popular, 2011.

NETTO, J. P. *Karl Marx:* uma biografia. São Paulo: Boitempo, 2020.

NOGUEIRA, L., HILÁRIO, E., PAZ, T. T. e MARRO, K. (orgs.) *Hasteemos a bandeira colorida*. Diversidade sexual e de gênero no Brasil. São Paulo: Expressão Popular, 2018.

NORTON, T. 'A cidade não mora mais em mim': o cinema e o olhar na escola do campo. *In*: CARVALHO, C. A. S. e MARTINS, A. A. (orgs.) *Práticas artísticas do campo*. Belo Horizonte: Autêntica, 2016, p. 251-264.

PISTRAK, M. M. *Fundamentos da escola do trabalho*. São Paulo: Expressão Popular, 2018.

PISTRAK, M. M. (org.) *A Escola-Comuna*. São Paulo: Expressão Popular, 2009.

PISTRAK, M. M. *Ensaios sobre a escola politécnica*. São Paulo: Expressão Popular, 2015.

PRIMAVESI, A. *Convenção dos ventos*. Agroecologia em contos. São Paulo: Expressão Popular, 2016.

PRIMAVESI, A. *Manual do solo vivo*. 2ª ed. revisada. São Paulo: Expressão Popular, 2016.

PROCÓPIO, S. S. *Reza-Canto-Dança (Nhembo'e), retomada e roça (Kokwê): geografias das insurgências Kaiowá e Guarani*. Tese (Doutorado em Educação) do Programa de Pós-Graduação em Geografia da Faculdade de Ciências Humanas da Universidade Federal da Grande Dourados (UFGD), 2022.

PRONKO, M. e FONTES, V. "Hegemonia". *In*: CALDART, R. S., PEREIRA, I. B., ALENTEJANO, P. e FRIGOTTO, G. (orgs.) *Dicionário da Educação do Campo*. Rio de Janeiro/São Paulo: EPSJV/Expressão Popular, 2012, p. 389-395.

QUINTANA, M. *Poemas para ler na escola*. Seleção de Regina Zilberman. Rio de Janeiro: Objetiva, 2012.

RAMOS, M. M. *Infância do campo: uma análise do papel educativo da luta pela terra e suas implicações na formação das crianças Sem Terrinha do MST*. Tese (Doutorado em Educação) do Programa de Pós-Graduação em Educação da Universidade Estadual do Rio de Janeiro – UERJ, 2021.

REZENDE, J. A medicalização da infância: construção da hegemonia do capital na educação. *In*: STAUFFER, A. B. *et al.* (orgs.) *Hegemonia burguesa na educação pública: problematizações no curso TEMS* (EPSJV/ Pronera). Rio de Janeiro: EPSJV, 2018, p. 253-308.

RIBEIRO, D. S. *et al.* Educação em agroecologia: percurso da construção de uma proposta pedagógica para as escolas do campo do Extremo Sul da Bahia. *In*. CALDART, R. S. (org.) *Caminhos para transformação da escola* n. 4. São Paulo: Expressão Popular, 2017, p. 37-55.

ROLO, M. A natureza como uma relação humana, uma categoria histórica. *In*: CALDART, R. S., STEDILE, M. E. e DAROS, D. (orgs) *Caminhos para transformação da escola* n. 2. Agricultura camponesa, educação politécnica e escolas do campo. São Paulo: Expressão Popular, 2015, p. 139-175.

ROLO, M. *Modos de produção da vida:* o ensino de ciências e a teoria do valor de Marx. São Paulo: Expressão Popular, 2022.

SAITO, K. *O ecossocialismo de Marx.* São Paulo: Boitempo, 2021.

SAPELLI, M. L. S. Ciclos de formação humana com complexos de estudo nas escolas itinerantes do Paraná. *Educação e Sociedade*, v. 38, n. 140, jul.-set. 2017, p. 611-629.

SAPELLI, M. L. S., FREITAS, L. C. e CALDART, R. S. (org.) *Caminhos para transformação da escola* n. 3: organização do trabalho pedagógico nas escolas do campo: ensaios sobre complexos de estudo. São Paulo: Expressão Popular, 2015.

SAPELLI, M. L. S., LEITE, V. J. e BAHNIUK, C. *Ensaios da escola do trabalho na luta pela terra*: 15 anos da Escola Itinerante no Paraná. São Paulo: Expressão Popular, 2019.

SEIBERT, I. G., GUEDES, L. e MAFORT, K. "Feminismo camponês e popular". *In*: *Dicionário de Agroecologia e Educação*. São Paulo/Rio de Janeiro: Expressão Popular/EPSJV, 2021, p. 409-417.

SHULGIN, V. N. *Rumo ao politecnismo.* São Paulo: Expressão Popular, 2013.

SHULGIN, V. N. *Fundamentos da educação social.* São Paulo: Expressão Popular, 2022.

SILVA, L. *O estilo literário de Marx.* São Paulo: Expressão Popular, 2012.

SILVA, P. R. S. *Trabalho e Educação do Campo: o MST e as escolas de ensino médio dos assentamentos de reforma agrária do Ceará.* Dissertação (Mestrado em Educação) do Programa de Pós-Graduação em Educação Brasileira da Universidade Federal do Ceará. Fortaleza, 2016.

SILVA, P. R. S. A organização do trabalho pedagógico nas escolas do campo e os complexos de estudo. *In:* MARTINS, I. A., BASTOS, J. R. R. E

NETO, P. (orgs.) *Educação do Campo no Ceará: conceitos, dimensões e práticas.* Fortaleza, Seduc, 2022, p. 11-136.

SILVA, P. R. S. *et al.* (orgs). *Livro da Realidade.* O inventário da realidade e a realidade inventariada na Escola de Ensino Médio Florestan Fernandes, Assentamento Santana, Monsenhor Tabosa/CE. Fortaleza: Seduc, 2023, no prelo.

SOARES, C. L. *et al. Metodologia do Ensino de Educação Física.* 2ª ed. São Paulo: Cortez, 2012 (1ª ed. 1992).

SOTTILLI, T. A. *Mística e arte no processo de formação do IEJC.* Monografia de conclusão de curso: Licenciatura em Educação do Campo, Universidade de Brasília/Instituto Técnico de Capacitação e Pesquisa da Reforma Agrária, abril de 2011.

THOMPSON, E. P. *Costumes em comum.* São Paulo: Companhia das Letras, 1998.

VARGAS, N. C. e MARQUES, R. M. *Os think tanks liberais no Brasil e a educação.* Le Monde Diplomatique Disponível em: https://diplomatique.org.br/os-think-tanks-liberais-no-brasil-e-a-educacao/ Acesso em: 4 de novembro de 2022.

VIGOTSKI, L. S. *Imaginação e criação na infância.* São Paulo: Expressão Popular, 2018.

VILLAS BÔAS, R. L. Práticas artísticas: experiência, legado e práxis. Posfácio a CARVALHO, C. A. S. e MARTINS, A. A. (orgs.) *Práticas artísticas do campo.* Belo Horizonte: Autêntica, 2016.

VICENT, G., LAHIRE, B. e THIN, D. Sobre a história e a teoria da forma escolar. *In: Educação em Revista.* Belo Horizonte, n. 33, junho de 2001.

WALLACE, R. *Pandemia e agronegócio: doenças infecciosas, capitalismo e ciência.* São Paulo: Elefante, 2020.

WILLIAMS, R. *Palavras-Chave* [um vocabulário de cultura e sociedade]. São Paulo: Boitempo, 2007.

YOSHIDA, M. M. C. *O fardo do passado e a imobilidade no presente:* possibilidades realistas em *Angústia* e *Uma abelha na chuva.* Tese (Doutorado em Letras) do Programa de Pós-Graduação em Estudos Comparados de Literaturas de Língua Portuguesa do Departamento de Letras Clássicas e Vernáculas da Faculdade de Filosofia, Letras e Ciências Humanas da Universidade de São Paulo, USP, 2018.